KB213689

내게는 특별한 ★
러시아어 어휘를
부탁해

조희숙 지음

다락원

내게는 특별한 ★ **러시아어 어휘**를 부탁해

지은이 조희숙
펴낸이 정규도
펴낸곳 (주)다락원

초판 1쇄 인쇄 2025년 4월 21일
초판 1쇄 발행 2025년 4월 29일

책임편집 이숙희, 이현수
디자인 구수정, 윤현주
감수 Галина Александровна Будникова
일러스트 SOUDAA
녹음 Клим Ни, Раднаева Татьяна,
　　　 김성희, 유선일

다락원 경기도 파주시 문발로 211
내용 문의 : (02)736-2031 내선 420~426
구입 문의 : (02)736-2031 내선 250~252
Fax : (02)732-2037
출판등록 1977년 9월 16일 제406-2008-000007호

Copyright © 2025, 조희숙

ISBN　978-89-277-3348-5　13790

http://www.darakwon.co.kr
다락원 홈페이지를 방문하시면 상세한 출판 정보와 함께 MP3
자료 등 다양한 어학 정보를 얻으실 수 있습니다.

머리말

어휘는 문법과 함께 말하고 듣고 읽고 쓰면서 이뤄지는 의사소통을 위한 기반입니다. 그리고 성공적인 의사소통을 위해서는 상황이나 주제에 어울리는 어휘 사용이 중요합니다. **내게는 특별한 러시아어 어휘를 부탁해**는 러시아어 원어민이 일상생활과 사회적 관계에서 사용하는 어휘를 주제별로 나누어 다양한 예문과 연습 문제, 실전 대화 등 풍부한 예시와 함께 익힐 수 있도록 구성한 어휘 학습서입니다.

이 책은 러시아어 능력시험 ТРКИ(TORFL)의 초·중급 수준인 1단계에 해당하는 필수 어휘 약 2,000여 개를 11개의 큰 주제로 나누고 다시 작은 주제로 나눠 제시하고 있습니다. 모든 표제어에는 실제 사용 예시를 확인할 수 있는 예문이 있으며, 표제어에 관련 유의어와 반의어, 참고어, 관용 표현도 참고하여 학습을 확장할 수 있습니다. 더불어 각 작은 주제별 학습이 끝나면 제시된 QR 코드를 통해 제공하는 연습 문제를 풀어 보면서 학습자 스스로 배운 것을 점검하고 복습할 수 있습니다. 또한, 큰 주제별로 실전 대화문이 제공되므로 학습한 어휘들이 실제 대화 상황에서는 어떻게 사용되는지 확인할 수 있습니다. 모든 예문과 대화문은 QR 코드를 통해 MP3 파일을 들으며 발음과 억양, 강세를 따라 읽고 연습할 수 있습니다.

내게는 특별한 러시아어 어휘를 부탁해는 초·중급 문법서를 공부하면서 동시에 참고서로 활용하는 학습자뿐만 아니라 초·중급을 마친 뒤 이미 공부한 어휘와 주요 문법을 복습하려는 학습자에게도 유용합니다. 부록의 주요 규칙·불규칙 문법도 활용할 수 있습니다. 러시아어 능력을 실질적으로 향상시키고자 하는 학습자들에게 이 책이 많은 도움이 되기를 바랍니다.

책의 구성 뿐만 아니라 본문 내용을 비롯한 모든 부분에서 다락원 한국어출판부 편집진들이 학습자의 입장으로 조언해 주시고 다듬고 수정해 주신 덕분에 이 책의 완성도를 높일 수 있었습니다. 진심으로 감사드립니다. 특별히 수십 년 동안 러시아어를 가르친 경험과 지식을 바탕으로 꼼꼼하게 조언해 주신 갈리나 알렉산드로브나 부드니코바(Галина Александровна Будникова) 선생님께 깊은 감사를 드립니다.

2025년 조희숙

이 책의 구성 및 활용

이 책은 러시아어를 배우는 학습자를 위하여 만들어진 초·중급 수준의 어휘집입니다. 본 어휘집에 수록된 단어는 일상생활에서 자주 접하게 되는 단어로, 먼저 11개의 장으로 큰 주제별로 묶고, 다시 그 안에서 과를 나누어 작은 주제별로 표제어를 제시했습니다. 학습자가 러시아어 문형에 쉽게 익숙해질 수 있도록 러시아어 예문과 직역 위주의 한국어 번역을 제시하였습니다. 표제어 아래의 항목에는 파생어, 반의어, 유의어 등과 같은 확장 어휘를 함께 실었습니다.

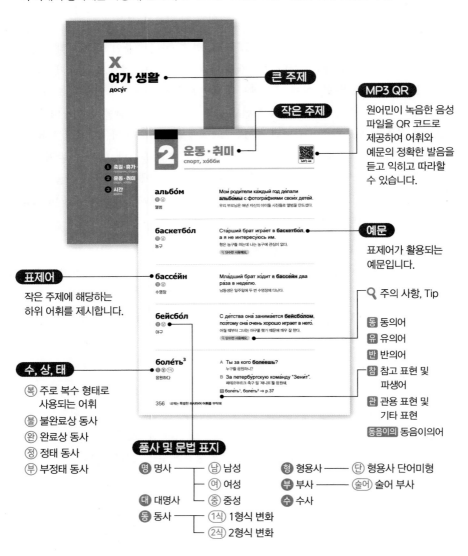

큰 주제

작은 주제

MP3 QR
원어민이 녹음한 음성 파일을 QR 코드로 제공하여 어휘와 예문의 정확한 발음을 듣고 익히고 따라할 수 있습니다.

예문
표제어가 활용되는 예문입니다.

표제어
작은 주제에 해당하는 하위 어휘를 제시합니다.

🔍 주의 사항, Tip

동 동의어
유 유의어
반 반의어
참 참고 표현 및 파생어
관 관용 표현 및 기타 표현
동음이의 동음이의어

수, 상, 태
복 주로 복수 형태로 사용되는 어휘
불 불완료상 동사
완 완료상 동사
정 정태 동사
부 부정태 동사

품사 및 문법 표지
명 명사 ── 남 남성
            ── 여 여성
대 대명사 ── 중 중성
동 동사 ── 1식 1형식 변화
          ── 2식 2형식 변화
형 형용사 ── 단 형용사 단어미형
부 부사 ── 술어 술어 부사
수 수사

실전 대화

실생활에 유용한 대화문으로 큰 주제에서 배운 어휘가 실제 상황에 어떻게 사용되는지 미리 연습해 볼 수 있습니다.

추가 단어

본문에서 공부하지 않았지만 대화에서 사용되는 실전 단어들을 확인할 수 있습니다.

연습 문제와 정답

각 작은 주제별 마지막 페이지에 QR로 제공되는 연습 문제 PDF로 배운 내용을 언제 어디서든 점검해 볼 수 있습니다. 스크롤해서 해당 과의 정답을 간편하고 빠르게 확인할 수 있습니다.

부록 ❶

추가 어휘
기본 의사소통 표현, 국가·국적, 시간 관련 표현, 수사, 러시아인의 이름과 애칭, 축약어

기본 문법
주요 품사들의 격 변화 표, 동사의 규칙/불규칙 활용표, 전치사, 접속사, 소사

부록 ❷

색인
색인 ① 러시아어 + 한국어
색인 ② 한국어 + 러시아어

목차

I

인간
человéк

борода́
 명 어

턱수염

Не́которые ду́мают, что **борода́** де́лает мужчи́н бо́лее му́жественными.

어떤 사람들은 턱수염이 남자들을 더 남성스럽게 만든다고 생각한다.

관 отпуска́ть бо́роду 수염을 기르다

ви́деть
 동 불 2식

(시력으로) 보이다, 만나다

Вчера́ на Кра́сной пло́щади мы случа́йно **уви́дели** изве́стного арти́ста.

어제 붉은 광장에서 우리는 유명한 연예인을 우연히 봤다.

완 2식 уви́деть

관 Вот ви́дите! 그것 보세요!

🔍 смотре́ть 감상하면서 (영화 등을) 보다

во́лосы
 명 복

머리카락(털)

Ты измени́ла цвет **воло́с**? Тебе́ иду́т чёрные **во́лосы**.

너 머리 색깔 바꿨어? 검은 머리 너한테 어울린다.

🔍 단수 во́лос는 머리카락 한 올, 가공용 동물 털 등을 말해요.

глаз
 명 남

눈

У неё ро́зовые во́лосы и голубы́е **глаза́**.

그녀는 머리가 분홍색이고 눈이 옅은 파란색(하늘색)이다.

관 свои́ми глаза́ми 자기 눈으로

🔍 보통 복수 глаза́를 사용해요.

голова́
명 여

머리, 두뇌

У меня́ боли́т **голова́**. Я не могла́ спать вчера́ но́чью.

나 머리 아파. 어제 밤에 잠을 잘 수가 없었거든.

관 потеря́ть го́лову 이성을 잃다

го́рло
명 중

목구멍

У тебя́ боли́т **го́рло**? Мо́жет быть, ты простуди́лся.

너 목 아파? 아마도 너 감기 걸린 것 같아.

관 сыт по го́рло 목까지 차다(= 배부르다)

грудь
명 여

가슴

А́нна в после́днее вре́мя испы́тывает боль в **груди́**.

안나는 최근에 가슴 통증을 느낀다.

관 корми́ть гру́дью 젖을 먹이다

желу́док
명 남

위

От чего́ в **желу́дке** образу́ются га́зы?

무엇 때문에 위에 가스가 생기나요?

참 **불/완** **1식** образова́ться 만들어지다, 생기다

живо́т
명 남

배

Мо́жет быть, я вы́пила что-то несве́жее. У меня́ боли́т **живо́т**.

아마도 내가 뭔가 신선하지 않은 것을 마셨나 봐. 배 아파.

동 желу́док

зуб

이(치아)

У Са́ши си́льно боля́т **зу́бы**, но он не хо́чет идти́ к врачу́.

사샤는 이가 심하게 아프지만 의사한테 가고 싶어하지 않는다.

참 **зубно́й** 치아의, 치아용의
관 **моло́чный зуб** 유치 **зуб му́дрости** 사랑니
зубно́й врач 치과 의사

кровь

피(혈액)

Ребёнок упа́л, у него́ из но́са идёт **кровь**.

아이가 넘어져서 코에서 피가 난다.

관 **гру́ппа кро́ви** 혈액형

🔍 단수만 사용해요.

лицо́

얼굴

Ма́льчик рису́ет **лицо́** свое́й ма́мы и улыба́ется.

남자아이가 자기 엄마 얼굴을 그리면서 미소를 짓고 있다.

관 **знако́мое лицо́** 아는 얼굴

лоб

이마

У него́ широ́кий **лоб** как у его́ отца́.

그의 이마는 그의 아버지처럼 넓다.

нога́

명 여

발, 다리

Я не могу́ идти́ да́льше, в **нога́х** бо́льше нет си́лы.

나는 더 이상 걸을 수가 없어. 발에 더 이상 힘이 없거든.

нос

명 남

코

У меня́ на́сморк, поэ́тому мне тру́дно дыша́ть **но́сом**.

나 코감기에 걸렸어. 그래서 코로 숨쉬기가 힘들어.

관 на носу́ 목전에 Не ве́шай нос. 실망하지 마.

🔍 새의 부리나 뱃머리를 말할 때도 써요.

па́лец

명 남

손가락, 발가락

Назва́ния **па́льцев** – э́то большо́й, указа́тельный, сре́дний, безымя́нный **па́льцы** и мизи́нец.

손가락 이름은 엄지, 집게, 중지, 약지 그리고 새끼손가락이다.

참 безымя́нный па́лец 약지 мизи́нец 새끼손가락

관 счита́ть по па́льцам 손가락으로 세다

плечо́

명 중

어깨

Ребёнок не хо́чет ходи́ть пешко́м, поэ́тому оте́ц несёт его́ на **плеча́х**.

아이가 걸으려고 하지 않아서 아버지가 아이를 어깨에 태우고 걷는다.

관 плечо́м к плечу́ 어깨를 나란히

рот
(명)(남)

입, 구강

На что вы жáлуетесь? Открóйте **рот**!

어디가 불편하세요? 입을 벌려 주세요!

рукá
(명)(여)

손, 팔

Сегóдня óчень хóлодно, мои́ **рýки** замёрзли.

오늘은 매우 추워서 내 손이 다 얼었다.

관 золоты́е рýки 손재주가 좋은 рабóчие рýки 일손
참 замёрзнуть 얼다

сéрдце
(명)(중)

심장

Мы давнó не ви́делись, но ты всегдá былá в моём **сéрдце**.

우리는 오랫동안 만나지 못했지만 너는 항상 내 마음속에 있었어.

관 кáменное сéрдце 무정한
от всегó сéрдца 진심으로

слы́шать
(동)(불)(2식)

(청력으로) 들리다

A Вы **слы́шали** мой вопрóс?

제 질문을 들었습니까?

B Говори́те грóмче, я плóхо **слы́шу**.

제가 잘 안 들리니까 더 큰소리로 말해 주세요.

완 (2식) услы́шать

🔍 слýшать 감상하면서 (음악 등을) 듣다

спина́

등

Я не поняла́, кто он, потому́ что он стоя́л **спино́й** ко мне.

나는 그가 누구인지 몰랐다. 왜냐하면 그가 내게서 등을 돌리고 서 있었기 때문이다.

📕 стоя́ть спино́й 등지고 서다   за спино́й 배후에서

те́ло

신체, 몸

У э́той ку́клы больша́я голова́, но ма́ленькое **те́ло**, поэ́тому она́ вы́глядит о́чень стра́нно.

이 인형은 머리는 크지만 몸은 작아서 매우 이상하게 보인다.

📕 твёрдое те́ло 고체   жи́дкое те́ло 액체
мёртвое те́ло 사체

усы́

콧수염

Он ещё ма́льчик. У него́ нет ни **усо́в**, ни бороды́.

그는 아직 어린아이다. 그는 콧수염도 없고 턱수염도 없다.

📕 носи́ть усы́ 콧수염을 기르다

🔍 보통 복수로 사용해요.

у́хо

귀

Говоря́т, что лю́ди с больши́ми **уша́ми** живу́т до́лго.

귀가 큰 사람은 오래 산다고 한다.

📕 ша́пка с уша́ми 귀마개 달린 모자

Упр. 01-1

ше́я

명 여

목, 뒷목

Он всегда́ говори́т, что у него́ боли́т **ше́я**, но он до́лго сиди́т за компью́тером.

그는 항상 목이 아프다고 말하면서 컴퓨터 앞에 오래 앉아 있는다.

щека́
명 여

볼

Почему́ у неё кра́сные **щёки**? Ей за что-то сты́дно?

왜 그녀의 볼이 빨개요? 그녀에게 뭔가 창피한 일이 있었나요?

관 **целова́ть в щёку** 볼에 키스하다

язы́к¹

명 남

혀

Врач попроси́л меня́ показа́ть **язы́к**.

의사가 내게 혀를 보여 달라고 했다.

참 **язы́к²** → p. 261
관 **дли́нный язы́к** 긴 혀(= 입이 가볍고 말이 많은 사람)

бле́дный
 형

창백한, 흐릿한

Почему́ у тебя́ тако́е **бле́дное** лицо́? У тебя́ что́-то боли́т?

너 왜 그렇게 창백한 얼굴이야? 너 어디 아파?

관 бле́ден(бле́дный) как смерть
시체처럼 흙빛인(공포, 놀람, 병 때문에)

высо́кий
 형

높은, 키가 큰

Макси́м **высо́кий** челове́к, а его́ друг Андре́й ни́зкий.

막심은 키가 큰 사람인데 그의 친구 안드레이는 키가 작다.

참 высоко́ 높게; 높다 반 ни́зкий 낮은, 작은

관 Он высо́кого ро́ста. 그는 키가 크다.
высо́кое зда́ние 높은 건물

же́нский
 형

여자의(여성다운)

На́ша **же́нская** кома́нда по волейбо́лу ста́ла чемпио́ном ми́ра.

우리 여자 배구 팀이 세계 챔피언이 됐다.

관 Междунаро́дный же́нский день 세계 여성의 날

же́нщина
 명 여

여자(여성)

Али́са – прекра́сная **же́нщина**, Макси́м сра́зу полюби́л её.

알리사가 멋진 여자여서 막심은 바로 그녀를 사랑하게 됐다.

관 заму́жняя же́нщина 기혼 여자

коро́ткий

짧은, 가까운

Де́вочка была́ в ро́зовой блу́зке и **коро́ткой** бе́лой ю́бке.

여자아이는 분홍 블라우스와 짧은 흰 치마를 입고 있었다.

참 коро́тко 짧게; 짧다   반 дли́нный 긴
관 коро́че = коро́че говоря́ 간단히 말해서

краси́вый

예쁜, 훌륭한

Она́ хорошо́ поёт и у неё **краси́вый** го́лос.

그녀는 노래를 잘하고 아름다운 목소리를 지니고 있다.

참 краси́во 예쁘게, 훌륭하게; 예쁘다, 훌륭하다
반 некраси́вый 예쁘지 않은

лю́ди

명 복

사람들

Кто а́втор рома́на "Бе́дные **лю́ди**"?

누가 소설 '가난한 사람들'의 작가인가?

단 челове́к 사람, 인간

ми́лый

귀여운, 사랑스러운

Э́тот ребёнок ча́сто улыба́ется.
Он о́чень **ми́лый**.

이 아기는 자주 웃는다. 그는 매우 귀엽다.

🔍 친근한 여성을 부를 때는 ми́лая моя́, 친근한 남성을 부를 때는 ми́лый мой라고 해요.

мужско́й

남자의, 남성의

На тре́тьем этаже́ на́шего магази́на вы мо́жете купи́ть **мужску́ю** оде́жду и о́бувь.

우리 가게 3층에서 남성복과 구두를 구매할 수 있어요.

мужчи́на

남자, 사나이

Оди́н высо́кий **мужчи́на** чита́ет кни́ги пе́ред мной.

내 앞에서 한 키가 큰 남자가 책을 읽고 있다.

🔍 여성 명사처럼 변화해요.

ни́зкий

낮은, 키가 작은

Она́ **ни́зкого** ро́ста, но у неё дли́ные но́ги.

그녀는 키가 작지만 다리가 길다.

반 высо́кий 높은, 키가 큰 **참** рост 높이, 키
관 ни́зкое давле́ние 저기압 **ни́зкий рост** 작은 키

по́лный²

형

살이 찐, 뚱뚱한

Моя́ сестра́ не лю́бит двига́ться, поэ́тому она́ немно́го **по́лная**.

내 동생은 움직이는 것을 좋아하지 않기 때문에 조금 통통하다.

참 по́лный¹ ➡ p. 339
동 то́лстый **반** то́нкий 가는, 얇은

седо́й²

형

백발의, 희끗한

Неда́вно у меня́ появи́лись **седы́е** во́лосы.

최근에 나는 흰머리가 생겼다.

참 седо́й¹ → p.340
관 дожи́ть до седы́х воло́с 장수하다

си́льный

형

강한, 힘센

Помоги́ мне перенести́ э́ти кни́ги? Ты **си́льный**, да?

이 책들 옮기는 것 도와줄래? 너 힘세잖아?

반 сла́бый 약한, 힘없는
관 си́льный дождь 호우 си́льная боль 심한 통증

симпати́чный

형

호감 가는, 귀여운

У него́ **симпати́чное** лицо́.

그는 호감이 가는 얼굴이다.

сла́бый

형

약한, 연한

Она́ **сла́бая** здоро́вьем с де́тства, поэ́тому не мо́жет до́лго рабо́тать.

그녀는 어려서부터 몸이 약해서 오랫동안 일을 할 수가 없다.

반 си́льный 강한, 힘센
관 сла́бый ве́тер 미풍 сла́бая па́мять 희미한 기억

то́лстый

두꺼운, 살찐

На полу́ о́коло дива́на лежи́т **то́лстый** кот.

소파 옆 바닥에 뚱뚱한 고양이가 누워 있다.

동 по́лный 살찐, 꽉찬 반 то́нкий 가는, 얇은
관 то́лстая кни́га 두꺼운 책

то́нкий

얇은, 가는

У Ни́ны чёрные **то́нкие** во́лосы.

니나는 머리가 검고 가늘다.

반 по́лный, то́лстый 살찐, 두꺼운, 굵은

🔍 얼굴형을 나타낼 때는 '긴'이라는 뜻으로 쓰여요.

худо́й

마른, 초췌한

Он до́лго боле́л, поэ́тому стал о́чень **худы́м**.

그는 오랫동안 아팠기 때문에 매우 여위였다.

유 то́нкий 가는, 얇은

челове́к

명 남

사람, 인간

Я не могу́ вспо́мнить и́мя и фами́лию э́того **челове́ка**.

나는 이 사람의 이름과 성을 기억해낼 수가 없다.

관 Молодо́й челове́к! 청년!(젊은 남자를 부를 때)

성격·감정
хара́ктер, эмо́ция

MP3 03

акти́вный
형

능동적인, 적극적인

У неё **акти́вный** хара́ктер, а у него́ - наоборо́т.

그녀는 적극적인 성격인데 그는 반대이다.

반 неакти́вный, пасси́вный 피동적인, 소극적인

беспоко́иться
동 **불** **2식**

괴로워하다, 걱정하다

Не **беспоко́йтесь**, всё бу́дет хорошо́.

걱정하지 마세요. 모든 게 잘 될 거예요.

관 беспоко́иться за кого́ 누구를 걱정하다

бо́льно
부 아프게, 심하게

술어 아프다, 괴롭다

Мне **бо́льно** слы́шать э́ти слова́.

나는 이 말을 듣는 게 마음이 아프다.

관 бо́льно удари́ть ру́ку 손을 심하게 부딪히다

боя́ться
동 **불** **2식**

무서워하다, 걱정하다

Де́вочка **бои́тся** соба́ки, а она́ лю́бит ко́шку.

여자아이가 개는 무서워하는데 고양이는 좋아한다.

관 боя́ться за кого́ 누구를 걱정하다

ве́жливый
형

예의바른(정중한)

Како́й у вас **ве́жливый** ребёнок!
Он ведёт себя́ **ве́жливо**.

당신 아이는 정말 예의바르군요! 아이가 예의바르게 행동하네요.

관 ве́жливое выраже́ние 경어

ве́рный

옳은, 진실한, 충실한

Са́ша – мой са́мый **ве́рный** друг. И он
ве́рен свое́й жене́.

사샤는 나의 가장 진실한 친구이다. 그리고 그는 자기
아내에게도 충실하다.

весёлый

즐거운, 재미있는(유쾌한)

Ле́на — симпати́чная и о́чень **весёлая**
де́вушка.

레나는 귀엽고 매우 유쾌한 소녀이다.

참 ве́село 즐겁게, 재미있게

внима́тельный

주의 깊은, 신중한

Учи́тель о́чень **внима́тельный**. Он
всегда́ внима́тельно слу́шает слова́
ученико́в.

선생님은 매우 주의 깊은 분이다. 그는 항상 학생들 말을 신중
하게 들으신다.

참 внима́тельно 주의 깊게, 신중히

волнова́ться

긴장하다, 걱정하다

Пе́ред экза́меном я си́льно **волну́юсь**.

시험 전에 나는 심하게 긴장한다.

관 волнова́ться за здоро́вье 건강이 걱정되다

го́рдый

자랑스러운, 자신만만한

Ни́на – сли́шком **го́рдая**, ей ну́жно
поду́мать о своём хара́ктере.

니나는 너무 자신만만한데, 그녀는 자신의 성격에 대해 생각해
볼 필요가 있다.

3 성격·감정
хара́ктер, эмо́ция

го́ре
명 중

슬픔

Э́та семья́ в большо́м **го́ре** из-за сме́рти до́чери.

이 가족은 딸의 죽음으로 큰 슬픔에 빠져있다.

🔍 단수만 사용해요.

гру́бый
형

무례한(거친), 투박한

Он о́чень **гру́бый** челове́к. Нельзя́ так гру́бо поступа́ть.

그는 매우 무례한 사람이다. 그렇게 무례하게 행동하면 안 된다.

참 гру́бо 거칠게, 무례히
관 гру́бая оши́бка 심한 실수(테스트 등에서)

гру́стный
형

슬픈, 우울한

Како́й у э́того фи́льма **гру́стный** коне́ц!

이 영화의 끝이 너무 슬프다!

참 гру́стно 슬프게; 슬프다

до́брый
형

선량한, 친절한

Когда́ он встреча́ет меня́, он всегда́ смо́трит на меня́ **до́брыми** глаза́ми.

그가 나와 마주쳤을 때 그는 항상 선한 눈으로 나를 바라본다.

참 добро́ 친절하게, 좋게
관 бу́дьте добры́ 제발, 부디(부탁할 때, 상점에서 '여기요!')

дово́лен
형 단

만족하다, 충분하다

Дава́й пригото́вим у́жин, и ма́ма бу́дет **дово́льна**.

자, 저녁을 준비하자. 그러면 엄마가 만족하실 거야.

жаль

 가엽게, 애석하게(유감스럽게)

 가엽다, 애석하다(유감스럽다)

Мне о́чень **жаль**, что ты не смо́жешь пойти́ со мной в теа́тр.

네가 나와 함께 극장에 갈 수 없다니 너무 애석하다.

동 жа́лко (더 구어적)

Q 대격과 함께 써서 '가엽다', 생격과 함께 써서 '유감스럽다, 아쉽다'를 표현해요.

жесто́кий

형

잔인한, 가혹한

Наро́д бои́тся **жесто́кого** дикта́тора свое́й страны́.

국민들은 자기 나라의 잔인한 독재자를 무서워한다.

참 дикта́тор 독재자

замеча́тельный

형

훌륭한, 주목할 만한

Он са́мый **замеча́тельный** челове́к из тех, кого́ я зна́ю.

그는 내가 아는 사람들 중에서 제일 훌륭한 사람이다.

관 Замеча́тельно! 아주 멋지다!

запла́кать

 동 완 1식

울다(울기 시작하다)

Медсестра́ сде́лала ребёнку уко́л, и он гро́мко **запла́кал** от бо́ли.

간호사가 아기에게 주사를 놓자 아기가 아파서 큰소리로 울기 시작했다.

засмея́ться

 동 완 1식

웃다(웃기 시작하다), 농담하다

Ни́на **засмея́лась** от сча́стья, как то́лько она́ уви́дела му́жа.

니나는 남편을 보자마자 행복해서 웃기 시작했다.

관 засмея́ться над кем 누구를 조소하다

злой
(형)

악한, 화난

Этот артист хорошо́ игра́ет роль **зло́го** челове́ка.

이 배우는 악한 사람 역할을 잘 연기한다.

관 злой дух 악령   зла́я соба́ка 싸움을 좋아하는 인간

любо́вь
(명)(여)

사랑, 연인

Она́ лю́бит смотре́ть фи́льмы о **любви́**.

그녀는 연애 영화 보는 것을 좋아한다.

관 любо́вь к ро́дине 조국애

🔍 단수만 사용해요.

му́жество
(명)(중)

용기

В рома́не писа́тель показа́л **му́жество** солда́т.

소설에서 작가는 군인들의 용맹성을 보여 줬다.

참 му́жественный 용기 있는, 강직한

🔍 단수만 사용해요.

настрое́ние
(명)(중)

기분, 마음

Настрое́ние ба́бушки зави́сит от пого́ды.

할머니의 기분은 날씨에 따라 달라진다.

неприя́тность
(명)(여)

불쾌

Дава́й не бу́дем говори́ть о **неприя́тностях**.

불쾌한 일에 대해서 말하지 맙시다.

🔍 보통 복수를 사용해요.

не́рвный

신경의, 신경질적인

В после́днее вре́мя студе́нты о́чень **не́рвные** из-за госуда́рственных экза́менов.

요즘 학생들이 국가 고시 때문에 매우 신경이 날카롭다.

несча́стный

불행한

Когда́ Ла́ра верну́лась домо́й, она́ вы́глядела **несча́стной**.

라라가 집으로 돌아왔을 때 그녀는 행복하지 않아 보였다.

참 несча́стье 불행, 재해

관 несча́стная любо́вь 짝사랑

к несча́стью 불행하게도

нра́виться¹

마음에 들다, 좋다

Мне **нра́вилась** одна́ де́вушка, но я не полюби́л её.

한 여자아이가 맘에 들었지만 그녀를 사랑하게 되지는 않았다.

참 нравиться² → p.361

완 (2식) понра́виться

обижа́ть

화나게 하다, 상처 주다

Ка́жется, я **оби́дела** тебя́, извини́, пожа́луйста.

내가 너를 화나게 한 것 같아. 제발, 용서해 줘.

완 (2식) оби́деть

🔍 완료상 명령형은 사용하지 않아요.
(Не обижа́й меня́! 나를 모욕하지 마!)

обижáться

동 **불** **1식**

화를 내다, 모욕을 느끼다

Тебé не нáдо бы́ло **обижáться** на коллéг за кри́тику, они́ бы́ли прáвы.

너는 비평 때문에 동료들에게 화낼 필요가 없었어. 그들이 옳았거든.

완 **2식** оби́деться

🔍 완료상 명령형은 사용하지 않아요. (Не обижáйся! 화내지 마!)

оптими́ст/ка

명 **남/여**

낙관론자

Все счита́ют меня́ **оптими́стом**, но э́то не так.

모두들 나를 낙천주의자라고 생각하지만 그렇지 않다.

пессими́ст/ка

명 **남/여**

비관론자

Ты **пессими́ст**, тебé нáдо измени́ть свои́ взгля́ды.

너는 비관적인 사람이야. 자신의 관점을 바꿀 필요가 있어.

плáкать

동 **불** **1식**

울다

Ты ужé не мáленький, перестáнь **плáкать**.

넌 이제 어린아이가 아니니까 우는 것을 그만둬.

плохóй

형

나쁜

Вчерá былá **плохáя** погóда, поэ́тому у Кáти бы́ло **плохóе** настроéние.

어제 날씨가 나빴기 때문에 카챠의 기분이 좋지 않았다.

참 плóхо 나쁘게; 나쁘다

полюби́ть

사랑하게 되다, 좋아지다

Ди́ма познако́мился с Ири́ной и сра́зу **полюби́л** её.

디마는 이리나를 알게 되고 바로 그녀를 사랑하게 됐다.

> 🔍 люби́ть는 '사랑하다'라는 의미이고
> полюби́ть는 '사랑하기 시작하다'라는 의미예요.

прия́тный
(형)
기분이 좋은, 즐거운

Он **прия́тный** челове́к. Мне прия́тно ви́деть его́.

그는 유쾌한 사람이다. 그를 만나면 기분이 좋다.

> 참 прия́тно 기분 좋게, 즐겁게; 좋다
> 관 о́чень прия́тно 정말 반갑다
> Прия́тного аппети́та! 맛있게 드세요!

производи́ть²

(인상, 감동을) 주다, 초래하다

Но́вый фильм **произвёл** на зри́телей огро́мное впечатле́ние.

새로운 영화는 관객들에게 큰 감동을 주었다.

> 참 производи́ть¹ → p.301
> 완 (1식) произвести́
> 관 производи́ть впечатле́ние на кого́
> ~에게 감동을 주다

рад

기쁘다

Ната́ша **ра́да**, что роди́тели подари́ли ей ноутбу́к.

나타샤는 부모님이 그녀에게 노트북을 선물해 주신 것이 기쁘다.

> 관 Рад познако́миться с тобо́й. 만나서 반가워.

> 🔍 장어미형은 없고 술어로만 사용해요.

ра́довать

동 불 1식

기쁘게 하다

Бо́льше всего́ меня́ **ра́дует** то, что мои́ роди́тели здоро́вые.

내 부모님이 건강하신 것이 무엇보다도 나를 기쁘게 한다.

참 ра́доваться 기뻐하다, 즐거워하다
완 1식 обра́довать(ся)

ра́дость

명 여

기쁨

Мари́на заняла́ пе́рвое ме́сто на чемпиона́те ми́ра по плава́нию, она́ была́ сча́стлива и пла́кала от **ра́дости**.

마리나는 세계 수영 대회에서 1등을 해서 행복했고 기쁨으로 인해 울었다.

реши́тельный

형

결단력 있는, 단호한

Все сотру́дники компа́нии счита́ют своего́ дире́ктора **реши́тельным** челове́ком.

회사의 모든 직원들은 자신들의 대표가 결단력 있는 사람이라고 생각한다.

серьёзный

형

진지한, 성실한

А́нна у́мная, **серьёзная** де́вушка. Она́ у́чится **серьёзно**.

안나는 똑똑하고 성실한 소녀다. 그녀는 열심히 공부한다.

참 серьёзно 열심히, 심각하게

скро́мный

형

겸손한, 검소한

Ми́ла из бога́той семьи́, но о́чень **скро́мная** де́вушка.

밀라는 부잣집 출신이지만 매우 검소한 소녀다.

관 скро́мный пода́рок 변변찮은 선물

ску́чно

부 재미없이, 울적하게

술어 재미없다, 따분하다

Мы **ску́чно** провели́ ле́тние кани́ку́лы до́ма.

우리는 여름 방학을 집에서 재미없게 보냈다.

🔍 [ску́шнъ]로 발음해요.

сме́лый

형

용감한, 대담한

Он совсе́м не бои́тся высоты́! Како́й **сме́лый** ма́льчик!

그는 높은 것을 전혀 무서워하지 않네! 정말 용감한 소년이구나!

관 Кто смел, тот два съел. 용감한 자가 두 개를 먹는다.

смешно́й

형

우스운, 어이없는

Смешно́й слу́чай произошёл со мной вчера́.

어제 내게 어이없는 일이 벌어졌다.

참 смешно́ 우습게, 어이없게

관 Это смешно́. 이거 웃기다.(술어 부사로 쓰인 표현)

смея́ться
동 불 1식

웃다

В ци́рке де́ти смо́трят живо́тных и ве́село **смею́тся**.

서커스 장에서 아이들이 동물들을 보면서 즐겁게 웃고 있다.

관 смея́ться над кем 누구를 비웃다

сожале́ние
명 중

유감, 애석

К **сожале́нию**, за́втра я не смогу́ помо́чь тебе́.

애석하게도 내일 나는 너를 도와줄 수가 없다.

관 к сожале́нию 애석하게도, 유감스럽지만

споко́йный
형

조용한, 평안한

Несмотря́ на неприя́тности, Мари́на вы́глядела **споко́йной**.

불쾌한 일에도 불구하고 마리나는 평안해 보였다.

참 споко́йно 침착하게, 평안하게; 평안하다
관 Споко́йной но́чи! 안녕히 주무세요!

страда́ть
동 불 1식

고생하다(해를 입다), 괴로워하다

Ка́ждый год лю́ди **страда́ют** из-за приро́дных катакли́змов.

매년 사람들은 자연재해 때문에 고생한다.

참 катакли́зм 재해
완 1식 пострада́ть

стра́нный
형

이상한, 기이한

Э́тот челове́к показа́лся нам **стра́нным**.

이 사람은 우리에겐 이상한 사람처럼 보였다.

참 стра́нно 이상하게; 이상하다

стра́шный

무서운, 지독한

У него́ мя́гкий хара́ктер, но когда́ он се́рдится, он стано́вится **стра́шным**.

그는 온화한 성격이지만 화낼 때는 무서워진다.

참 통 2식 се́рдиться 화나다, 화내다

сты́дно

 부끄럽게

술어 부끄럽다

Тебе́ ничего́ так де́лать? Мне о́чень **сты́дно**.

너 그렇게 해도 괜찮아? 난 너무 부끄러워.

счастли́вый

형

행복한, 행운의

У Алёши бы́ло **счастли́вое** де́тство.

알료샤는 행복한 어린 시절을 보냈다.

관 Счастли́вого пути́! 좋은 여행되기를!

🔍 [щисли́вый]로 발음해요.

сча́стье

명 중

행복, 행운

Все мечта́ют о **сча́стье** и стремя́тся к нему́.

모두 행복을 꿈꾸고 그것을 목표로 한다.

관 к сча́стью 다행히
　　Жела́ю вам сча́стья! 행운을 빌어요!

🔍 단수만 사용해요. [ща́стье]로 발음해요.

трудолюби́вый

형

근면한, 부지런한

Ната́ша — о́чень до́брая, скро́мная и **трудолюби́вая** де́вушка.

나타샤는 매우 상냥하고 겸손하고 부지런한 소녀이다.

3 성격·감정
характер, эмоция

удивительный
형

놀랄만한, 훌륭한

Во вре́мя путеше́ствия по Сахали́ну с на́ми произошла́ **удиви́тельная** исто́рия.

사할린을 여행할 때 우리에게 놀라운 사건이 일어났다.

удивля́ться
동 불 1식

놀라다(경탄하다)

Они́ о́чень **удиви́лись** и до́лго ничего́ не могли́ отве́тить.

그들은 너무 놀랐고 오랫동안 아무 대답도 할 수 없었다.

참 удивле́ние 놀람, 경탄, 감탄
완 2식 удиви́ться

удово́льствие
명 중

만족

Мы получи́ли огро́мное **удово́льствие** от прогу́лки по лесу́.

우리는 숲속 산책에 대단히 만족했다.

관 с удово́льствием 기꺼이

ужа́сный
형

무서운, 지독한

Вчера́ но́чью я ви́дела **ужа́сный** сон. До сих пор в у́жасе.

어젯밤에 나는 무서운 꿈을 꿨다. 지금까지 무섭다.

참 ужа́сно 무섭게, 심하게; 무섭다, 심하다
у́жас 공포, 두려움

관 Это ужа́сно! 이건 심하다!(술어 부사로 쓰인 표현)

улыба́ться

미소 짓다

Оля всегда́ **улыба́ется**, на неё прия́тно смотре́ть.
올라는 항상 미소를 짓고 있어서 그녀를 바라보는 것이 좋다.

완 (1식) улыбну́ться

관 сча́стье(уда́ча) улыбну́лось(-лась) кому́
행운이 ~에게 찾아오다

улы́бка

미소

У тебя́ краси́вая **улы́бка**, улыба́йся ча́ще.
넌 예쁜 미소를 지녔으니까 더 자주 웃어.

успока́иваться

진정하다, 안심하다(편안해지다)

Успоко́йся, Ната́ша. Всё бу́дет хорошо́.
진정해, 나타샤. 모든 게 잘될 거야.

완 (2식) успоко́иться

хара́ктер

성질, 성격

У ма́мы прекра́сный **хара́ктер**, она́ о́чень до́брый, мя́гкий и споко́йный челове́к.
엄마는 멋진 성격이다. 그녀는 매우 상냥하고 부드럽고 평안한 사람이다.

хоро́ший

좋은, 훌륭한

Ми́ла — **хоро́шая** де́вочка, она́ всегда́ помога́ет лю́дям.
밀라는 좋은 아이이다. 항상 사람들을 도와준다.

참 хорошо́ 좋게, 훌륭하게; 좋다

관 Всего́ хоро́шего 모든 게 잘 되길!(헤어질 때 인사)

че́стный

형

정직한, 공정한

Он обы́чно был **че́стным**, и мы сра́зу пове́рили ему́.

그는 평소에도 정직했기 때문에 우리는 바로 그를 믿어 버렸다.

관 че́стное сло́во 틀림없다, 정말이다

чу́вство

명 중

느낌, 감각

У ма́льчика до́лго бы́ло **чу́вство** вины́ перед роди́телями.

소년에게는 오랫동안 부모님에 대한 죄송한 마음이 있었다.

참 вина́ 죄, 잘못

чу́вствовать

동 불 1식

느끼다, 경험하다

На ле́кции Све́та вдруг **почу́вствовала** си́льную боль в животе́.

강의 중에 스베타는 갑자기 배에서 심한 통증을 느꼈다.

완 1식 почу́вствовать

관 Как чу́вствовать себя́? 기분이(몸이) 어때요?

энерги́чный

형

정열적인, 강력한

Наш дире́ктор — о́чень **энерги́чный**, реши́тельный челове́к.

우리 이사님은 매우 정열적이고 결단력 있는 사람이다.

4 건강 · 질병
здоро́вье, боле́знь

анги́на
명 여

후두염, 목감기

Я чу́вствую боль в го́рле. Мо́жет быть, у меня́ **анги́на**.

나 목이 아파. 아마도 목감기인 것 같아.

апте́ка
명 여

약국

Скажи́те, пожа́луйста, где здесь **апте́ка**?

여기 약국이 어디에 있는지 말씀 좀 해 주시겠어요?

боле́знь
명 여

병

Из-за **боле́зни** Со́ня не приходи́ла в шко́лу одну́ неде́лю.

병 때문에 소냐는 일주일 동안 학교에 오지 않았다.

боле́ть¹
동 불 1식

병을 앓다, 아프다

Э́тот ребёнок сейча́с **боле́ет** гри́ппом.

이 아기는 지금 독감을 앓고 있다.

참 боле́ть³ → p.356
완 1식 заболе́ть

 병명은 조격으로 표현해요.

боле́ть²
동 불 2식

아프다

A Что у неё **боли́т**? 그녀는 어디가 아파?

B У неё **боля́т** но́ги. 그녀는 발이 아파.

 불완료상만 사용하고 1, 2인칭은 사용 안 해요. 아픈 곳을 주격으로 표현해요.

больни́ца

병원

Де́душка серьёзно заболе́л, его́ положи́ли в **больни́цу**.

할아버지가 심하게 병이 나셔서 병원에 입원하셨다(입원시켰다).

🔁 вы́йти из больни́цы 퇴원하다

🔍 поликли́ника와 달리 입원 병동이 있는 곳이에요.

больно́й

병든

Де́душка сейча́с бо́лен. У него́ **больно́е** се́рдце, ему́ нельзя́ волнова́ться.

할아버지는 지금 편찮으시다. 심장병이 있으셔서 흥분하시면 안 된다.

🔍 단어미형 бо́лен은 술어로만 사용해요.

больно́й / а́я

환자

Сейча́с в больни́це мно́го **больны́х**. Мно́гие боле́ют гри́ппом.

지금 병원에 환자가 많다. 많은 사람들이 독감으로 아프다.

🔍 형용사처럼 격 변화해요.

вре́дный
형
해로운

Куре́ние – **вре́дная** привы́чка.

흡연은 해로운 습관이다.

참 вре́дно 해롭게; 해롭다   куре́ние 흡연
привы́чка 습관

выздора́-вливать

동 불 1식

병이 낫다

Обы́чно врач говори́т больны́м: "**Выздора́вливайте!**"

보통 의사는 환자에게 "얼른 나으세요!"라고 말한다.

완 1식 вы́здороветь

вызыва́ть

동 불 1식

불러내다, 부르다

У Ната́ши вдруг си́льно заболе́ло се́рдце, и она́ **вы́звала** ско́рую по́мощь.

나타샤는 갑자기 심장이 심하게 아파서 구급차를 불렀다.

참 скорая помощь 구급차
완 1식 вы́звать
관 вы́звать такси́ 택시를 부르다

грипп

명 남

유행성 감기, 독감

Вот хоро́шие табле́тки от **гри́ппа**. Пей их по́сле обе́да!

이게 감기에 좋은 약이야. 식사 후에 그것을 먹어!

🔍 단수만 사용해요.

здоро́вый

형

건강한, 정상적인

Ба́бушка сейча́с соверше́нно здоро́ва. У неё и **здоро́вое** се́рдце.

할머니는 지금 완벽히 건강하시다. 심장도 정상이다.

관 Бу́дьте здоро́вы! 건강하십시오!

здоро́вье
명 중
건강

Несмотря́ на то́, что де́душке почти́ 90 лет, у него́ кре́пкое **здоро́вье**.
할아버지는 거의 90세이심에도 불구하고 정정하시다.

🔍 단수만 사용해요.

ка́шель
명 남
기침, 기침감기

Ка́шель не меша́ет тебе́? Тебе́ на́до пить табле́тки от **ка́шля**.
기침이 너를 방해하진 않니? 너는 기침감기 약을 먹어야 해.

관 сухо́й ка́шель 마른 기침

🔍 단수만 사용해요.

кре́пкий
형
튼튼한, 진한

Ка́ждый день я до́лго хожу́, поэ́тому у меня́ **кре́пкие** но́ги.
나는 매일 오래 걷기 때문에 다리가 튼튼하다.

참 кре́пко 단단하게, 튼튼하게

лека́рство
명 중
약(약제)

Принима́йте э́то **лека́рство** 3 ра́за в день че́рез 30 мину́т по́сле еды́.
하루에 3번씩 식사 후 30분 뒤에 이 약을 드세요.

лечи́ть
동 불 2식
치료하다

Врач до́лго **лечи́л** ба́бушку и, наконе́ц, **вы́лечил** её.
의사가 오랫동안 할머니를 치료했고 마침내 그녀를 완치시켰다.

완 2식 вы́лечить

ломáть

동 불 1식

부러뜨리다, 고장 내다

Жéня игрáет в баскетбóл, поэ́тому он чáсто **ломáет** нóгу или рýку.

제냐는 농구를 하기 때문에 자주 발이나 손이 부러진다.

완 1식 сломáть

нáсморк

명 남

코감기, 콧물

Купи́, пожáлуйста, лекáрство от **нáсморка**.

코감기 약 좀 사 줘.

операция

명 여

(외과) 수술

Дéдушке необходи́ма **операция** на сéрдце.

할아버지는 심장 수술을 하셔야 한다.

관 дéлать комý операцию ~을/를 수술하다

поликли́ника

명 여

병원(외래 환자 진료소)

Óля заболéла и сегóдня ходи́ла в **поликли́нику**.

올랴는 병이 나서 오늘 병원에 갔다 왔다.

🔍 больни́ца와 달리 입원 병동이 없고 여러 과의 진료를 담당해요.

Упр. 01-4

простуди́ться
동 완 2식

감기에 걸리다

Сего́дня о́чень хо́лодно, одева́йся
тепле́е, а то **простуди́шься**.

오늘 아주 추우니까 따뜻하게 입어. 그렇지 않으면 감기 걸려.

불 1식 простужа́ться

си́ла
명 어

힘, 체력

У э́того спортсме́на огро́мная
физи́ческая **си́ла**.

이 선수는 대단한 체력을 가지고 있다.

관 свои́ми си́лами 자신의 힘으로
все́ми си́лами 전력으로

табле́тка
명 어

알약(정제약)

Э́то **табле́тки** для дете́й, они́ не
го́рькие.

이것은 아이들을 위한 약이고, 쓰지 않다.

🔍 캡슐이나 알약 종류를 말해요.

уко́л
명 남

주사(찌르는 행위)

Когда́ э́та медсестра́ де́лает **уко́л**, мне
не бо́льно.

이 간호사가 주사를 놓으면 난 아프지 않다.

정신 활동·종교
у́мственная де́ятельность, рели́гия

 MP3 05

бог
 명 남

신(하나님)

Одни́ не ве́рят в **Бо́га**, а други́е ве́рят, что **Бог** существу́ет.

어떤 이들은 신을 믿지 않지만 어떤 이들은 신이 존재한다고 믿는다.

관 **бо́же мой** 맙소사, 아니 저런 **сла́ва бо́гу** 고맙게도 **Бог зна́ет.** 하늘만이 안다.

взгляд
 명 남

시선, 견해(의견)

Э́ти молоды́е лю́ди дру́жат, несмотря́ на ра́зницу во **взгля́дах** на поли́тику и эконо́мику.

이 젊은이들은 정치나 경제에 대한 견해가 다름에도 불구하고 친하다.

관 **на мой взгляд** 내 생각에는

внима́ние
 명 중

주의, 주목

Профе́ссор зако́нчил ле́кцию и поблагодари́л слу́шателей за **внима́ние**.

교수님은 강의를 마치고 청자들에게 경청해 준 것에 대해 감사를 표했다.

참 **внима́тельно** 신중하게, 주의깊게

вспомина́ть
 동 불 1식

생각해 내다, 회상하다

Мы ча́сто **вспомина́ем** шко́лу, друзе́й и учи́телей.

우리는 학교와 친구들과 선생님들을 자주 생각한다.

참 **воспомина́ние** 회상, 추억 **воспомина́ния** 회상록
완 2식 **вспо́мнить**

глу́пый

(형)

우둔한, 순진한, 철이 없는

Мла́дший брат — не **глу́пый** ма́льчик, но о́чень лени́вый, поэ́тому пло́хо у́чится.

남동생은 우둔한 아이는 아니지만 아주 게을러서 공부를 못한다.

참 глу́по 우둔하게, 바보같이

ду́мать

(동) (불) (1식)

생각하다

Роди́тели всегда́ **ду́мают** о свои́х де́тях.

부모님은 언제나 자신들의 아이들에 대해 생각한다.

완 (1식) поду́мать

관 ду́мать, что … ~라고 생각하다

душа́

(명) (어)

영, 혼

На́ша ма́ма – о́чень до́брый челове́к, у неё све́тлая **душа́**.

우리 엄마는 매우 상냥한 사람이다. 그녀는 맑은 영혼을 갖고 있다.

🔍 от всей души́ 마음 깊이(축하나 감사 인사할 때)

забыва́ть

(동) (불) (1식)

잊다, 잊어버리다

Я ча́сто **забыва́ю** и́мя преподава́теля. Ты не **забы́л** его́ и́мя?

난 선생님 성함을 잘 잊어버려. 넌 그분 성함 안 잊어버렸어?

완 (1식) забы́ть

замеча́ть

(동) (불) (1식)

눈치채다, 깨닫다

Ты **заме́тила**, что Мари́не сего́дня о́чень гру́стно?

너 마리나가 오늘 아주 슬픈 것 눈치챘니?

완 (2식) заме́тить

идея

명 **여**

이념(사상), 생각

У меня́ появи́лась прекра́сная **иде́я**.

내게 아주 좋은 생각이 떠올랐어.

관 гла́вная иде́я произведе́ния 작품의 중심 사상

мечта́ть

동 **불** **1식**

꿈꾸다, 염원하다

Я с де́тства **мечта́ю** стать врачо́м.

나는 어렸을 때부터 의사가 되는 것을 꿈꿔 왔다.

참 мечта́ 꿈, 공상, 염원
관 мечта́ пое́хать в Росси́ю 러시아에 가고 싶다는 꿈

мне́ние

명 **중**

의견, 견해

У нас ра́зные **мне́ния** по э́тому вопро́су.

우리는 이 문제에 대해 다른 의견들을 가지고 있다.

관 по моему́ мне́нию 내 생각으로는

мысль

명 **여**

생각(사고), 사상

Мы с друзья́ми ча́сто дели́мся свои́ми **мы́слями**.

나는 친구들과 자주 생각을 나눈다.

관 пришла́ мысль в го́лову 생각이 떠올랐다

наве́рное

부

아마, 틀림없이

В де́тской ко́мнате ти́хо, **наве́рное**, де́ти уже́ спят.

아이들 방이 조용하니까 틀림없이 아이들은 이미 잠자고 있을 것이다.

동 наве́рно

наде́жда
명 **여**

희망, 소망

Нельзя́ теря́ть **наде́жду** на бу́дущее. **Наде́жда** даёт си́лу жить.

미래에 대한 희망을 잃으면 안 된다. 희망은 살아갈 힘을 준다.

наде́яться
동 **불** **1식**

기대하다, 바라다

Все **наде́ются** на сча́стье и успе́х.

모두가 행복과 성공을 바란다.

напомина́ть
동 **불** **1식**

상기시키다, 경고하다

Спаси́бо, что ты **напо́мнил** мне о собра́нии, я совсе́м забы́л о нём.

내게 회의에 대해 상기시켜 줘서 고마워. 난 그것에 대해 완전히 잊고 있었어.

완 **2식** напо́мнить

обы́чай
명 **남**

풍습, 관례

В Росси́и существу́ет **обы́чай** встреча́ть госте́й хле́бом и со́лью.

러시아에는 빵과 소금으로 손님을 맞이하는 풍습이 존재한다.

па́мять
명 **여**

기억(력), 기념

По́сле автокатастро́фы э́тот челове́к потеря́л **па́мять**.

교통사고 후 이 사람은 기억을 잃었다.

참 автокатастро́фа 교통사고

관 на па́мять 추억을 위해(선물할 때)
без па́мяти 의식 없이

🔍 단수만 사용해요.

по́мнить

동 불 2식

기억하다, 암기하다

Я хорошо́ **по́мню** свою́ пе́рвую учи́тельницу.

나는 나의 첫 번째 선생님을 잘 기억하고 있다.

понима́ть

동 불 1식

이해하다(알다), 알아듣다

Пожа́луйста, говори́те ме́дленнее, я пло́хо **понима́ю** по-ру́сски.

좀 천천히 말해 주세요. 저는 러시아어를 잘 이해하지 못합니다.

완 1식 поня́ть

поня́тно

부

알기 쉽게, 분명히

Друг **поня́тно** объясни́л свою́ мысль и я хорошо́ поняла́.

친구는 자신의 생각을 알기 쉽게 설명했고 나는 잘 이해했다.

관 Поня́тно. 알겠어.

рели́гия

명 여

종교

Все студе́нты должны́ слу́шать ле́кцию по мировы́м **рели́гиям**.

모든 학생들은 세계 종교에 대한 강의를 들어야만 한다.

си́мвол

명 남

상징, 심볼

Матрёшка — оди́н из **си́мволов** ру́сской культу́ры.

마트료시카는 러시아 문화의 상징들 중의 하나다.

5 정신 활동·종교
у́мственная де́ятельность, рели́гия

смысл
명 남

의미, 의의

Что э́то сло́во зна́чит? Объясни́те **смысл** э́того сло́ва.

이 단어는 무엇을 뜻하나요? 이 단어의 의미를 설명해 주세요.

관 в широ́ком смы́сле 넓은 의미로
в у́зком смы́сле 좁은 의미로

сомнева́ться
동 불 1식

의심하다

Я не **сомнева́юсь** в его́ слова́х. Он че́стный челове́к.

나는 그의 말을 의심하지 않는다. 그는 진실한 사람이다.

счита́ть¹
동 불 1식

간주하다, 생각하다

Друзья́ **счита́ют** Анто́на са́мым трудолюби́вым.

친구들은 안톤을 가장 근면한 사람이라고 생각한다.

참 счита́ть² → p.303
관 счита́ть, что ... ~(이)라고 간주하다

та́йна
명 여

신비, 비밀

Ста́рший брат держи́т свои́ пла́ны в **та́йне**.

형은 자신의 계획을 비밀로 했다.

관 сохраня́ть та́йну 비밀을 지키다
держа́ть что в та́йне ~을/를 비밀로 하다

то́чка зре́ния
명 여

관점

Мы хоти́м узна́ть твою́ **то́чку зре́ния** по э́тому вопро́су.

우리는 이 문제에 대한 너의 관점을 알고 싶어.

관 с то́чки зре́ния кого́ ~에 의하면

традиция
명 여

전통, 관습

Ка́ждый наро́д стара́ется сохрани́ть свои́ национа́льные **тради́ции**.

각 민족은 자기 민족 전통들을 보존하려고 노력한다.

узнава́ть
동 불 1식

(물어서) 알다

Я не ви́дела Ната́шу мно́го лет, но сра́зу **узна́ла** её.

나는 오랫동안 나타샤를 보지 못했지만 그녀를 바로 알아차렸다.

완 1식 узна́ть

관 узнать, что ... ~인 줄 알다

у́мный
형

현명한, 영리한

Друг дал мне о́чень **у́мный** сове́т. Он о́чень **у́мный**.

친구가 나에게 아주 현명한 조언을 해 줬다. 그는 매우 영리하다.

чу́до
명 중

기적, 신기한 일

Э́то **чу́до**, что я смогла́ уви́деть э́того са́мого популя́рного в ми́ре певца́.

내가 세계에서 가장 인기 있는 이 가수를 볼 수 있었던 건 기적이다.

관 чу́дом 기적적으로

семь чуде́с све́та 세계의 7대 불가사의

взро́слый

 형

어른의, 성년의

Сын стал совсе́м **взро́слым**.

아들이 완전히 어른이 되었다.

참 **взро́слый** 성인 남자 **взро́слая** 성인 여자

во́зраст

 명 남

연령, 나이

Как ты ду́маешь? В како́м **во́зрасте** лу́чше жени́ться?

넌 어떻게 생각하니? 몇 살에 결혼하는 게 좋을 것 같니?

관 **в моём во́зрасте** 내 나이에는

голо́дный

 형

배고픈

Я не го́лоден. Но моя́ соба́ка всегда́ **голо́дная**.

난 배가 안 고프다. 그런데 내 강아지는 항상 배고파 한다.

반 **сы́тый** 배부른

관 **го́лоден, как соба́ка** 배가 매우 고프다

де́вочка

 명 여

여자아이, 소녀

В ко́мнату вошла́ худа́я **де́вочка** с коро́ткими све́тлыми волоса́ми.

짧고 금발의 마른 여자아이가 방으로 들어왔다.

🔍 중학생 이하의 여자아이를 의미해요.

де́вушка

처녀, 아가씨

Мари́на - **де́вушка** высо́кого ро́ста с тёмными волоса́ми.

마리나는 검은 머리의 키가 큰 아가씨이다.

🔍 고등학생 이상의 성인 여성을 부를 때 연령에 상관없이 호칭으로도 사용해요.

де́ти

아이들, 자식

Сейча́с интере́сный фильм идёт в теа́тре для **дете́й**.

지금 어린이 극장에서 재미있는 영화가 상영 중이다.

🔍 단수 중성인 **дитя́**가 있었으나 지금은 사용하지 않아요.

де́тский

어린이의(어린이다운), 아동의

Пу́шкин провёл **де́тские** го́ды в дере́вне Заха́рово о́коло Москвы́.

푸쉬킨은 모스크바 근처의 시골 자하로보에서 어린 시절을 보냈다.

📰 **де́тский дом** 보육원   **де́тский сад** 유치원

дыша́ть

숨쉬다(호흡하다)

В лесу́ мы гуля́ли и **дыша́ли** све́жим во́здухом.

우리는 숲에서 산책하면서 신선한 공기를 마셨다.

живо́й

형

살아 있는, 싱싱한

В э́том магази́не продаю́т **живу́ю** ры́бу.

이 가게에서는 살아 있는 물고기를 판다.

📰 **жива́я приро́да** 생물계
нежива́я приро́да 무생물계

🔍 특히 주어가 사람이나 동물일 때 단어미형 술어 **жив**는 '현재 살아있다'는 의미예요.

жизнь

명 여

생명, 인생

Э́тот врач спас отцу́ **жизнь**. Бу́ду благодари́ть всю **жизнь**.

이 의사가 아버지의 생명을 구해 줬다. 평생 감사할 것이다.

관 **за всю жизнь** 평생에

Как жизнь? 잘 있니?(삶이 어때?)

жить¹

동 불 1식

살다(살아 있다)

В э́том го́роде лю́ди **живу́т** до́лго почти́ до ста.

이 도시에서는 사람들이 거의 백 살까지 오래 산다.

참 жить² → p.173

ма́льчик

명 남

남자아이, 소년

Са́ша – симпати́чный **ма́льчик** с голубы́ми глаза́ми и тёмными волоса́ми.

사샤는 하늘색 눈의 검은 머리를 한 호감 가는 남자아이이다.

반 де́вочка 여자아이

мёртвый

형

죽은, 활력을 잃은

В па́рке нашли́ **мёртвое** те́ло неизве́стного мужчи́ны.

공원에서 신원 불명의 남자 사체가 발견되었다.

참 мёртвый 죽은 남자   мёртвая 죽은 여자

관 мёртвое лицо́ 무표정의 얼굴

мёртвая душа́ 죽은 혼

🔍 지금 이 순간의 생사는 단어미형으로 표현해요.
Жив ли сейча́с он и́ли мёртв? 그는 지금 살아 있을까, 죽었을까?

молодо́й

젊은, 새로운

В авто́бус вошла́ симпати́чная **молода́я** же́нщина с ребёнком.

호감형의 젊은 여성이 아기와 함께 버스에 탔다.

관 **моло́же вы́глядеть** 더 젊게 보이다

мо́лодость

청년 시절, 청춘

Роди́тели ча́сто расска́зывают о свое́й **мо́лодости**.

부모님은 자신들의 청년 시절에 대해 자주 이야기해 주신다.

관 **в мо́лодости** 젊었을 때

🔍 단수만 사용해요.

погиба́ть

죽다

Наш де́душка **поги́б** на войне́.

우리 할아버지는 전쟁에서 돌아가셨다.

완 1식 **поги́бнуть**

🔍 '사고나 재난으로 죽다'라는 의미예요.

прожива́ть

동 불 1식

(일정 기간) 살다, 생존하다

По́сле опера́ции больно́й да́льше **прожи́л** то́лько 2 ме́сяца.

수술 후 환자는 겨우 2개월 더 살았다.

완 1식 **прожи́ть**

просыпа́ться

동 불 1식

잠 깨다(눈을 뜨다)

Но́чью ребёнок неожи́данно **просну́лся** и на́чал пла́кать.

밤중에 아기가 갑자기 잠에서 깨서 울기 시작했다.

완 1식 **просну́ться**

расти́
동 불 1식

자라다, 증가하다

Наш де́душка ра́но потеря́л роди́телей и **вы́рос** в де́тском до́ме.

우리 할아버지는 일찍 부모님을 잃고 보육원에서 자라셨다.

완 1식 вы́расти

관 За́рплата растёт. 월급이 오른다.

ребёнок
명 남

아이(어린이), 자식

Ста́ршая сестра́ родила́ здоро́вого **ребёнка**.

언니는 건강한 아이를 낳았다.

🔍 복수 주격 ребя́та는 '얘들아!'라고 부를 때 사용해요.

роди́ться
동 완 2식

태어나다

Лев Толсто́й **роди́лся** в 1828-ом году́.

레프 톨스토이는 1828년에 태어났다.

рожде́ние
명 중

탄생

Поздравля́ю вас с **рожде́нием** сы́на!

아들의 탄생을 축하합니다!

관 день рожде́ния 생일

С днём рожде́ния! 생일 축하해!

смерть
명 여

죽음, 사망

В день **сме́рти** отца́ все ро́дственники собра́лись в до́ме роди́телей.

아버지 기일에 모든 친척들이 부모님 댁에 모였다.

관 до сме́рти 극도로, 죽을 정도로

сон
 명 남

잠(수면), 꿈

Сего́дня во **сне** я ви́дела свой родно́й го́род.

오늘 꿈 속에서 나는 내 고향을 봤다.

спать
동 불 2식

잠자다(자고 있다)

В до́ме бы́ло о́чень ду́шно, мы не могли́ **спать**.

집 안이 너무 답답해서 우리는 잠을 잘 수가 없었다.

관 ложи́ться/лечь спать 잠자리에 들다

стари́к
 명 남

노인

В ко́мнату вошёл **стари́к** невысо́кого ро́ста с до́брым лицо́м.

키가 크지 않은 상냥한 얼굴의 노인이 방으로 들어왔다.

참 стару́ха 노인 여성

🔍 호칭으로는 де́душка(할아버지), ба́бушка(할머니)를 사용해요.

ста́рый
형

늙은, 옛날의

Он счита́ет себя́ уже́ **ста́рым** и сла́бым челове́ком.

그는 자신을 이미 늙고 병약한 사람이라고 생각한다.

참 ста́рое 낡은 것 ста́рые 노인들
ста́рость 노년, 노화, 노령

관 в ста́рости 노년에

судьба́
 명 여

운명(숙명)

Я не ве́рю в **судьбу́**.

나는 운명을 믿지 않는다.

관 Каки́ми судьба́ми!
무슨 운명이야!(뜻밖의 사람을 만났을 때)

существова́ть
동 불 1식

생존하다, 존재하다(현존하다)

Челове́к не мо́жет **существова́ть** без воды́.

인간은 물 없이 생존할 수가 없다.

умира́ть
동 불 1식

죽다

Де́душка **у́мер** от боле́зни в 92 го́да.

할아버지는 병으로 92세에 돌아가셨다.

완 1식 умере́ть

уста́лый
형

피곤한, 지친

Вид у тебя́ о́чень **уста́лый**, тебе́ на́до отдохну́ть.

너 너무 피곤해 보이니까 쉬어야겠다.

🔍 동사 уста́ть의 과거형과 혼동되므로 단어미형은 잘 사용하지 않아요.

устава́ть
동 불 1식

피곤하다, 싫증나다

Мы прошли́ по ле́су 15 киломе́тров и о́чень **уста́ли**.

우리는 숲을 따라 15킬로미터를 걸어서 매우 피곤하다.

완 1식 уста́ть

ю́ность
명 여

청년기

В **ю́ности** брат хорошо́ игра́л в ша́хматы, но в после́днее вре́мя почти́ не игра́ет.

청년 시절에 형은 장기를 잘 뒀지만 최근에는 거의 두지 않는다.

🔍 단수만 사용해요.

MP3 07

대화 1 диалог 1

A Ты ви́дишь там <u>высо́кого молодо́го челове́ка</u> со све́тлыми <u>волоса́ми</u>? Он вме́сте с одни́м старико́м.

B Ви́жу. Тот <u>ста́рый</u> челове́к то́же высо́кий и со све́тлыми волоса́ми. Они́, мо́жет быть, оте́ц и сын?

A Наве́рно. А за ни́ми бе́гает оди́н ми́лый <u>ма́льчик</u> с <u>коро́ткими</u> волоса́ми. Он внук <u>старика́</u>? Они́ тепло́ <u>улыба́юся</u> друг дру́гу и ве́село <u>смею́тся</u>. Они́ <u>вы́глядят</u> о́чень <u>сча́стливо</u>, да?

B Да, мне <u>прия́тно</u> смотре́ть на них. Я то́же хочу́ <u>дожи́ть</u> до <u>конца́ жи́зни</u> так сча́стливо со свое́й семьёй.

A 저기 금발의 키 큰 젊은 남자 보여? 한 노인과 같이 있어.

B 보여. 저 노인도 키가 크고 금발이시네. 혹시 아버지와 아들인가?

A 아마도. 근데 그 사람들 뒤쪽 에서 머리가 짧은 귀여운 남자아이가 뛰어다니고 있어. 노인의 손자인가? 서로 따뜻 하게 미소짓거나 즐겁게 웃고 있네. 아주 행복해 보이지?

B 그래, 보기 좋네. 나도 우리 가족들과 죽을 때까지 저렇게 행복하게 살고 싶어.

све́тлый 밝은, 금발의

대화 2 диалог 2

A До́ктор, я о́чень пло́хо себя́ <u>чу́вствую</u>. У меня́ <u>боля́т голова́</u> и <u>го́рло</u>. Ка́жется, температу́ра есть.

B Проходи́те и сади́тесь! У вас температу́ра высо́кая, 38 гра́дусов. Откро́йте <u>рот</u>! А <u>ка́шля</u> нет?

A Ка́шля не́ было вчера́, но он появи́лся сего́дня у́тром. Мо́жет быть, я <u>простуди́лся</u>?

B Нет, вы <u>боле́ете гри́ппом</u>. Купи́те в <u>апте́ке</u> э́ти <u>лека́рства</u> и принима́йте!

A Ско́лько дней мне на́до бу́дет пить э́ти лека́рства?

B Одну́ неде́лю. <u>Выздора́вливайте</u> скоре́е!

A 선생님, 저 몸 상태가 매우 안 좋아요. 머리하고 목이 아파요. 열도 있는 것 같고요.

B 들어와서 앉으세요! 열이 높 군요. 38도예요. 입 좀 벌려 주세요! 그런데 기침은 없으 세요?

A 어제는 기침이 없었는데 오늘 아침에 시작됐어요. 저 아마 감기에 걸린 걸까요?

B 아니요, 독감이시네요. 약국 에서 이 약들을 사 드세요!

A 며칠 동안 이 약들을 먹어야 해요?

B 일주일이요. 빨리 회복되시길 바랍니다.

▐▌ 인간관계와 사회

отношéния и óбщество

1 가족

семья

ба́бушка
명 여
할머니

Ба́бушка с трудо́м хо́дит, потому́ что у неё боля́т но́ги.

할머니는 겨우 걸어 다니신다. 왜냐하면 다리가 편찮으시기 때문이다.

брат
명 남
남자 형제

Ста́рший **брат** всегда́ помога́ет мла́дшим **бра́тьям**.

형은 항상 동생을 도와준다.

🔍 ста́рший брат 형 мла́дший брат 남동생

внук
명 남
손자

У неё есть два **вну́ка** и две **вну́чки**.

그녀는 두 명의 손자와 두 명의 손녀가 있다.

반 вну́чка 손녀

де́душка
명 남
할아버지

Вну́ки позвони́ли **де́душке** и поздра́вили его́ с пра́здником.

손자들이 할아버지에게 전화해서 기념일을 축하드렸다.

🔍 여성 명사처럼 변화해요.

дочь
명 여
딸

На́ша еди́нственная **дочь** вы́шла за́муж за не́мца и живёт в Герма́нии.

우리 유일한 딸이 독일인과 결혼해서 독일에서 산다.

동 до́чка (지소체) 반 сын 아들

дя́дя

삼촌(백부, 숙부), 아저씨

Наш **дя́дя**, мла́дший брат отца́,
- изве́стный футболи́ст.

우리 삼촌, 즉 아버지의 동생은 유명한 축구 선수이다.

관 **дя́дя по ма́тери** 외삼촌

🔍 여성 명사처럼 변화해요.

жена́

아내

Всю жизнь он люби́л то́лько одну́
же́нщину, свою́ **жену́**.

평생 그는 단 한 여성, 자기 아내만 사랑했다.

반 **муж** 남편

жена́т

(남자가) 결혼한

Макси́м **жена́т** на мла́дшей сестре́
Ни́ны.

막심은 니나의 여동생과 결혼했다.

반 **за́мужем** (여자가) 결혼한

жени́ться

(남자가) 결혼하다

Вы слы́шали, что Ива́н **жени́лся** на
Али́не?

당신은 이반이 알리나하고 결혼했다고 들었습니까?

반 **вы́йти за́муж** (여자가) 결혼하다, 시집가다

🔍 жени́лся на ком는 '남자가 결혼했다'는 의미이고 жени́лись는
'남녀가 결혼했다'는 의미예요.

ма́ма

엄마

Ма́ленькая де́вочка и́щет свою́ **ма́му**
в магази́не.

작은 여자아이가 가게에서 자기 엄마를 찾고 있다.

мать
명 여
어머니

Я всегда́ сове́туюсь с **ма́терью** и отцо́м.
나는 항상 어머니와 아버지와 상의한다.

мла́дший
형
나이 어린(연하의), 하급의

Мой **мла́дший** брат рабо́тает перево́дчиком в коре́йской компа́нии.
내 남동생은 한국 회사에서 통역사로 일하고 있다.

관 мла́дшие шко́льники 저학년 학생들

муж
명 남
남편

Её **муж** о́чень спосо́бный и до́брый.
그녀의 남편은 매우 능력있고 자상하다.

반 жена́ 아내 참 мужи́ 성인 남자들

оте́ц
명 남
아버지

Дочь подари́ла **отцу́** тёплый сви́тер.
딸은 아버지에게 따뜻한 스웨터를 선물했다.

관 оте́ц небе́сный 하늘에 계신 아버지(하나님)

о́тчество
명 중
부칭(父稱)

О́тчество Льва Толсто́го – Никола́евич. И́мя отца́ Льва Толсто́го – Никола́й.
레프 톨스토이의 부칭은 니콜라에비치이다. 레프 톨스토이의 아버지 이름은 니콜라이이다.

🔍 부칭은 아버지의 이름으로 만들어져요. 톨스토이의 여동생 Мари́я는 결혼 전 성이 Толста́я고 부칭은 Никола́евна예요.

па́па

아빠

В на́шей семье́ четы́ре челове́ка: **па́па**, ма́ма, ста́рший брат и я.

우리 가족은 아빠, 엄마, 형, 그리고 나 4명이다.

пожени́ться

결혼하다

Анто́н и Ве́ра **пожени́лись** в про́шлом году́.

안톤과 베라는 작년에 결혼했다.

🔍 '남녀가 결혼하다'라는 의미로는 복수만 사용돼요.

похо́ж

닮다, 유사하다

Ма́ша **похо́жа** на отца́, а её брат **похо́ж** на мать.

마샤는 아버지를 닮았지만 그녀의 남동생은 어머니를 닮았다.

роди́тели

부모님

Всё ле́то мы провели́ у **роди́телей** в дере́вне.

여름 내내 우리는 시골 부모님 집에서 지냈다.

родно́й

친족관계의, 태생의(고향의)

Мы с Ма́шей о́чень бли́зкие подру́ги, как **родны́е** сёстры.

나와 마샤는 친자매처럼 아주 친한 친구이다.

관 родно́й брат 친형제   родно́й язы́к 모국어

ро́дственник

친척, 친족

Мы с роди́телями ча́сто е́здим во Владивосто́к к **ро́дственникам**.

나는 부모님과 함께 블라디보스토크의 친척들에게 자주 간다.

관 ро́дственник по ма́тери/по отцу́
어머니 쪽/아버지 쪽 친척

семья́

가족(일가), 가정

По пра́здникам в до́ме роди́телей собира́ется вся на́ша **семья́**.

명절에는 모든 우리 가족이 부모님 집에 모인다.

참 семе́йный 가족의, 가정적인
관 семе́йная жизнь 가정생활

сестра́

자매, 수녀

Неда́вно ста́ршая **сестра́** вы́шла за́муж за иностра́нца.

최근에 언니가 외국인과 결혼했다.

관 мла́дшая сестра́ 여동생
медици́нская сестра́(медсестра́) 간호사

ста́рше

더 늙은, 더 나이가 많은

Мой де́душка **ста́рше** ба́бушки на пять лет.

내 할아버지는 할머니보다 다섯 살 더 나이가 많으시다.

참 старе́е 더 오래된, 더 낡은

🔍 형용사의 비교급 형태예요. 형용사와 부사의 비교급 형태가 같아요.

ста́рший

 형

나이가 많은(연상의)

Мой ста́рший брат живёт в Аме́рике.

내 형은 미국에서 살고 있다.

🔍 ста́рший는 '나이가 위의'이란 의미고 ста́рый는 '오래된/늙은'이란 의미예요.

сын

명 남

아들

Ма́ма купи́ла брю́ки сыновья́м.

엄마는 아들들에게 바지를 사 줬다.

🔲 мои́ сновья́ 나의 아들들
    сы́ны оте́чества 조국의 아들들

тётя

명 여

고모(이모), 아주머니

В суббо́ту к нам прие́хала из Санкт-Петербу́рга тётя Ната́ша, сестра́ ма́мы.

토요일에 상트페테르부르크에서 엄마 동생인 나타샤 이모가 우리 집에 왔다.

фами́лия

명 여

성(姓), 가문

Скажи́те, пожа́луйста, фами́лию, и́мя и о́тчество!

성과 이름, 부칭 좀 말해 주세요!

🔍 러시아 이름은 성에도 남성형/여성형이 있어요.
(Че́хов/Че́хова, Толсто́й/Толста́я)

직업 · 직책
профе́ссия, до́лжность

MP3 09

арти́ст / ка
명 (남/여)

예능인 (배우, 가수)

В э́том спекта́кле гла́вную роль игра́ет изве́стный росси́йский **арти́ст**.

이 연극에서는 유명한 러시아 배우가 주인공 역할을 하고 있다.

유 актёр 남자 배우 актри́са 여자 배우

архите́ктор
명 (남)

건축 설계사

Когда́ я око́нчу университе́т, я бу́ду **архите́ктором**.

난 대학을 졸업하면 건축 설계사가 될 것이다.

балери́на
명 (여)

발레리나

В э́том бале́те танцу́ет изве́стная **балери́на**.

이 발레에서 유명한 발레리나가 춤을 춘다.

참 арти́ст бале́та/танцо́вщик 발레리노

баскетболи́ст / ка
명 (남/여)

농구 선수

Мой мла́дший брат – популя́рный **баскетболи́ст**, он игра́ет в кома́нде "Спарта́к".

내 남동생은 인기있는 농구 선수인데 '스파르탁' 팀에서 뛰고 있다.

библиоте́карь
명 (남)

사서

Мой де́душка ра́ньше рабо́тал **библиоте́карем** в университе́те.

내 할아버지는 전에 대학에서 사서로 일하셨다.

бизнесме́н
명 남

사업가(실업가)

Моя́ ба́бушка успе́шная же́нщина-**бизнесме́н**.

내 할머니는 성공한 여성 사업가이시다.

참 успе́шный 성공적인, 솜씨 좋은

био́лог
명 남

생물학자

Па́вел хо́чет стать **био́логом**.

파벨은 생물학자가 되고 싶어한다.

быть²
동 불 1식

~이다, 되다

Сейча́с Ма́ша – врач, а 2 го́да наза́д она́ **была́** студе́нткой.

지금 마샤는 의사이지만 2년 전에는 대학생이었다.

동 есть 참 быть¹ → p.197

🔍 현재 시제에서는 быть/есть를 생략하거나 '–'로 대신하고 명사 술어는 주격으로 표현해요. 과거와 미래 시제에서는 명사 술어를 조격으로 표현해요.

ва́жный
형

중요한, 중대한

Она́ занима́ется о́чень **ва́жными** для нас дела́ми.

그녀는 우리에게 매우 중요한 일들을 담당하고 있다.

참 ва́жно 중요하게, 엄숙하게; 중요하다, 엄숙하다
관 для кого́ ва́жен ~에게 ~이/가 중요하다

врач
명 남

의사

Мой оте́ц был **врачо́м**, и моя́ ста́ршая сестра́ сейча́с рабо́тает **врачо́м**.

내 아버지는 의사였고 내 언니가 지금 의사로 일하고 있다.

참 же́нщина-врач 여의사(성별을 구체적으로 표현할 때)

генера́л
명 남
장군, 대장

Мой дя́дя стал **генера́лом**, когда́ ему́ бы́ло 25 лет.

우리 삼촌은 25살이었을 때 장군이 되었다.

гео́граф
명 남
지리학자

Бу́дущие **гео́графы** на на́шем факульте́те о́чень серьёзно изуча́ют террито́рию свое́й страны́.

우리 학부에서는 미래의 지리학자들이 자기 나라의 영토를 매우 열심히 공부하고 있다.

гео́лог
명 남
지질학자

Мно́гие изве́стные **гео́логи** око́нчили э́тот университе́т.

많은 유명한 지질학자들이 이 대학을 졸업했다.

дека́н
명 남
학장, 학부장

Журнали́ст взял интервью́ у **дека́на** математи́ческого факульте́та.

기자가 수학과의 학과장을 인터뷰했다.

депута́т
명 남
대표위원, 의원

На про́шлой неде́ле состоя́лись вы́боры **депута́тов** Госуда́рственной Ду́мы Росси́и.

지난주에 러시아 하원(두마) 의회의 의원 선출이 있었다.

관 Ду́ма 하원 Сове́т Федера́ции 연방평의회

детекти́в
명 남

형사, 탐정

Э́тим преступле́нием занима́ются о́пытные **детекти́вы**.

이 범죄는 경험 있는 형사들이 담당하고 있다.

관 детекти́вный рома́н 탐정 소설

де́ятель
명 남

활동가, 사업가

Константи́н Серге́евич Станисла́вский – вели́кий театра́льный **де́ятель**.

콘스탄틴 세르게예비치 스타니슬랍스키는 훌륭한 연극계 활동가이다.

дире́ктор
명 남

장, 대표(중역)

A Алло́! Я хоте́л бы поговори́ть с **дире́ктором.**

여보세요! 대표님하고 이야기 좀 하고 싶은데요.

B Он за́нят, перезвони́те, пожа́луйста, че́рез ча́с.

대표님은 지금 바빠요. 한 시간 후에 다시 전화 주세요.

дирижёр
명 남

지휘자

Э́тот **дирижёр** подгото́вил но́вую музыка́льную програ́мму.

이 지휘자는 새로운 음악 프로그램을 준비했다.

домохозя́йка
명 여

여주인, 가정주부

Моя́ ма́ма была́ **домохозя́йкой**, когда́ я была́ ма́ленькой.

나의 엄마는 내가 어린아이였을 때 가정주부셨다.

참 домохозя́ин 남주인

🔍 дома́шняя хозя́йка에서 만들어진 복합어예요.

журнали́ст/ка
명 (남/여)

기자, 저널리스트

Вчера́ в Москве́ состоя́лась пресс-конфере́нция президе́нта Росси́и для росси́йских и иностра́нных **журнали́стов**.

어제 모스크바에서 러시아와 외국 기자들을 위한 러시아 대통령의 기자 회견이 있었다.

знамени́тый
형

유명한(이름 높은)

Ве́чером мы посмотре́ли програ́мму о **знамени́том** о́перном певце́.

저녁에 우리는 유명한 오페라 가수에 대한 프로그램을 시청했다.

🔍 특히 '특정 분야에서 유명한'이란 의미예요.

инжене́р
명 (남)

기술자(엔지니어), 기사

Каки́ми на́выками э́тот **инжене́р** облада́ет?

이 기술자는 어떤 기술을 가지고 있는가?

참 на́вык 숙련된 기술, 기능

исто́рик
명 (남)

역사학자(역사가)

Э́тот **исто́рик** изуча́ет Пе́рвую мирову́ю войну́.

이 역사학자는 제1차 세계 대전을 연구하고 있다.

изве́стный
형

유명한(알려져 있는)

Карти́ну "Чёрный квадра́т" написа́л **изве́стный** ру́сский худо́жник Казими́р Мале́вич.

그림 '검은 사각형'은 러시아 유명 화가 카지미르 말레비치가 그렸다.

참 изве́стно 알려져 있다, 알고 있다
관 кому́ изве́стно что ~은/는 ~에게 알려져 있다

кассир

계산원(캐셔)

Вера начала́ рабо́тать **касси́ром** в кни́жном магази́не.

베라는 서점에서 계산원으로 일하기 시작했다.

композитор

작곡가

Вели́кий ру́сский **компози́тор** Чайко́вский написа́л бале́т "Лебеди́ное о́зеро".

위대한 러시아 작곡가 차이코프스키는 발레 '백조의 호수'를 작곡했다.

космонавт

우주 비행사

Ю́рий Гагари́н — пе́рвый в ми́ре **космона́вт**.

유리 가가린은 세계 최초의 우주 비행사이다.

крестьянин

농부, 농민

У **крестья́н** о́чень тяжёлый труд. Они́ о́чень ра́но у́тром начина́ют рабо́тать.

농부들의 일은 아주 힘들다. 그들은 매우 아침 일찍 일을 시작한다.

🔴 **крестья́нка** 여자 농부

лётчик

비행사, 조종사

Ско́лько лет на́до учи́ться, что́бы стать **лётчиком**?

비행사가 되기 위해서는 몇 년을 공부해야 하는가?

🔴 **лётчица** 여자 비행사

лу́чший

더욱 좋은, 가장 좋은(최상의)

На ко́нкурс и́мени Чайко́вского прие́хали **лу́чшие** пиани́сты из ра́зных стра́н ми́ра.

차이코프스키 기념 콩쿨에 세계 여러 나라에서 최상의 피아니스트들이 왔다.

참 хоро́ший의 최상급

ма́стер

숙련된 명인, 장인

Ма́стер - э́то тако́й челове́к, кото́рый облада́ет вы́сшей те́хникой в своём де́ле и де́лает необы́чное.

명장은 자신의 분야에서 고도의 기술을 소유하고 있고 독특한 것을 만들어 내는 사람이다.

матема́тик

수학자

Мой муж хо́чет, что́бы на́ши де́ти ста́ли **матема́тиками**.

내 남편은 우리 아이들이 수학자가 되기를 바란다.

참 матема́тика 수학

медсестра́

간호사

Врач де́лает опера́цию, ему́ помога́ет о́пытная **медсестра́**.

의사가 수술을 하고 있고 경험 있는 간호사가 그를 도와주고 있다.

🔍 медици́нская сестра́에서 만들어진 복합어예요. 남자 간호사는 медбра́т라고 해요.

ме́неджер
명 남
매니저

Наш **ме́неджер** реша́ет гла́вные зада́чи в рабо́те.

우리 매니저는 업무 중에 중요한 과제들을 결정한다.

милиционе́р
(명) (남)

경찰

С 2011-ого го́да в Росси́и **милиционе́р** называ́ется полице́йским.

2011년부터 러시아에서는 경찰을 '폴리체이스키'라고 부른다.

참 полице́йский 경찰

мини́стр
(명) (남)

장관

В Москве́ состоя́лась встре́ча **мини́стров** иностра́нных дел Росси́и и Герма́нии.

모스크바에서 러시아와 독일 외무부 장관 회담이 열렸다.

моря́к
(명) (남)

선원, 해군

Мой де́душка по ма́тери был вое́нным **моряко́м**, он служи́л на Чёрном мо́ре.

내 외할아버지는 해군이셨는데 흑해에서 근무하셨다.

музыка́нт
(명) (남)

음악가

Молодо́й, но о́чень тала́нтливый **музыка́нт** хорошо́ испо́лнил произведе́ние Чайко́вского.

젊지만 매우 재능 있는 음악가가 차이코프스키의 작품을 잘 연주했다.

о́пыт
(명) (남)

경험, 체험

У э́того учи́теля большо́й педагоги́ческий **о́пыт**.

이 선생님은 풍부한 교육 경험을 가지고 있다.

참 о́пытный 경험 있는, 숙련된, 경험적인

основа́тель

설립자, 창립자

Основа́телем Моско́вского госуда́рственного университе́та явля́ется Михаи́л Васи́льевич Ломоно́сов.

모스크바 국립 대학의 설립자는 미하일 바실리예비치 로모노소프이다.

осо́бый

특별한, 별개의

Студе́нт перевёл текст без **осо́бого** труда́.

학생은 특별한 어려움 없이 글을 번역했다.

офице́р

장교, 사관

Он око́нчил вое́нный институ́т и стал морски́м **офице́ром**.

그는 국방 대학을 졸업하고 해군 장교가 됐다.

официа́нт

식당 종업원

Мы позва́ли **официа́нта** и сде́лали зака́з.

우리는 식당 종업원을 불러서 주문을 했다.

반 официа́нтка (여자) 종업원

певе́ц

명 남

남자 가수

Са́ша око́нчил консервато́рию и стал о́перным **певцо́м**.

사샤는 음악 대학을 졸업하고 오페라 가수가 됐다.

반 певи́ца 여자 가수

пенсионер/ка
 (남/여)

연금 수급자

Сейча́с де́душка - **пенсионе́р**, а ра́ньше он был инжене́ром.

지금 할아버지는 연금 생활자이시지만 전에는 기술자셨다.

перево́дчик
 (남)

번역가, 통역가

На́шей фи́рме ну́жен **перево́дчик** с ру́сского на коре́йский язы́к.

우리 회사에는 러시아어를 한국어로 번역할 번역가가 필요하다.

반 перево́дчица (여자) 번역가
관 с како́го на како́й язы́к 어떤 언어에서 어떤 언어로

писа́тель
 (남)

작가

На ле́кции преподава́тель расска́зывал о ру́сских **писа́телях** 19-ого ве́ка.

강의에서 선생님이 19세기 러시아 작가들에 대해서 이야기해 주셨다.

반 писа́тельница (여자) 작가

посо́л
 (남)

대사

Изве́стный ру́сский писа́тель Алекса́ндр Грибое́дов в 1828-ом году́ стал **посло́м** Росси́и в Пе́рсии.

유명 러시아 작가 알렉산드르 그리보예도프는 1828년에 페르시아 주재 러시아 대사가 됐다.

поэ́т
(명) (남)

시인

Алекса́ндр Серге́евич Пу́шкин – вели́кий ру́сский **поэ́т**.

알렉산드르 세르게예비치 푸쉬킨은 위대한 러시아 시인이다.

반 поэте́сса (여자) 시인

президе́нт

대통령, 총장

Президе́нт Росси́и соверши́л визи́т в Финля́ндию на 2 дня.

러시아 대통령은 2일간 핀란드를 방문했다.

преподава́тель

교원, 강사

Э́тот **преподава́тель** о́чень стро́гий, все студе́нты боя́тся его́.

이 선생님은 매우 엄하셔서 모든 학생들이 그를 무서워한다.

🔄 преподава́тельница (여자) 교원

🔍 преподава́тель는 전문 대학교 이상 기관의 교원을 말하고, 초·중·고등학교 교사는 учи́тель이라고 해요.

продаве́ц

남자 판매원, 상인

Ви́ктор рабо́тает **продавцо́м** в магази́не бытово́й те́хники.

빅토르는 가전제품 가게에서 판매원으로 일하고 있다.

🔄 продавщи́ца 여자 판매원

профе́ссия

직업

A Кто вы по **профе́ссии**?

직업이 무엇입니까?

B По **профе́ссии** я учи́тель.

직업은 교사입니다.

профе́ссор

교수

Профе́ссор сове́тует мне поступи́ть в аспиранту́ру.

교수님이 나에게 대학원에 입학하라고 조언해 주셨다.

психо́лог

심리학자, 심리 상담가

Роди́тели сове́туют мне обрати́ться к **психо́логу**.

부모님이 내게 심리학자에게 상담을 받아 보라고 조언하셨다.

режиссёр

무대 감독, 영화감독

Э́тот фильм снял изве́стный америка́нский **режиссёр**.

이 영화는 유명한 미국 영화감독이 만들었다.

ре́ктор

대학 총장(학장)

Ре́ктор МГУ чита́ет ле́кцию в на́шем университе́те.

모스크바 국립 대학의 총장이 우리 대학에서 강의한다.

참 МГУ 모스크바 국립 대학 → p.411

руководи́тель

지도 교수, 지도자

Ка́ждую среду́ аспира́нты на́шей кафе́дры встреча́ются со свои́ми нау́чными **руководи́телями**.

수요일마다 우리 학과 대학원생들은 자신들의 지도 교수들과 면담한다.

рыба́к

명 남

어부

Владивосто́к называ́ют го́родом моряко́в и **рыбако́в**.

블라디보스톡은 선원들과 어부들의 도시라고 불린다.

секрета́рь

비서

О́льга рабо́тает **секретарём** дире́ктора кру́пной компа́нии.
올가는 대기업 총수의 비서로 일한다.

반 секрета́рша 여자 비서(구어체)

специали́ст

전문가

Ребёнок ча́сто боле́ет, мы идём на консульта́цию к **специали́сту** по де́тским боле́зням.
아기가 자주 아파서 우리는 소아 질환 전문가에게 상의하러 가는 중이다.

반 специали́стка (여성) 전문가

специа́льный

전문의, 특수한

Для рабо́ты в хими́ческой лаборато́рии нужна́ **специа́льная** оде́жда.
화학 연구실에서는 작업을 위해 특수한 옷이 필요하다.

참 специа́льность 전공, 전문, 특수성, 직업
관 по специа́льности 전공에 따르면

спортсме́н/ка

선수

Соревнова́ния бадминтони́стов зако́нчились, пе́рвое ме́сто за́нял **спортсме́н** из Коре́и.
배드민턴 선수들의 시합이 끝났고 한국의 선수가 1등을 차지했다.

спосо́бный

재능 있는, 유능한

В э́той специа́льной шко́ле у́чатся **спосо́бные** к матема́тике и фи́зике де́ти.
이 전문학교에서는 수학과 물리에 재능이 있는 아이들이 공부하고 있다.

становиться²

동 불 2식

~이/가 되다

Ле́на услы́шала э́ту но́вость и сра́зу **ста́ла** гру́стной.

레나는 이 소식을 듣고 바로 슬퍼졌다.

참 станови́ться¹ → p.116 완 1식 стать

🔍 완료형 동사 стать에 불완료형 동사 기본형을 덧붙이면 '~하기 시작하다'라는 의미예요.

строи́тель

명 남

건축가, 건축 노동자

Сейча́с стро́ят мно́го зда́ний. Ну́жно мно́го **строи́телей**.

지금 많은 건물을 건설하고 있다. 건축 노동자가 많이 필요하다.

тала́нт

명 남

타고난 재주, 재능

У э́того молодо́го актёра огро́мный **тала́нт**.

이 젊은 배우는 뛰어난 재능을 가지고 있다.

тала́нтливый

형

재능 있는

Молодо́й **тала́нтливый** музыка́нт прекра́сно испо́лнил произведе́ния Бетхо́вена.

재능 있는 젊은 음악가가 베토벤 작품을 멋지게 연주했다.

уме́ть

동 불 1식

가능하다, ~할 능력이 있다

Мла́дшая сестра́ прекра́сно пла́вает, а я не **уме́ю** пла́вать.

여동생은 수영을 잘하지만 나는 수영하지 못한다.

완 1식 суме́ть

🔍 '능력이 있어서 가능하다'라는 뜻이에요.

уника́льный
형
독특한, 유일한

У э́того молодо́го певца́ **уника́льный** го́лос.

이 젊은 가수는 독특한 목소리를 가지고 있다.

учи́тель
명
남자 교사(초·중·고등학교)

Учи́тель фи́зики поста́вил Ва́не пятёрку.

물리 선생님이 바냐에게 5점을 주셨다.

🔵 учи́тельница 여자 교사

🔵 учи́тели 어떤 교리의 지도자들 🔵 учителя́

фи́зик
명
물리학자

Мой ста́рший брат стал **фи́зиком**, но он ча́сто получа́л тро́йки на экза́менах по фи́зике.

내 오빠는 물리학자가 됐지만 물리 시험에서 빈번히 3점을 받았었다.

фило́лог
명
어문학자, 언어학자

А́нна – **фило́лог** и специали́ст по компью́терым техноло́гиям.

안나는 어문학자이면서 컴퓨터 공학에 대해서도 전문가이다.

🔵 техноло́гия 공학, 기술

филосо́ф

 철학자

Когда́ я прочита́ла "Преступле́ние и наказа́ние", я подумала, что Достое́вский глубо́кий **филосо́ф**.

나는 '죄와 벌'을 다 읽고 도스토예프스키는 심오한 철학자라고 생각했다.

футболи́ст

 축구 선수

Что́бы стать изве́стным **футболи́стом**, мой брат всё вре́мя игра́ет с футбо́льным мячо́м.

유명한 축구 선수가 되기 위해 내 동생은 항상 축구공을 가지고 논다.

хи́мик

 화학자

Хи́мики в э́той лаборато́рии занима́ются важным иссле́дованием.

이 연구실에서 화학자들은 중요한 연구를 하고 있다.

хиру́рг

 외과 의사

Он о́чень опытный **хиру́рг**, поэ́тому у него́ ка́ждый день мно́го опера́ций.

그는 매우 능력 있는 외과 의사이기 때문에 매일 수술이 많다.

хоккеи́ст

하키 선수

В э́том году́ росси́йские **хокеи́сты** о́чень хорошо́ игра́ют.

올해 러시아 하키 선수들은 플레이를 매우 잘하고 있다.

худо́жник

화가, 예술가

В музе́е откры́лась вы́ставка карти́н молоды́х росси́йских **худо́жников**.

박물관에서 러시아 젊은 화가들의 그림 전시회가 열렸다.

🔁 худо́жница (여자) 화가

шахмати́ст/ка

체스 기사

Э́тот **шахмати́ст** стал чемпио́ном страны́.

이 체스 기사가 나라의 우승자가 됐다.

шко́льник

남학생(초·중·고등학교)

Шко́льники восьмо́го кла́сса пое́хали на экску́рсию в Ру́сский музе́й.

8학년 학생들이 러시아 박물관으로 견학하러 갔다.

🔁 шко́льница 여학생

🔍 러시아에서 초·중·고등 학교는 합쳐서 보통 11학년까지 있고 초등학교는 4년, 중학교는 5년, 고등학교는 2년 과정이에요.

шофёр

운전사

Брат мно́го лет рабо́тает **шофёром** в небольшо́й фи́рме.

형은 작은 회사에서 오랫동안 운전사로 일하고 있다.

экономи́ст
명 남

경제학자(경제 전문가)

Ты зна́ешь э́того **экономи́ста**, кото́рый получи́л пре́мию в э́тот раз?

너 이번에 상을 받은 이 경제학자를 알아?

экскурсово́д
명 남

안내원, 해설자

В музе́е **экскурсово́д** подро́бно рассказа́л нам о карти́нках худо́жника Ре́пина.

박물관에서 가이드가 화가 레핀의 그림에 대해 자세히 말해 줬다.

юри́ст
명 남

법률가, 법률학자(법학도)

Мы за́дали вопро́сы **юри́сту** о но́вом зако́не.

우리는 법률가에게 새로운 법에 대해서 질문을 했다.

ЯВЛЯ́ТЬСЯ
동 불 1식

~이다, 나오다

В настоя́щее вре́мя я **явля́юсь** ме́неджером компа́нии "Свет".

현재 나는 '스벳'사의 매니저이다.

🔍 문어체적인 표현이에요.

благодари́ть
(동)(불)(2식)

감사하다(감사를 표하다)

Мы **поблагодари́ли** изве́стного писа́теля за интере́сную ле́кцию.

우리는 유명한 작가의 흥미로운 강의에 감사를 표했다.

(완)(2식) поблагодари́ть

ве́рить
(동)(불)(2식)

믿다, 신뢰하다

На́до **ве́рить** не слу́хам, а фа́ктам.

소문이 아니라 사실을 믿어야 한다.

(완)(1식) пове́рить

🔍 여격과 사용되면 '말(무엇)을 믿다'를 의미하고 전치사 'B+대격'과 사용되면 '~의 존재를 믿다'를 의미해요.

вме́сте
(부)

같이

Мы с Ната́шей – подру́ги и всегда́ всё де́лаем **вме́сте**.

나와 나타샤는 친구이고 항상 모든 걸 같이 한다.

встре́ча
(명)(여)

만남, 회견

О ме́сте и вре́мени **встре́чи** мы договори́лись по телефо́ну.

만날 장소와 시간에 대해 우리는 전화로 약속했다.

встреча́ть[1]
(동)(불)(1식)

(우연히) 만나다

Вчера́ в метро́ я случа́йно **встре́тил** одну́ подру́гу по университе́ту

어제 지하철에서 나는 대학교 때 친구 한 명을 우연히 만났다.

(완)(2식) встре́тить

встреча́ть²

(동) (불) (1식)

마중하다, 마중 나가다

В аэропорту́ мы **встре́тили** ру́сских студе́нтов, кото́рые прилете́ли из Москвы́.

공항에서 우리는 모스크바에서 온 러시아 학생들을 마중했다.

> 🔍 встреча́ть хле́бом-со́лью (빵과 소금으로 마중하다): 옛부터 러시아 등 슬라브 민족들은 빵과 소금으로 귀빈을 맞이했고 이 풍습은 지금도 남아 있어요.

встреча́ться

(동) (불) (1식)

(약속해서) 만나다, 마주치다

Я давно́ не **встреча́лся** со свои́ми шко́льными друзья́ми.

나는 오랫동안 내 학교 친구들을 만나지 못했다.

(완) (2식) встре́титься

> 🔍 встреча́ть는 '우연히 만나다'는 의미이고 встреча́ться는 '약속해서 만나다'라는 의미인데 встреча́ться에 случа́йно를 함께 사용해서 '우연히 만나다'라고 표현하는 경우도 있어요.

горди́ться

(동) (불) (2식)

자랑하다, 자랑스러워하다

Оте́ц **горди́тся** свои́м сы́ном, а сын го́рдый за отца́.

아버지가 자기 아들을 자랑스러워하고 아들은 아버지가 자랑스럽다.

господи́н

(명) (남)

~씨(님), 신사

Господи́н Смирно́в, проходи́те, пожа́луйста, сади́тесь.

스미르노프 씨, 들어와서 앉으세요.

(반) госпожа́ ~씨(님), 숙녀   (복) господа́

> 🔍 성과 직책에 붙여 쓰는 정중한 호칭 표현이에요. Да́мы и господа́! 신사 숙녀 여러분!

гостеприи́мный

손님을 좋아하는, 대접하기 좋아하는

Мари́я Анто́новна - **гостеприи́мная** хозя́йка.

마리야 안토노브나는 손님 대접하기를 좋아하는 사람(여주인)이다.

гость
명 남
손님, 방문객

Сего́дня ве́чером у нас бу́дут **го́сти**, помоги́, пожа́луйста, мне.

오늘 저녁에 우리 집에 손님이 오니까 나 좀 도와줘.

> 관 Приходи́те к нам в го́сти! 우리집에 놀러 오세요!
> быть в гостя́х 손님으로 가다

доброта́
명 여
선량, 친절

Мы це́ним в основно́м **доброту́** в челове́ке.

우리는 기본적으로 사람의 선량함을 귀하게 여긴다.

> 🔍 단수만 사용해요.

друг
명 남
친구

Па́вел – мой лу́чший **друг**, мы никогда́ не ссо́римся.

파벨은 내 가장 좋은 친구이며 우리는 전혀 싸우지 않는다.

> 참 дру́жеский 친구의, 친한, 우의적인
> по-дру́жески 친하게

дру́жба
명 여
우정

Оле́г — мой лу́чший друг, я о́чень ценю́ на́шу **дру́жбу**.

알렉은 내 가장 좋은 친구이며 나는 우리 우정을 매우 값지게 여긴다.

> 🔍 단수만 사용해요.

дружи́ть
동 불 2식

친하다(친교가 있다)

Я **дружу́** с Андре́ем с де́тства.

나는 어릴 때부터 안드레이와 친하다.

참 дру́жный 친한, 화목한, 협력하는

жени́х
명 남

약혼자, 신랑

Жени́х подари́л Ве́ре на сва́дьбу дорого́е кольцо́.

약혼자는 베라에게 결혼 기념으로 비싼 반지를 선물했다.

반 неве́ста 약혼녀, 신부

за́мужем
부

기혼이다(시집가 있다)

A Она́ **за́мужем** за коре́йцем?

그녀는 한국인과 결혼했어요?

B Нет, она́ **за́мужем** за америка́нцем.

아니요, 그녀는 미국 사람과 결혼했어요.

참 за́муж 시집으로

관 вы́йти за́муж за кого ~에게 시집가다(~와/과 결혼하다)

защища́ть
동 불 1식

보호하다, 방어하다

Брат всегда́ **защища́ет** свою́ мла́дшую сестру́.

오빠는 항상 자기 여동생을 보호해 준다.

완 2식 защити́ть

관 защища́ть диссерта́цию 학위 논문을 발표하다(변호하다)

здоро́ваться
동 불 1식

인사를 나누다

Учи́тель вошёл в класс, **поздоро́вался** со шко́льниками.

선생님이 반에 들어오셔서 학생들에게 인사를 하셨다.

완 2식 поздоро́ваться

знако́мый

아는 사이의

Вчера́ на вокза́ле я случа́йно встре́тил своего́ ста́рого **знако́мого**.

어제 기차역에서 나는 우연히 내 옛날 지인을 만났다.

참 знако́мый 아는 남자 знако́мая 아는 여자

🔍 단어미형 знаком는 술어로 사용하며 '~와/과 친분이 있다'는 의미예요.

и́мя

이름

В их семье́ роди́лся ма́льчик, ему́ да́ли краси́вое **и́мя** Святосла́в.

그들의 가정에 남자 아이가 태어났고 그 아이에게 스뱌토슬라브라고 예쁜 이름을 지어 줬다.

관 и́мя существи́тельное 명사

колле́га

동료

Мы с Анто́ном **колле́ги** по рабо́те.

나와 안톤은 직장 동료다.

🔍 남성이든 여성이든 한 가지 형태로 써요.
Колле́га рабо́тал(а). 남자/여자 동료가 일했다.

люби́мый

사랑하는, 귀여운

Дорога́я, **люби́мая** ма́мочка, поздравля́ю тебя́ с днём рожде́ния!

소중하고 사랑하는 엄마, 생일을 축하드려요!

관 люби́мый 사랑하는 남자 люби́мая 사랑하는 여자

люби́ть

사랑하다, 좋아하다

Де́ти о́чень **лю́бят** ма́му и **лю́бят** помога́ть ма́ме.

아이들이 엄마를 매우 사랑하고 엄마를 돕는 것을 좋아한다.

молодёжь

청년층, 젊은이

Совреме́нная **молодёжь** ма́ло чита́ет.

현대 젊은이들은 독서를 적게 한다.

참 молодёжный 청년의, 젊은이의

🔍 단수만 사용해요.

неве́ста

약혼녀, 신부

На сва́дьбе го́сти жела́ют жени́ху и **неве́сте** сча́стья.

결혼식에서 하객들이 신랑과 신부에게 행복을 기원한다.

반 жени́х 약혼자, 신랑

о́бщество

사회, 단체

Мы хоти́м приноси́ть по́льзу **о́бществу**, в кото́ром живём.

우리는 우리가 살고 있는 사회에 유익을 가져다 주기를 바란다.

참 обще́ственный 사회의, 공공의, 사회성을 지닌

관 вы́сшее о́бщество 상류 사회
нау́чное о́бщество 학술회
обще́ственный тра́нспорт 대중교통

о́бщий

형

일반적인, 공통의

У нас с Оле́гом **о́бщие** интере́сы и взгля́ды на жизнь.

나와 올레그는 인생에 대해 공통 관심과 관점을 가지고 있다.

관 о́бщее собра́ние 총회

3 인간관계

отноше́ния между́ людьми́

одина́ковый

같은, 동일한

У ма́мы и у до́чери **одина́ковый** цвет глаз.

엄마와 딸은 같은 색깔의 눈을 가졌다.

основно́й

기본적인, 본질적인

Всегда́ говори́ть пра́вду - э́то мой **основно́й** при́нцип.

항상 진실을 말하는 것이 내 기본 원칙이다.

관 основно́е 본질 в основно́м 본질적으로, 주로

отнима́ть

빼앗다

Ста́рший брат **о́тнял** у мла́дшей сестры́ игру́шку.

형이 여동생에게서 인형을 빼앗았다.

완 1식 отня́ть

관 что/кто отнима́ет у кого́ ско́лько вре́мени
～이/가 ～에게서 얼마의 시간을 빼앗다

отноше́ние

태도, 관계

Мне не нра́вится **отноше́ние** мла́дшего бра́та к роди́телям.

나는 남동생의 부모님에 대한 태도가 마음에 들지 않는다.

관 отноше́ния(ме́жду кем-чем) 교제, 상호 관계

официа́льный

공식적인, 형식적인

Президе́нт Росси́и соверши́л **официа́льный** визи́т в Гре́цию.

러시아 대통령이 독일을 공식 방문했다.

관 официа́льный докуме́нт 공문서
официа́льный язы́к 공식 지정 언어

оце́нивать

동 불 1식

평가하다, 가격을 정하다

Дире́ктор высоко́ **оцени́л** рабо́ту на́шей компа́нии в э́том ме́сяце.

대표는 이번 달 우리 회사의 업적을 높이 평가했다.

완 2식 оцени́ть

о́чередь

명 여

줄, 순서(차례)

Посмотри́, кака́я дли́нная **о́чередь** в ка́ссу, нам придётся стоя́ть мину́т три́дцать-со́рок.

봐, 매표소에 줄이 얼마나 긴지, 우리는 30~40분쯤 서 있어야 해.

관 по о́череди 차례로 в пе́рвую о́чередь 우선 첫번째로

подру́га

명 여

여자(여성) 친구

Познако́мьтесь, э́то Ната́ша - моя́ лу́чшая **подру́га**.

인사하세요, 이 사람은 제 가장 좋은 친구 나타샤예요.

поле́зный

형

유익한, 유용한

Э́тот разгово́р **поле́зен** для́ нас. Спаси́бо за **поле́зные** сове́ты!

이 대화는 우리에게 유익하네요. 유용한 조언 감사합니다!

참 поле́зно 유익하게, 유용하게; 유익하다, 유용하다

по́мощь

명 여

도움, 원조(구제)

В тру́дную мину́ту друзья́ всегда́ прихо́дят мне на **по́мощь**.

어려울 때 친구들이 항상 나를 도와주러 왔다.

🔍 단수만 사용해요.

предлага́ть

동 불 1식

권하다

Ма́ма **предложи́ла** гостя́м чай и ко́фе.

엄마가 손님들에게 차와 커피를 권했다.

완 2식 предложи́ть

관 предлага́ть по́мощь 원조를 요청하다

предлага́ть ру́ку и се́рдце 결혼을 청하다

причи́на

명 여

이유, 원인

Врачи́ не смогли́ найти́ **причи́ну** боле́зни её му́жа.

의사들은 그녀 남편의 병의 원인을 알아낼 수가 없었다.

관 быть причи́ной чему́ ~의 원인이 되다

по причи́не чего́ ~때문에

по како́й причи́не 무슨 이유로

уважи́тельная причи́на 존중할 만한 이유

просто́й

형

단순한

Све́та о́чень волнова́лась на экза́мене, поэ́тому не смогла́ отве́тить на **просты́е** вопро́сы.

스베타는 시험을 너무 걱정해서 간단한 질문에도 답을 할 수가 없었다.

ра́вен

형 단

동등하다, 동일하다

Все лю́ди **равны́** перед зако́ном.

모든 사람은 법 앞에서 동등하다.

관 ра́вным о́бразом 똑같이

на ра́вных усло́виях 같은 조건으로

ра́зница

차이(상이), 차액

Скажи́те, в чём **ра́зница** ме́жду слова́ми "экономи́ческий" и "эконо́мный"?

단어 '경제의'와 '경제적인'의 차이가 어디에 있는지 말해 주세요.

ра́зный
형
다른, 여러 가지의

Брат и сестра́ у́чатся на **ра́зных** факульте́тах: он на математи́ческом, а она́ – на истори́ческом.

오빠와 여동생은 다른 학부에서 공부한다. 오빠는 수학부지만 여동생은 역사학부에서 공부한다.

ребя́та

아이들, 얘들아!

Ребя́та, за́втра мы пое́дем на экску́рсию.

여러분(얘들아), 내일 우리는 견학을 갈 거예요.

🔍 복수만 사용해요.

род

출생, 성(性)

Он **ро́дом** из Москвы́, а она́ – из Сеу́ла.

그는 모스크바 출신이고 그녀는 서울 출신이다.

관 мужско́й род 남성 же́нский род 여성
    сре́дний род 중성

руга́ть

욕하다, 나무라다

Роди́тели **руга́ют** сы́на за то, что он весь день игра́ет в компью́терные и́гры.

부모가 하루 종일 컴퓨터 게임을 하는 아들을 혼내고 있다.

сам

자기 자신, 스스로

Она́ **сама́** пригото́вила обе́д.
그녀 스스로 식사를 준비했다.

관 **сам по себе́** 자기 자신(자신으로서)
сам собо́й 자연히(저절로)

свида́ние

회의, 만남

Ве́чером у меня́ делово́е **свида́ние**,
поэ́тому верну́сь домо́й по́зже.
저녁에 나는 사업상 회의가 있어서 집에 늦게 돌아올 것이다.

관 **До свида́ния!** 안녕히 가세요!(헤어질 때 인사)

свобо́ден

자유롭다, 한가하다,
유창하다

Когда́ ты бу́дешь **свобо́дна** сего́дня?
Пойдём вме́сте в кино́!
너 오늘 언제 시간 있니? 같이 영화 보러 가자!

связь

관계, 통신

Экономи́ческие и культу́рные **свя́зи**
ме́жду на́шими страна́ми стано́вятся
всё бо́лее кре́пкими.
우리 국가 간의 경제적인 관계와 문화적인 관계가 더욱 더 견고
해지고 있다.

себя́

자기 자신

Возьми́ с **собо́й** зонт, сего́дня по́сле
обе́да бу́дет дождь.
(자신과 함께) 우산을 가지고 가. 오늘 오후에 비가 올 거야.

관 **про себя́** 속으로 **с собо́й** 포장으로(식당에서)

🔍 재귀 대명사로서 주격 형태는 없어요.

система

 (여)

체계, 시스템

Он рабо́тал без **систе́мы**, без пла́на.

그는 체계도 계획도 없이 일했다.

сло́жный

(형)

복잡한, 복합적인

Нам на́до реши́ть э́тот **сло́жный** вопро́с.

우리는 이 복잡한 문제를 해결해야 한다.

관 сло́жное предложе́ние 복문

сосе́д

 (남)

이웃 남자, 옆사람

Мы о́чень хоро́шие **сосе́ди**, мы дружи́м.

우리는 매우 좋은 이웃이고 우리는 친하다.

반 сосе́дка 이웃 여자

참 сосе́дний 이웃의, 옆의

состоя́ть

구성되다, 속하다

Университе́тская футбо́льная кома́нда **состои́т** из студе́нтов второ́го и тре́тьего ку́рса.

대학 축구 팀은 2학년과 3학년 학생들로 구성되어 있다.

спу́тник

 (남)

길동무(동반자), 위성

Спу́тник — тот, кто е́дет или идёт вме́сте с ке́м-то.

동반자는 누군가와 함께 뭘 타고 가거나 걸어가는 사람이다.

관 исску́ственный спу́тник 인공위성

спу́тник жи́зни 남편

това́рищ

동무(동지), 친구

Мы с Ви́ктором познако́мились и о́чень ско́ро ста́ли хоро́шими **това́рищами**.
나와 빅토르는 알게 된 후 아주 빨리 좋은 친구가 됐다.

🔍 소련 시대의 이름이나 직책 앞에 붙여 쓴 호칭 표현이기도 해요.

уважа́емый

존경하는, 존중하는

Уважа́емая Ве́ра Алексе́евна! Поздравля́ем Вас с Днём учи́теля.
존경하는 베라 알렉세예브나 선생님! 스승의 날을 축하드립니다.

🔍 대문자로 시작된 Вас는 아주 높임 표현이에요.

уве́рен

신뢰하다, 확신하다(확고하다)

Ве́ра абсолю́тно **уве́рена** в своём сы́не.
베라는 자신의 아들을 절대적으로 신뢰하고 있다.

удо́бный

편안한, 편리한

Извини́, сего́дня у меня́ ма́ло свобо́дного вре́мени, дава́й встре́тимся в бо́лее **удо́бное** вре́мя.
미안한데, 오늘은 내가 시간이 많지 않아. 더 편한 시간에 만나자.

참 удо́бно 편리하게, 좋게; 편리하다, 좋다
관 для кого́-чего́ удо́бно что ~을/를 위해 ~이/가 편리하다

усло́вие

조건, 상태

Я не могу́ согласи́ться на э́то **усло́вие**.
나는 이 조건에 동의할 수 없다.

хвали́ть

칭찬하다, 찬미하다

Учи́тельница **похвали́ла** Та́ню за хоро́ший отве́т и поста́вила ей пятёрку.

선생님이 좋은 답변에 대해 타냐를 칭찬하시고 그녀에게 5점을 주셨다.

완 2식 похвали́ть

целова́ть

입을 맞추다(키스하다)

При встре́че ба́бушка всегда́ **целу́ет** вну́чку в щёку.

할머니는 손녀와 만나면 항상 손녀의 볼에 입을 맞춘다.

완 1식 поцелова́ть

целова́ться

서로 입을 맞추다(키스하다)

Е́сли го́сти на сва́дьбе крича́т: "Го́рько!", жени́х и неве́ста должны́ **поцелова́ться**.

만약 하객들이 결혼식에서 "진하게!"라고 외치면 신랑과 신부는 키스를 해야 한다.

완 1식 поцелова́ться

цени́ть

평가하다

В лю́дях я бо́льше всего́ **ценю́** че́стность.

나는 사람들에게서 무엇보다도 진실성을 평가한다.

челове́чество

인류, 인간

Учёные стара́ются реши́ть са́мые ва́жные пробле́мы **челове́чества**.

학자들이 인류의 가장 중요한 문제를 해결하려고 노력하고 있다.

🔍 단수만 사용해요.

Упр. 02-3

член
명 남

일원, 회원

Чле́ны о́бщества обя́заны выполня́ть его́ о́бщие реше́ния.

사회 일원은 사회에서 일반적으로 결정한 규칙들을 따라야 한다.

관 член Акаде́мии нау́к 과학 아카데미 회원
чле́ны предложе́ния 문장 성분

чужо́й
형

타인의, 낯선(무연고의)

Я по оши́бке взяла́ **чужо́й** уче́бник.

나는 실수로 타인의 교과서를 가져왔다.

참 чужо́й 타인 남자 чужа́я 타인 여자 чужо́е 남의 것

шути́ть
동 불 2식

농담하다, 장난치다

Ма́ша ве́село игра́ет, **шу́тит** с детьми́.

마샤는 아이들과 즐겁게 놀며 장난치고 있다.

완 2식 пошути́ть

шу́тка
명 여

농담, 장난

Мне не нра́вятся твои́ **шу́тки**, пожа́луйста, не шути́ так бо́льше.

나는 네 농담이 맘에 안 드니까 더 이상 그렇게 농담하지 마.

ю́ноша
명 남

청년, 젊은이

Андре́ю 47 лет, но он вы́глядит как **ю́ноша**.

안드레이는 47살이지만 청년처럼 보인다.

бере́чь

동 불 1식

소중히 하다, 보호하다

Мы должны́ **бере́чь** приро́ду.

우리는 자연을 소중히 해야 한다.

완 1식 сбере́чь

관 Береги́те себя́! 몸조심 하세요!

бить

동 불 1식

때리다

Роди́тели руга́ют Ва́ню, потому́ что он ча́сто **бьёт** мла́дшего бра́та.

바냐가 남동생을 자주 때리기 때문에 부모님은 바냐를 혼내신다.

брать¹

동 불 1식

잡다, 가지고 오다/가다
데려오다/가다

Ма́льчики **взя́ли** мяч и пошли́ на стадио́н.

남자아이들이 공을 가지고 경기장으로 갔다.

참 брать² → p.218 완 1식 взять

броса́ть

동 불 1식

던지다, 버리다

Кто-то ча́сто **броса́ет** му́сор в ре́ку.

누군가 자꾸 강에 쓰레기를 버린다.

참 му́сор 쓰레기 완 2식 бро́сить

관 Я бро́сил кури́ть. 나 담배 피우는 것을 그만뒀어.

быва́ть

동 불 1식

때때로(가끔) 있다, 방문하다

В конце́ весны́ в на́шем го́роде **быва́ет** мно́го тури́стов.

봄이 끝날 때쯤에 우리 도시에는 관광객이 많이 있다(오곤 한다).

вести́ себя́
동 불 1식
행동하다, 처신하다

Де́ти, не шуми́те, **веди́те себя́** хорошо́.
얘들아, 떠들지 말고 바르게 행동하자.

🔍 보통 아이들에게 사용해요.

возвраща́ть
동 불 1식
되돌리다, 돌려주다

Верни́ мне, пожа́луйста, слова́рь,
он мне ну́жен.
사전 좀 돌려줘. 나 그거 필요해.

완 1식 верну́ть

встава́ть
동 불 1식
일어서다, 기상하다

Я всегда́ **встаю́** ра́но, в 6 часо́в у́тра.
나는 항상 아침 일찍 6시에 일어난다.

완 1식 встать

гото́в
형 단
준비되다, 다 되다

Ужин уже́ **гото́в**. Кто **гото́в** к у́жину, за
стол!
저녁이 벌써 준비됐어. 저녁 먹을 준비된 사람은 식탁에 앉아!

관 гото́в на что 무엇을 할 각오가 되다

дава́ть
동 불 1식
주다

Дай, пожа́луйста, мне ру́чку на мину́ту.
내게 잠깐만 볼펜 좀 줘.

완 дать

🔍 Дава́йте погуля́ем! = Дава́йте гуля́ть! 산책합시다!

движаться

움직이다

Наш автобус **движется** в центр города.

우리 버스는 시내 방향으로 가고 있다.

> 🔍 Он не движается. Может быть, он умер.
> 그가 움직이지 않는다. 아마도 그가 죽은 것 같다.

движение

움직임

Весь день идёт снег, он мешает
движению транспорта.

하루 종일 눈이 오고 있어서 교통의 움직임을 방해하고 있다.

🔲 народное движение 민중 운동

действие

행동, 막

Благодаря **действиям** директора
наша компания решила все проблемы.

대표의 대처로 우리 회사는 모든 문제를 해결했다.

🔲 первое действие 1막

делать

하다

Врач советует мне каждый день
делать гимнастику.

의사가 내게 매일 체조를 하라고 한다.

🔲 (1식) сделать

делить
🔲 🔲 (2식)

나누다

Мама **разделила** яблоко на две части.

엄마는 사과를 두 개로 나눴다.

🔲 делиться 나뉘다, 분배하다, 함께하다

🔲 (2식) разделить(ся)

🔲 что разделить на что ～을/를 ～으로 나누다
　делиться (поделиться) чем ～을/를 서로 함께하다

держа́ть

동 불 2식

쥐다(잡다)

А́ня, ты непра́вильно **де́ржишь** ру́чку.

아냐, 너 볼펜을 잘못 쥐고 있어.

ждать

동 불 1식

기다리다, 기대하다

Я **жду** подру́гу о́коло метро́.

나는 지하철 근처에서 여자 친구를 기다리고 있다.

완 1식 подожда́ть

🔍 기다리는 대상이 추상적인 경우에는 생격으로 표현해요.

забо́титься

동 불 2식

보살피다, 배려하다

Мы до́лго **забо́тимся** о свои́х ста́рых роди́телях.

우리는 우리의 연세 많은 부모님을 오랫동안 살펴 드리고 있다.

зави́сеть

동 불 2식

의존하다, ~에 달려 있다

A Ты пое́дешь на мо́ре?

너 바다에 갈 거니?

B Э́то **зави́сит** от пого́ды.

그건 날씨에 달려 있어.

закрича́ть

동 완 2식

큰소리를 지르다,
소리치기 시작하다

Ребёнок уви́дел большу́ю соба́ку и **закрича́л** от стра́ха.

아기가 큰 개를 보고 무서워서 비명을 질렀다.

замени́ть

바꾸다, 교대하다

У меня́ слома́лся смартфо́н, пришло́сь **замени́ть** его́ но́вым.

내 스마트폰이 고장 났어. 새 것으로 바꿔야만 해.

완 2식 **замени́ть**

занима́ть

점유하다(점령하다), 차지하다

Пассажи́ры вошли́ в ваго́н и **за́няли** свои́ места́.

승객들은 차량에 타서 자기들 자리를 차지했다(자리에 앉았다).

완 1식 **заня́ть**

звать

부르다, 불러오다

Де́ти гуля́ли во дворе́, ма́ма **позвала́** их домо́й.

아이들이 정원에서 놀고 있었고 엄마가 그들을 집으로 불러들였다.

완 1식 **позва́ть**

관 **Как вас зову́т?** 이름이 어떻게 됩니까?

знако́мить

알게 하다, 소개하다

Ма́ша **познако́мила** роди́телей со свои́м дру́гом.

마샤는 부모님께 자기 남자 친구를 소개했다.

완 2식 **познако́мить**

знако́миться

알게 되다, 인사하다

Я **познако́милась** с Ири́ной в Москве́.

나는 이리나와 모스크바에서 알게 됐다.

완 2식 **познако́миться**

изменя́ть
동 불 1식

바꾸다, 수정하다

Ты **измени́ла** цвет воло́с? Тебé о́чень идёт!

너 머리 색깔 바꿨어? 너한테 잘 어울린다.

참 **изменя́ться** 바뀌다, 변화되다 완 2식 **измени́ть(ся)**

관 **изменя́ть кому́-чему́** 배신하다

име́ть
동 불 1식

가지다, 소유하다

Оте́ц **име́ет** большо́й о́пыт рабо́ты в ба́нке.

아버지는 은행 업무에 대한 많은 경험을 가지고 있다.

иска́ть
동 불 1식

찾다, 탐구하다

Ба́бушка куда́-то положи́ла свой телефо́н, везде́ **иска́ла** и наконе́ц **нашла́** его́ в су́мке.

할머니가 자기 전화기를 어디엔가 놓고 여기저기서 찾다가 결국 가방에서 찾으셨다.

완 1식 **найти**

исполня́ться
동 불 1식

(연령) ~이/가 되다, 실현되다

Вчера́ у Ма́ши был день рожде́ния, ей **испо́лнилось** 20 лет.

어제 마샤는 생일이었다. 그녀는 20살이 되었다.

완 2식 **испо́лниться**

🔍 1, 2인칭은 사용 안 해요.

испо́льзовать
동 불/완 1식

사용하다, 이용하다

В свое́й рабо́те мы **испо́льзуем** са́мые совреме́нные ме́тоды.

저희는 (작업 중에) 가장 현대적인 방법을 사용합니다.

🔍 완료상으로 사용될 때는 '이용해 버리다'라는 의미예요.

каза́ться

동 불 1식

보이다

Э́тот челове́к **показа́лся** нам у́мным.
우리에게는 이 사람이 현명한 사람으로 보인다.

참 ка́жется 어쩌면, 아마도
완 1식 показа́ться
관 Мне ка́жется/показа́лось, что... 아마 ~인 것 같다

класть

동 불 1식

넣다, 놓다

Не **клади́**, пожа́луйста, лимо́н в ко́фе, я не люблю́ ко́фе с лимо́ном.
커피에 레몬을 넣지 마. 난 레몬 넣은 커피를 안 좋아해.

완 2식 положи́ть 관 положи́ть в больни́цу 입원시키다

крича́ть

동 불 2식

외치다(부르짖다)

На стадио́не боле́льщики ра́достно **крича́т**: "Ура́!"
경기장에서 팬들이 기쁘게 "만세!"라고 외치고 있다.

완 1식 кри́кнуть 한번 소리치다

ложи́ться

동 불 2식

눕다, 잠자리에 들다

Обы́чно Со́фья **ложи́тся** спать в 11 часо́в, но вчера́ **легла́** по́здно, в 2 часа́ но́чи.
보통 소피야는 11시에 잠자리에 들지만 어제는 늦게 밤 2시에 잤다.

완 1식 лечь 관 ложи́ться/лечь спать 잠자리에 들다

меня́ть

동 불 1식

바꾸다, 교환하다

Твоя́ руба́шка гря́зная, **поменя́й** её.
네 셔츠가 더러우니까 바꿔 입어라.

완 1식 поменя́ть

4 인간 활동 1 (동작)

де́ятельность челове́ка 1 (движе́ние)

меша́ть
동 불 1식

방해하다

Мла́дший брат постоя́нно **меша́ет** мне.

남동생은 계속 나를 방해한다.

완 1식 помеша́ть

мочь
동 불 1식

가능하다, ~할 수 있다

Могу́ я зада́ть вам не́сколько вопро́сов?

제가 당신에게 몇 가지 질문을 해도 될까요?

완 1식 смочь

관 мо́жет быть 아마도

не мо́жет быть 있을 수 없는 일이다

наблюда́ть
동 불 1식

(주의해서) 보다, 관찰하다

Ма́ма внима́тельно **наблюда́ет** за игро́й дете́й.

엄마가 아이들이 노는 것을 주의 깊게 보고 있다.

навеща́ть
동 불 1식

방문하다, 찾아가다

Мы **навести́ли** в больни́це больно́го дру́га.

우리는 병원에 있는 아픈 친구를 방문했다.

완 2식 навести́ть

называ́ть
동 불 1식

부르다, 이름을 짓다

Све́та роди́ла сы́на и **назва́ла** его́ Анто́ном.

스베타가 아들을 낳아서 그 아이를 안톤이라고 이름을 지었다.

참 называ́ться 불리다, 명명되다 완 1식 назва́ть(ся)

관 что называ́ется как(чем) ~은/는 ~이라고 불리다

находи́ть

동 불 2식

발견하다, 찾아내다

Я потеря́ла телефо́н, незнако́мый челове́к **нашёл** его́ и верну́л мне.

나는 전화를 잃어버렸는데 모르는 사람이 그것을 발견해서 나에게 돌려주었다.

완 1식 найти́

обеща́ть

동 불 1식

약속하다

Ла́ра **пообеща́ла** мне помо́чь перевести́ текст.

라라는 텍스트 번역하는 것을 도와주기로 나에게 약속했다.

완 1식 пообеща́ть

обраща́ть

동 불 1식

(방향을) 돌리다, 돌려 놓다

На фестива́ле Са́ша **обрати́л** внима́ние на симпати́чную де́вушку, кото́рая прекра́сно говори́ла по-коре́йски.

축제에서 사샤는 한국어를 멋지게 하는 예쁜 아가씨에게 주의를 기울였다.

완 2식 обрати́ть

관 обрати́ть внима́ние на кого́/что

~에 (대해) 주의를 기울이다

обраща́ться

동 불 1식

향하다

По́сле ле́кции студе́нты **обрати́лись** к профе́ссору с вопро́сами.

강의 후에 학생들이 교수님께 질문을 했다.

완 2식 обрати́ться

관 обраща́ться за по́мощью/с про́сьбой

도움을 청하다/부탁하다

объединя́ть
동 불 1식

통일하다, 합치다

Всех студе́нтов, кото́рые не уме́ют чита́ть по-ру́сски, **объедини́ли** в одну́ гру́ппу.

러시아어 읽기를 못하는 모든 학생들을 한 그룹으로 합쳤다.

완 2식 объедини́ть

объявля́ть
동 불 1식

선포하다, 공고하다

Наш факульте́т **объяви́л** студе́нтам результа́ты экза́менов.

우리 학부는 시험 결과를 학생들에게 공고했다.

참 объявле́ние 공고, 선언, 광고 완 2식 объяви́ть

ока́зываться[1]
동 불 1식

발견되다

Я ду́мала, что я потеря́ла кошелёк, он **оказа́лся** в су́мке.

나는 지갑을 잃어버린 줄 알았는데 가방에서 발견됐다.

완 1식 оказа́ться

ока́зываться[2]
동 불 1식

(~인 것으로) 판명되다

Тест **оказа́лся** сли́шком сло́жным, мно́гие студе́нты получи́ли ни́зкие оце́нки.

테스트가 너무 어려웠고 많은 학생들이 낮은 점수를 받았다.

완 1식 оказа́ться

опа́здывать
동 불 1식

늦다

И́горь ча́сто **опа́здывает** на ле́кции.

이고리는 강의에 자주 늦는다.

완 опозда́ть

основа́ть

동 완 1식

창립하다, 근거를 두다

Пётр Пе́рвый **основа́л** Санкт-Петербу́рг в 1703-ем году́.

표트르 1세는 1703년에 상트페테르부르크를 건립했다.

отдава́ть

동 불 1식

돌려주다, 갚다

Преподава́тель прове́рил дома́шнее зада́ние, испра́вил оши́бки и **отда́л** тетра́ди студе́нтам.

선생님이 숙제를 검사하고 틀린 것을 수정한 다음 학생들에게 노트를 돌려줬다.

완 отда́ть

отка́зываться

동 불 1식

거부하다, 거절하다

Почему́ ты **отка́зываешься** от на́шей по́мощи?

왜 너는 우리 도움을 거부하니?

완 1식 отказа́ться

относи́ться

동 불 2식

(어떤 태도를) 취하다, 관계하다

Тебе́ не на́до сли́шком серьёзно **относи́ться** ко всему́.

너는 모든 것에 너무 심각한 태도를 취할 필요는 없다
(= 너무 심각하게 받아들일 필요는 없다).

4 인간 활동 1 (동작)
де́ятельность челове́ка 1 (движе́ние)

ошиба́ться
동 불 1식

실수하다, 틀리다

A Алло́! Э́то Ви́ка?
여보세요! 비카니?

B Нет, вы **ошиби́лись** но́мером.
아니요, 전화 잘못 거셨습니다.

완 2식 ошиби́ться

па́дать
동 불 1식

떨어지다, 넘어지다

Когда́ де́ти игра́ли в футбо́л, Ва́ня **упа́л** и слома́л ру́ку.
아이들이 축구를 할 때 바냐가 넘어져서 손이 부러졌다.

완 1식 упа́сть

перестава́ть
동 불 1식

그만두다

Он не **перестава́л** ду́мать о люби́мой де́вушке.
그는 사랑하는 소녀에 대해 생각하는 것을 멈추지 않았다.

완 1식 переста́ть

побыва́ть
동 불 1식

다니다, 방문하다

Ле́том я хочу́ **побыва́ть** у ста́рого дру́га, кото́рый живёт во Владивосто́ке.
여름에 나는 블라디보스톡에 사는 옛 친구 집을 방문하고 싶다.

поднима́ть
동 불 1식

올리다

Ребёнок упа́л, и ма́ма бы́стро **подняла́** его́.
아기가 넘어져서 엄마가 재빨리 아이를 일으켜 세웠다.

참 поднима́ться 올라가다, 오르다, 서다
완 1식 подня́ть(ся)
관 поднима́ться на го́ру 산에 오르다

пока́зывать

동 불 1식

보여 주다

Учи́тельница **показа́ла** де́тям карти́ны
ру́сских худо́жников.

선생님이 아이들에게 러시아 화가들의 그림을 보여 줬다.

완 1식 показа́ть

по́льзоваться

동 불 1식

사용하다, 이용하다

Я не **по́льзуюсь** ли́фтом, поднима́юсь
на 5-ый эта́ж то́лько пешко́м.

나는 엘리베이터를 사용하지 않고 5층으로 걸어서 올라간다.

помога́ть

동 불 1식

돕다, 원조하다

У меня́ мно́го друзе́й, мы всегда́
помога́ем друг дру́гу.

나는 친구들이 많다. 우리는 항상 서로를 도와준다.

완 1식 помо́чь

посеща́ть

동 불 1식

다니다, 들르다

Брат регуля́рно **посеща́ет** спорти́вный
клуб и бассе́йн.

형은 스포츠 클럽과 수영장을 정기적으로 다닌다.

완 2식 посети́ть

посиде́ть

동 완 2식

잠시 앉아 있다

По́сле ле́кции мы **посиде́ли** в кафе́,
вы́пили ко́фе и пошли́ в библиоте́ку.

강의 후에 나는 잠시 카페에 앉았다가 커피를 마시고 도서관에
갔다.

🔍 접두사 по-는 '잠시, 잠깐'이란 의미를 동사에 덧붙이기도 해요.

привыка́ть
동 불 1식
익숙해지다, 습관이 되다

Де́душке тру́дно бы́ло **привы́кнуть** к городско́му шу́му.
할아버지는 도시 소음에 익숙해지기가 어려웠다.
완 1식 привы́кнуть

приглаша́ть
동 불 1식
초대하다, 초빙하다

Коре́йская компа́ния **пригласи́ла** специали́стов по ко́смосу из Росси́и.
한국 회사가 러시아에서 우주 전문가들을 초빙했다.
완 2식 пригласи́ть

прика́зывать
동 불 1식
시키다

Оте́ц **приказа́л** мне забо́титься о мла́дшем бра́те.
아버지가 내게 남동생을 보살피라고 시키셨다.
완 1식 приказа́ть

принима́ть
동 불 1식
받다, 복용하다

Я всегда́ с благода́рностью **принима́ю** по́мощь роди́телей
나는 항상 감사하는 마음으로 부모님 도움을 받고 있다.
완 1식 приня́ть

관 принима́ть госте́й 손님을 맞이하다
принима́ть душ 샤워하다
принима́ть лека́рство 약을 복용하다

проси́ть
(동) (불) (2식)

요청하다

Я ча́сто **прошу́** друзе́й о по́мощи. Они́
с удово́льствием помога́ют мне.

나는 친구들에게 자주 도움을 청한다. 그들은 기꺼이 나를 돕는다.

(완) (2식) попроси́ть

прости́ть
(동) (완) (2식)

용서하다, 면제시키다

Прости́ меня́ за то, что я не сказа́л
тебе́ об э́том ра́ньше.

이것에 대해 더 일찍 네게 말하지 않은 것을 용서해 줘.

(불) (1식) проща́ть (관) Прости́те! 죄송합니다, 실례합니다!

проща́ться
(동) (불) (1식)

헤어지다, 작별 인사를 하다

Мы с И́горем зако́нчили разгово́р и
попроща́лись.

나와 이고리는 이야기를 마치고 헤어졌다.

(완) (1식) попроща́ться

пыта́ться
(동) (불) (1식)

시도하다, 노력하다

Студе́нт **попыта́лся** перевести́ текст
самостоя́тельно, но не смог.

학생이 스스로 글을 번역하려고 노력했으나 할 수 없었다.

(완) (1식) попыта́ться

разреша́ть
(동) (불) (1식)

허락하다, 허가하다

Ма́ма не **разреши́ла** де́тям купа́ться в
реке́, потому́ что вода́ была́ сли́шком
холо́дной.

물이 너무 차가워서 엄마는 아이들이 강에서 수영하는 것을
허락하지 않았다.

(완) (2식) разреши́ть

сади́ться
동 불 2식

앉다, 착륙하다

Де́ти, пора́ обе́дать, **сади́тесь** за стол.

얘들아, 점심 먹을 시간이다. 식탁에 앉아라!

완 1식 сесть

관 сесть в ваго́н/в маши́ну 기차에/자동차에 타다

серьёзно
부

열심히, 진지하게

Не на́до сли́шком **серьёзно** относи́ться к э́тому собы́тию.

이 사건에 너무 심각하게 대응할 필요는 없다.

сиде́ть
동 불 2식

앉아 있다

Де́вочка **сиди́т** на дива́не и смо́трит де́тский журна́л.

여자아이가 소파에 앉아서 어린이 잡지를 보고 있다.

собира́ть
동 불 1식

모으다, 집합시키다

Дека́н **собра́л** студе́нтов тре́тьего ку́рса в аудито́рию, что́бы рассказа́ть об учёбе в Росси́и.

학부장이 러시아에서의 학업에 대해 말하기 위해 3학년 학생들을 강의실로 집합시켰다.

참 собира́ться 모이다, 채비하다, 계획하다

완 1식 собра́ть(ся)

관 собира́ться де́лать ～하려고 하다

сове́товать
동 불 1식

조언하다

Преподава́тель **сове́тует** нам говори́ть то́лько по-ру́сски весь уро́к.

선생님은 우리에게 수업 내내 러시아어로만 말하라고 조언하신다.

완 1식 посове́товать

сове́товаться
동 불 1식

상의하다, 상담하다

Брат **сове́туется** с отцо́м, каку́ю маши́ну лу́чше купи́ть.

형은 어떤 차를 사는 것이 좋을지 아버지와 상의하고 있다.

완 1식 посове́товаться

сохраня́ть
동 불 1식

보관하다, 유지하다

Ба́бушка **сохрани́ла** все пи́сьма, кото́рые де́душка написа́л ей с фро́нта.

할머니는 할아버지가 전선에서 그녀에게 쓴 모든 편지를 보관하고 계시다.

완 2식 сохрани́ть

спаса́ть
동 불 1식

구하다, 구조하다

Оди́н молодо́й челове́к **спас** ма́льчика, кото́рый упа́л в ре́ку.

한 젊은 사람이 강에 빠진 남자아이를 구했다.

완 1식 спасти́

🔍 Спаси́ Бог(구원해 주세요, 하나님)이라는 표현에서 спаси́бо (감사합니다)가 파생되었다고 해요.

спеши́ть
동 불 2식

서두르다, 성급하다

A Куда́ ты так **спеши́шь**?
너 그렇게 어디로 서둘러 가?

B Я опа́здываю на ле́кцию.
나 강의에 늦었어.

관 Часы́ спеша́т. 시계가 빠르다.

спо́рить
(동) (불) (2식)

말다툼하다, 논쟁하다

Оте́ц и ста́рший брат ча́сто **спо́рят** о полити́ческой ситуа́ции в ми́ре.

아버지와 형은 세계의 정치 상황에 대해 자주 논쟁한다.

ста́вить
(동) (불) (2식)

(세워) 놓다

Ма́ма уста́ла нести́ на рука́х ма́ленького сы́на, поэ́тому **поста́вила** его́ на зе́млю.

엄마가 어린 아들을 팔로 안고 걷는 것에 지쳐서 아이를 땅 위에 세워 놓았다.

(완) (2식) поста́вить

станови́ться[1]
(동) (불) (2식)

서다, 취하다

Са́ша, **стань** ря́дом с Ве́рой, я вас сфотографи́рую.

너희들 사진 찍을 테니까 사샤는 베라 옆에 서라.

(참) станови́ться[2] → p.79 (완) (1식) стать

стара́ться
(동) (불) (1식)

노력하다, 수고하다

Она́ всегда́ о́чень **стара́ется**, что́бы получи́ть пятёрки по всем предме́там.

그녀는 모든 과목에서 5점을 받기 위해 항상 매우 노력한다.

(완) (1식) постара́ться

стоя́ть
(동) (불) (2식)

서다, 서 있다

Де́ти **стоя́т** вокру́г учи́тельницы и внима́тельно слу́шают её.

아이들이 선생님 주위에 서서 주의 깊게 그녀의 말을 듣고 있다.

(관) Часы́ стоя́т. 시계가 멈췄다.

стреми́ться
동 불 2식

노력하다, 지향하다

Роди́тели **стремя́тся** к тому́, что́бы де́ти получи́ли хоро́шее образова́ние.

부모님은 아이들이 좋은 교육을 받도록 하기 위해 노력하고 있다.

теря́ть
동 불 1식

잃다, 낭비하다

A Где ты **потеря́л** свой па́спорт?

너 어디에서 네 여권을 잃어버렸어?

B То́чно не зна́ю, мо́жет быть, в метро́.

정확히는 모르겠지만 아마도 지하철에서인 것 같아.

완 1식 потеря́ть

тре́бовать
동 불 1식

청구하다, 요구하다

Милиционе́р **потре́бовал** у э́того челове́ка докуме́нты.

경찰이 이 사람에게 신분증을 요구했다.

완 1식 потре́бовать

уважа́ть
동 불 1식

존경하다, 존중하다

Все студе́нты **уважа́ют** э́того профе́ссора.

모든 학생들이 이 교수님을 존경한다.

удава́ться
동 불 1식

성공하다, 잘 되다

Нам **удало́сь** купи́ть биле́ты на бале́т в Большо́й теа́тр.

우리는 볼쇼이 극장 발레 티켓을 사는 데에 성공했다.

완 уда́ться

Упр. 02-4

уда́рить
동 완 2식

때리다, 치다

Жена́ заплака́ла и слегка́ **уда́рила** му́жа по спине́.

아내가 울고 나서 남편 등을 살짝 때렸다.

참 слегка́ 가볍게, 살짝

улучша́ть
동 불 1식

개선하다, 개량하다

Он хо́чет до́лго жить, поэ́тому он стара́ется **улу́чшить** здоро́вье.

그는 오래 살고 싶기 때문에 건강을 개선하려고 노력하고 있다.

참 улучша́ться 좋아지다, 개선되다
완 2식 улу́чшить(ся)

употребля́ть
동 불 1식

쓰다, 사용하다

В э́том предложе́нии лу́чше **употреби́ть** глаго́л несоверше́нного ви́да.

이 문장에는 불완료상 동사를 사용하는 것이 낫다.

완 2식 употреби́ть
참 несовершенный вид 불완료상

хвата́ть
동 불 1식

충분하다

Э́той молодо́й семье́ постоя́нно не **хвата́ет** де́нег.

이 젊은 가족은 항상 돈이 충분하지 않다.

완 2식 хвати́ть

🔍 무인칭 문형으로 현재와 미래 시제에는 3인칭 단수형만, 과거 시제에는 중성 단수형만 사용해요.

5 인간 활동 2 (동작의 상황)

дéятельность человéка 2 (обстоя́тельство движéния)

MP3 12

абсолю́тно

절대적으로, 완전히

Мать сказа́ла, что в жи́зни ва́жно име́ть хоро́ших друзе́й. Она́ **абсолю́но** права́.

어머니는 인생에서 좋은 친구들을 가지는 게 중요하다고 하셨다. 그녀는 절대적으로 옳다.

бы́стро

빨리, 민첩하게

Он говори́л о́чень **бы́стро**, поэ́тому мы не могли́ поня́ть его́.

그가 아주 빨리 말했기 때문에 우리는 그의 말을 이해할 수 없었다.

⑱ **бы́стрый** 빠른, 민첩한

вдруг

갑자기, 뜻밖에

Когда́ сестра́ расска́зывала об э́том, **вдруг** заплака́ла.

언니가 이것에 대해 이야기할 때 갑자기 울기 시작했다.

два́жды

두 번, 두 배

Я хожу́ в бассе́йн **два́жды** в неде́лю.

나는 일주일에 두 번 수영장에 다닌다.

ещё

다시, 아직

Извини́те, я пло́хо слы́шу. Повтори́те, пожа́луйста, **ещё** раз.

죄송해요, 잘 안 들려요. 다시 한 번 반복해 주세요.

🔍 ещё быстре́е 더욱 더 빨리
ещё не де́лал 아직 안 했다

---

5 인간 활동 2 (동작의 상황)
де́ятельность челове́ка 2 (обстоя́тельство движе́ния)

иногда́

때때로, 가끔

Иногда́ мы гуля́ем в э́том небольшо́м па́рке.
때때로 우리는 이 크지 않은 공원에서 산책한다.

ка́ждый

각각의, 저마다의

Все шко́льники **ка́ждый** день прихо́дят в бассе́йн.
모든 학생들이 날마다 수영장에 다닌다.

> 🔍 ка́ждый 각각의 남자
> ка́ждая 각각의 여자

коне́чно
 물론, 당연히
술어 물론이다, 당연하다

A Ты бу́дешь ко́фе? 너 커피 마실 거야?
B **Коне́чно**. 물론이지.

> 🔍 [кане́шнъ]로 발음해요.

ме́дленный
형
느린, 완만한

Оте́ц ме́дленно говори́т, а де́ти слу́шают ту **ме́дленную** речь и молча́т.
아버지가 천천히 말하고 있고 아이들이 그 느린 말씀을 들으며 침묵하고 있다.

> 참 ме́дленно 천천히, 느리게

мо́жет быть
부
아마도, 혹 ~일지도

A Почему́ Анто́н не пое́хал с на́ми?
왜 안톤은 우리와 함께 가지 않았어?

B Не зна́ю, **мо́жет** быть, он заболе́л.
모르겠어. 아마 병이 났을지도 몰라.

наибо́лее

가장, 제일

Во́лга — **наибо́лее** широ́кая среди́ росси́йских рек.

볼가는 러시아 강들 중에서 가장 넓은 강이다.

🔍 형용사나 부사와 같이 써서 최상급 의미를 표현해요.

наприме́р

예를 들면

Дава́й пойдём в суббо́ту в како́й-нибудь музе́й, **наприме́р**, в Эрмита́ж.

토요일에 어디 박물관, 예를 들면, 에르미타시에 가자.

неме́дленно

즉시, 당장

Уже́ хва́тит игра́ть в компью́терные и́гры, **неме́дленно** начина́й занима́ться!

컴퓨터 게임은 이미 충분히 했으니까 당장 공부 시작해!

неожи́данно

예기치 않게, 갑자기

К нам **неожи́данно** прие́хали го́сти.

갑자기 손님이 왔다.

🔍 완료상 동사와 같이 사용해요.

ничего́

괜찮다, 상관없다

A Извини́, я опозда́ла!

늦어서 미안해!

B **Ничего́**.

괜찮아.

참 **ничего́ не** 아무것도 전혀 ~하지 않다

5 인간 활동 2 (동작의 상황)

дéятельность человéка 2 (обстоя́тельство движéния)

ниче́й

(대)

누구의 ~도 아닌

A Чья э́то ру́чка? 이것은 누구의 볼펜입니까?

B **Ничья́**. 누구의 것도 아닙니다.

관 ничья́ игра́ 무승부
сыгра́ть в ничью́ 무승부가

норма́льно

(부) 정상적으로, 건전하게

(술어) 보통이다

Дочь у́чится **норма́льно**, а сын совсе́м не хо́чет учи́ться.

딸은 성적이 보통인데(= 공부를 괜찮게 하고 있는데) 아들은 공부를 전혀 하고 싶어하지 않는다.

> 🔍 Как дела́? (어떻게 지내?) → Норма́льно. (괜찮아./보통이야.)

обяза́тельно

(부)

꼭, 반드시

За́втра я **обяза́тельно** принесу́ тебе́ э́ту кни́гу.

내일 이 책을 네게 꼭 가져갈게.

опя́ть

(부)

또, 다시

Ка́тя ещё не пришла́. Она́ **опя́ть** опозда́ет.

카챠는 아직 안 왔어. 그녀는 또 늦을 거야.

관 опя́ть-таки(опя́ть же) 게다가, 역시나

осо́бенно

(부)

특히, 주로

Он лю́бит ру́сскую литерату́ру, **осо́бенно** рома́ны Достое́вского.

그는 러시아 문학을 좋아하는데 특히 도스토예프스키의 소설을 좋아한다.

참 осо́бенность 특징, 특질, 독특성

осторо́жно

주의 깊게, 세심하게

Осторо́жно, здесь опа́сно!

조심해, 여기 위험해!

о́чень

매우, 아주, 몹시

Сего́дня у меня́ **о́чень** большо́е дома́шнее зада́ние.

오늘 나는 숙제가 매우 많다.

관 не о́чень 그다지

пло́хо

부 나쁘게, 서툴게
술어 나쁘다, 서툴다

Э́тот иностра́нец **пло́хо** говори́т по-ру́сски.

이 외국인은 러시아어를 서툴게 말한다.

по-пре́жнему

이전처럼, 여전히

Ма́ма **по-пре́жнему** рабо́тает в больни́це, а оте́ц уже́ на пе́нсии.

엄마는 여전히 병원에서 일하시지만 아버지는 이미 연금 생활을 하신다.

постоя́нно

부

늘, 변함없이

Роди́тели **постоя́нно** говоря́т сы́ну, что на́до бо́льше занима́ться.

부모님은 늘 아들에게 더 많이 공부해야 한다고 말한다.

пото́м
부

그 후에, 다음에

Я е́ду на рабо́ту снача́ла на метро́, **пото́м** на авто́бусе.

나는 출근할 때 먼저 지하철을 타고 그 다음에 버스를 탄다.

почти́
부

거의, 대체로

Я жду тебя́ **почти́** по́лчаса. Почему́ ты опозда́ла?

나는 거의 30분 동안 너를 기다렸어. 왜 늦었어?

пра́вильно
부 올바르게, 정확히

술어 옳다, 정당하다

Он **пра́вильно** говори́т по-ру́сски, хотя́ он изуча́л ру́сский язы́к то́лько 1 год.

그는 러시아어를 오직 1년 공부했는데 러시아어로 정확하게 말한다.

прекра́сный
형

매우 아름다운, 매우 훌륭한

Из окна́ открыва́ется **прекра́сный** вид на мо́ре.

창 밖으로 아주 아름다운 바다 경치가 펼쳐진다.

참 прекра́сно 매우 아름답게, 아주 잘; 아주 좋다

관 в оди́н прекра́сный день 어느 날
Вот прекра́сно! 그거 아주 좋다!

прямо

똑바로, 곧

Иди́те **пря́мо** до перекрёстка, перейди́те че́рез доро́гу, поверни́те напра́во, там уви́дите банк.

사거리까지 똑바로 걸어가서 길을 건너서 오른쪽으로 도세요. 거기에서 은행이 보일 거예요.

참 перекрёсток 사거리

раз

번, 배

Де́ти занима́ются пла́ванием 3 **ра́за** в неде́лю.

아이들은 일주일에 3번 수영을 배운다.

관 в пе́рвый раз 처음으로
в сле́дующий раз 다음 번에 в э́тот раз 이번에
в друго́й раз 다음에 как раз 마침

регуля́рно

규칙적으로, 정규적으로

Ста́рший брат **регуля́рно** занима́ется спо́ртом.

오빠는 규칙적으로 운동을 한다.

ро́вно

균일하게, 정확히

Са́ша пришёл **ро́вно** в 2 часа́.
Он всегда́ прихо́дит во́время.

사샤는 정각 2시에 왔다. 그는 항상 정시에 온다.

5 인간 활동 2 (동작의 상황)
де́ятельность челове́ка 2 (обстоя́тельство движе́ния)

самостоя́тельно
부
스스로, 독립적으로

Дочь не зави́сит от роди́телей, она́ живёт **самостоя́тельно**.

딸은 부모님께 의지하지 않고 독립적으로 살고 있다.

са́мый
형 대
가장 ~한, 그 자체의

Мари́на — **са́мая** краси́вая де́вушка на́шего факульте́та.

마리나는 우리 학부에서 가장 예쁜 소녀이다.

> 관 то же са́мое 같은 것   в са́мом де́ле 실제로(정말로)
> на са́мом де́ле 실제로는(사실은)

> 🔍 형용사의 최상급을 만들 때 한정어로 쓰여요.

ско́рость
명 여
속도, 속력

Тра́нспорт в го́роде до́лжен е́здить со **ско́ростью** 50 киломе́тров в час.

차들은 시내에서 시속 50킬로미터의 속력으로 주행해야 한다.

стро́го
부 엄격하게, 엄밀히
술어 엄하다

Дире́ктор компа́нии посмотре́л на Ни́ну и **стро́го** сказа́л: "Бо́льше не опа́здывай!"

회사 대표가 니나를 보고 "더 이상 늦지 마!"라고 엄하게 말했다.

та́кже
부 접
역시, 또한, 똑같이

Брат хорошо́ учи́лся в университе́те, и **та́кже** хорошо́ рабо́тает тепе́рь.

형은 대학에서 공부를 잘했고 이제 일도 잘하고 있다.

то́же
부
또한, ~도

Са́ша не пошёл на стадио́н, и я **то́же**.
사샤는 경기장에 가지 않았고 나 또한 가지 않았다.

хорошо́
부 잘, 훌륭하게
술어 좋다, 훌륭하다

Ста́ршая сестра́ о́чень **хорошо́**, со вку́сом одева́ется.
언니는 취향에 맞춰 옷을 잘 입는다.

шу́мно
부
시끄럽게, 요란하게

На собра́нии студе́нты **шу́мно** спо́рили.
회의에서 학생들이 시끄럽게 논쟁했다.

я́сно
부 분명하게, 명료하게
술어 분명하다, 명료하다

Ми́ла не́сколько дней не отвеча́ет на мои́ пи́сьма и звонки́. **Я́сно**, что она́ оби́делась.
밀라는 며칠 동안 내 편지와 전화에 답을 하지 않았어. 그녀는 화가 난 게 분명해.

MP3 13

대화 **1** диалог 1

A Кого́ я ви́жу! Это ты, Са́ша? Ты совсе́м не <u>измени́лся</u>. Я сра́зу узна́ла тебя́.

B Ско́лько лет, ско́лько зим, Ка́тя. Ты <u>то́же</u> вы́глядишь, как ра́ньше, 20 лет наза́д

A Ну, ты <u>шу́тишь</u>! Я попра́вилась(Я ста́ла по́лной). А как ты? Ты <u>жена́т</u>?

B Да, я жени́лся на замеча́тельной же́нщине и у меня́ ми́лые <u>де́ти</u>, оди́н <u>сын</u> и одна́ <u>дочь</u>.

A Ну, Значит, ты <u>о́чень</u> сча́стлив. Я то́же сча́стлива. У меня́ <u>прекра́сный муж</u> и сын-шко́льник.

A 이게 누구야! 너 사샤지?
전혀 안 변했네. 나 너 바로
알아봤어.

B 오랜만이야, 카챠야. 너도
20년전과 같은 모습이네.

A 에이, 농담하기는! 나 살쪘어.
그런데 너 어떠니? 결혼했어?

B 응, 나 멋진 여성과 결혼했고
귀여운 아이들, 아들 하나,
딸 하나 있어.

A 즉, 너 매우 행복하구나. 나도
행복해. 나는 멋진 남편과
초등학생 아들이 있어.

попра́виться 살찌다

대화 **2** диалог 2

A <u>Ста́ршая</u> до́чка ста́ла <u>учи́тельницей</u>, как её <u>ма́ма</u>, а <u>мла́дший</u> сын-<u>студе́нт</u> хо́чет быть <u>журнали́стом</u>. Но я хочу́, что́бы он стал <u>врачо́м</u>, как я.

B Я ду́маю, что для дете́й са́мое <u>ва́жное</u> их ли́чное мне́ние, а не жела́ние <u>роди́телей</u>.

A <u>Коне́чно</u>, я <u>согла́сен</u> с тобо́й, но всё-таки мне хо́чется, что́бы сын стал <u>тала́нтливым</u> врачо́м.

B Сказа́л ему́ о своём жела́нии? Если он <u>отка́жется</u>, вы с ним то́чно бу́дете <u>спо́рить</u>.

A Я тоже <u>уве́рен</u> в э́том, поэ́тому я <u>стара́юсь</u> <u>ве́рить</u> ему́ и <u>ждать</u> до того́ моме́нта, когда́ он <u>найдёт</u> мечту́.

A 큰(손위의) 딸은 엄마처럼
선생님이 됐는데 대학생인
작은(손아래의) 아들은
기자가 되고 싶어해. 그러나
나는 아들이 나처럼 의사가
되길 바라.

B 난 아이들을 위해서는 부모의
희망이 아닌 아이들 자신의
생각이 가장 중요하다고
생각해.

A 물론 나도 너에게 동의하지
만 그래도 나는 아들이 능력
있는 의사가 되었으면 해.

B 네 바람을 얘기했어? 만일
아들이 네 바람을 거부한다
면 너랑 분명히 싸울 거야.

A 나도 그것에 대해 확신해.
그래서 아들을 믿고 아들이
꿈을 찾을 때까지 기다리려
고 노력해.

ли́чный 개인의, 자신의

Ⅲ

의생활

одéжда

боти́нки

부츠, 단화

Дя́дя потеря́л пра́вый боти́нок, ему́ нужны́ но́вые **боти́нки**.
아저씨가 오른쪽 부츠 한 짝을 잃어버려서 새 부츠가 필요하다.

🔍 보통 복수로 사용해요.

брю́ки

바지

Сего́дня Серге́й наде́л но́вые **брю́ки**.
오늘 세르게이는 새 바지를 입었다.

관 ходи́ть в брю́ках 바지를 입고 다니다

🔍 복수만 사용해요.

вели́к

크다, 위대하다

Ребёнку **велика́** э́та руба́шка, но ему́ малы́ э́ти брю́ки.
아이에게 이 셔츠는 큰데 이 바지는 작다.

반 мал 작다

джи́нсы

청바지

Сего́дня Ната́ша пришла́ в университе́т в **джи́нсах** ма́мы.
오늘 나타샤는 엄마의 청바지를 입고 대학교에 왔다.

🔍 복수만 사용해요.

дли́нный

긴, 키가 큰

Это пальто́ сли́шком **дли́нное**.
Покажи́те мне друго́й разме́р!

이 외투는 너무 깁니다. 다른 사이즈를 보여 주세요.

🔄 коро́ткий 짧은

костю́м

복장, 양복

Спорти́вный **костю́м** стал ма́л, мне
на́до купи́ть но́вый.

체육복이 작아져서 새 체육복을 사야 한다.

🔍 оде́жда는 옷을 의미하는 집합 명사이고 костю́м은 정복 형태의
옷을 의미해요.

кроссо́вки

운동화

В на́шем магази́не продаю́тся
взро́слые и де́тские **кроссо́вки**.

우리 가게에서는 성인 운동화와 아동 운동화를 팔고 있다.

🔍 보통 복수로 사용해요.

ку́ртка

재킷, 점퍼

Мой друг неда́вно купи́л уника́льную
ку́ртку и обра́довался.

내 남자 친구는 최근에 독특한 재킷을 사고 기뻐했다.

참 ку́рточка (지소체)

🔍 예전에는 남성의 짧은 윗옷을 의미했는데 지금은 여성 재킷의
의미로도 사용해요.

мал

작다

Э́тот сви́тер мне **мал**. Да́йте,
пожа́луйста, бо́лее большо́й.

이 스웨터는 저에게 작아요. 더 큰 것으로 주세요.

🔄 вели́к 크다

1 옷·신발
одежда, обувь

надевать
동 불 1식
입다(신다, 쓰다, 끼다)

Сего́дня жа́рко, поэ́тому Ма́ша **наде́ла** лёгкую оде́жду.

오늘 더워서 마샤는 가벼운 옷을 입었다.

완 1식 наде́ть

관 надева́ть что на кого-что ~을/를 ~에게 입히다

но́вый
형
새로운

Благодаря́ **но́вой** оде́жде моя́ жена́ ста́ла счастли́вее.

새 옷 덕분에 내 아내는 더 행복해졌다.

о́бувь
명 여
신발

О́бувь стои́т в шкафу́. Таня́ всегда́ ста́вит **о́бувь** в шкаф.

신발이 신발장에 놓여 있다. 타냐는 신발을 항상 신발장에 넣어 놓는다.

🔍 단수만 사용해요.

одева́ть
동 불 1식
입히다, 덮다

Ма́ма **оде́ла** ма́ленького сы́на и повела́ его́ в парк.

엄마가 어린 아들에게 옷을 입히고 공원으로 데려갔다.

참 одева́ться 입다, 복장을 하다   완 1식 оде́ть(ся)

관 одева́ть кого́ во что ~에게 무슨 옷을 입히다

одева́ться (во что) 자기가 (무슨) 옷을 입다

оде́жда
명 여
옷, 의류

В Росси́и о́чень хо́лодно, тебе́ на́до взять с собо́й тёплую **оде́жду**.

러시아는 아주 추우니까 따뜻한 옷을 가져가야 해.

🔍 단수만 사용해요.

пальто́

 외투, 겨울 코트

У́тром я наде́ла **пальто́**, но днём ста́ло тепле́е, поэ́тому оста́вила его́ на рабо́те.

아침에 외투를 입었는데 낮에 따뜻해져서 그것을 회사에 놓고 왔다.

🔍 불변 명사예요.

пла́тье

 원피스, 드레스

Мне нра́вятся си́ние **пла́тья**, поэ́тому в моём шкафу́ мно́го си́них **пла́тьев**.

나는 파란 원피스를 좋아해서 내 옷장에는 파란 원피스가 많다.

плащ

 트렌치코트, 망토

Весно́й я обы́чно надева́ю **плащ**, а не ку́ртку.

봄에 나는 보통 재킷이 아니라 트렌치코트를 입는다.

관 **плащ от дождя́** 비옷

руба́шка

 상의, 셔츠

На день рожде́ния отца́ мы подари́ли ему́ две **руба́шки**.

우리는 아버지의 생일에 아버지에게 셔츠 두 개를 선물했다.

сапоги́

 장화, 부츠

Хотя́ тепло́, он всегда́ надева́ет дли́нные **сапоги́**.

날씨가 따뜻해도 그는 항상 긴 장화를 신는다.

🔍 보통 복수로 사용해요.

Упр. 03-1

сви́тер

명 남

스웨터

А́нна сего́дня в но́вом **сви́тере**, кото́рый я подари́ла ей на её день рожде́ния.

오늘 안나는 내가 그녀의 생일에 선물한 새 스웨터를 입고 있다.

снима́ть[1]

동 불 1식

벗다

Ма́ма **сняла́** с ребёнка оде́жду и о́бувь.

엄마가 아이의 옷과 신발을 벗겼다.

참 снима́ть[2] → p.187, снима́ть[3] → p.363

완 1식 снять

관 снима́ть что с кого́ ~에게서 ~을/를 벗기다

ту́фли

명 복

단화, 슬리퍼

Э́ти **ту́фли** мне ма́лы, да́йте, пожа́луйста, 24-ый разме́р.

이 구두는 저에게 작아요. 24 사이즈를 주세요.

🔍 보통 복수로 사용해요.

шить

동 불 1식

꿰매다, 바느질하다

И́ра хорошо́ **шьёт**, поэ́тому сосе́ди ча́сто про́сят её **шить** им оде́жду.

이라가 바느질을 잘해서 이웃 사람들이 자주 옷을 꿰매 달라고 한다.

완 1식 сшить

ю́бка

명 여

치마

Она́ никогда́ не но́сит **ю́бку**, потому́ что ей не нра́вятся **ю́бки**.

그녀는 치마를 좋아하지 않기 때문에 치마를 전혀 입지 않는다.

---

2 패션 · 미용
мо́да, красота́

MP3 15

бри́ться

면도하다, 깎다

По утра́м брат **бре́ется**, но у него́ бы́стро растёт борода́.
동생은 아침마다 면도를 하지만 그의 수염은 금방 자란다.
 побри́ться

га́лстук

넥타이

Ты зна́ешь, когда́ в Росси́и появи́лись **га́лстуки**?
언제 러시아에 넥타이가 생겼는지 알고 있니?

душ

샤워

По́сле рабо́ты брат обы́чно принима́ет прохла́дный **душ**.
일이 끝난 후에 동생은 보통 시원한 샤워를 한다.

зе́ркало

거울

В ва́нной виси́т большо́е кру́глое **зе́ркало**.
욕실에 크고 둥근 거울이 걸려 있다.

кольцо́

반지, 고리

На день рожде́ния муж подари́л жене́ краси́вое золото́е **кольцо́**.
생일 선물로 남편이 아내에게 예쁜 금반지를 선물했다.

кошелёк

지갑

Лю́ди обы́чно даря́т **кошельки́** с не́сколькими купю́рами.

사람들은 보통 약간의 지폐를 넣어서 지갑을 선물한다.

참 купю́ра 지폐

мо́дный

유행의, 멋진

Моя́ сестра́ всегда́ но́сит **мо́дную** оде́жду и о́бувь.

내 언니는 항상 유행하는 옷을 입고 유행하는 신발을 신는다.

мы́ло

비누

У тебя́ гря́зные ру́ки, хорошо́ вы́мой их с **мы́лом**.

너 손이 더러워. 비누로 손을 잘 씻어.

мыть

씻다, 닦다, 세탁하다

Каки́м шампу́нем ты **мо́ешь** го́лову?

넌 무슨 샴푸로 머리를 감니?

참 шампу́нь 샴푸   완 1식 вы́мыть

мы́ться

씻다

Когда́ брат **мо́ется** в ва́нной, он обы́чно поёт.

남동생은 욕실에서 씻을 때 보통 노래를 부른다.

🔍 피동 동사로도 사용되지만 '자신을 씻다'라는 의미로 자주 사용해요.

носки́
명 복

양말

Мы подари́ли де́душке тёплые **носки́** и шарф.

우리는 할아버지께 따뜻한 양말과 목도리를 선물했다.

очки́
명 복

안경

Я пло́хо ви́жу без **очко́в**. Дава́йте подойдём бли́же.

저는 안경 없이 잘 보지 못해요. 더 가까이 갑시다.

🔍 복수만 사용해요.

перча́тки
명 복

장갑

Наде́нь рабо́чие **перча́тки**, что́бы защити́ть свои́ ру́ки.

손을 보호하기 위해 작업용 장갑을 껴.

🔍 보통 복수로 사용해요.

плато́к
명 남

스카프, 손수건

Моя́ ба́бушка всегда́ но́сит носово́й **плато́к** в су́мке.

우리 할머니께서는 가방 안에 손수건을 항상 가지고 다니신다.

관 носово́й плато́к 손수건

2 패션 · 미용
мо́да, красота́

полоте́нце

수건

Не по́льзуйтесь одни́м **полоте́нцем** вме́сте с дру́гими.

한 개의 수건을 다른 사람들과 같이 사용하지 마세요.

су́мка

가방

Ма́ша хо́дит в университе́т с си́ней **су́мкой**, кото́рую ей подари́ла её ма́ма.

마샤는 그녀의 엄마가 선물한 파란 가방을 학교에 가지고 다닌다.

умыва́ться

세수하다

У́тром Са́ша **умыва́лся**, оде́лся, поза́втракал и пое́хал в университе́т.

아침에 사샤는 세수하고 옷을 입고 아침 식사를 하고 학교로 출발했다.

완 1식 умы́ться

ша́пка

(챙이 없는) 모자

У нас мно́го мо́дных **ша́пок**. Приглаша́ем посети́ть наш магази́н.

우리 가게에는 멋진 모자가 많아요. 우리 가게에 방문해 주세요.

шарф

목도리, 숄

В ко́мнате не так тепло́, поэ́тому мне хо́чется наде́ть **шарф**.

방 안이 그리 따뜻하지 않아서 숄을 걸치고 싶다.

шля́па

명 여

(챙이 있는) 모자

Сего́дня весь день со́лнце я́рко свети́т. Возьми́ **шля́пу**!

오늘 하루 종일 햇빛이 강해. 모자 가져가!

щётка

명 여

브러시, 솔

Твоя́ зубна́я **щётка** сли́шком ста́рая, тебе́ на́до поменя́ть её.

네 칫솔은 너무 오래돼서 넌 그걸 바꿔야 해.

вещь

물건, 사물

В э́том магази́не всегда́ мо́жно купи́ть мо́дные **ве́щи**.

이 가게에서는 언제나 최신 유행하는 물건들을 살 수 있다.

выбира́ть

고르다

Помоги́ мне, пожа́луйста, **вы́брать** сувени́р.

선물 고르는 것 좀 도와줘.

완 1식 вы́брать

дешёвый
형
싼, 저렴한

На ры́нке фру́кты **деше́вле**, чем в магази́не.

가게보다 시장에서 과일이 더 싸다.

참 дёшево 싸게, 저렴하게; 싸다

дорого́й
형
비싼, 고가의

В э́том году́ о́вощи **доро́же**, чем в про́шлом.

올해는 작년보다 채소가 더 비싸다.

참 дорого́й мой/дорога́я моя́ 나의 귀한 ~
до́рого 비싸게; 비싸다

друго́й
형
다른

Э́та ша́пка велика́ мне, покажи́те, пожа́луйста, **другу́ю**.

이 모자는 저에게 큰데 다른 것 좀 보여 주세요.

закрыва́ться

 동 불 1식

닫히다(닫다), 끝나다

Э́тот магази́н открыва́ется в 8 часо́в у́тра и **закрыва́ется** в 9 часо́в ве́чера.

이 가게는 아침 8시에 문을 열고 저녁 9시에 문을 닫는다.

완 1식 **закры́ться**

закры́т

형 단

닫히다, 덮이다, 끝나다

За́втра понеде́льник, все музе́и бу́дут **закры́ты**.

내일은 월요일이다. 모든 박물관이 문을 닫을 것이다.

ка́сса

 명 여

계산대, 매표소

Биле́ты на э́тот спекта́кль продаю́тся во всех **ка́ссах** го́рода.

이 연극 티켓은 도시의 모든 매표소에서 판다.

кио́ск

 명 남

키오스크(가판대), 매점

Он всегда́ покупа́ет све́жие газе́ты в **кио́ске** недалеко́ от своего́ до́ма.

그는 항상 자기 집에서 멀지 않은 키오스크에서 갓 나온 신문을 산다.

коро́бка

명 여

(작은) 상자, 통

Де́ти взя́ли из **коро́бки** карандаши́ ра́зных цвето́в и на́чали рисова́ть.

아이들이 상자에서 여러 가지 색연필을 집어서 그림을 그리기 시작했다.

магази́н

 명 남

상점, 가게

В на́шем го́роде нет универма́га, но неда́вно появи́лся о́чень большо́й **магази́н**.

우리 도시에 백화점은 없지만 최근에 매우 큰 상점이 생겼다.

3 쇼핑·가게
шо́пинг, магази́н

ну́жен
형 단

필요하다

Мне **ну́жен** ру́сско-коре́йский слова́рь.

나는 러한 사전이 필요하다.

открыва́ться
동 불 1식

열리다, 시작되다

Э́тот универма́г **открыва́ется** в 9 часо́в у́тра и закрыва́ется в 10 часо́в ве́чера.

이 백화점은 아침 9시에 열고 저녁 10시에 닫는다.

완 1식 откры́ться

откры́т
형 단

열린(열려 있는), 시작된

Э́тот кни́жный магази́н **откры́т** с 9-и́ часо́в у́тра до 10-и́ ве́чера.

이 서점은 아침 9시부터 저녁 10시까지 열려 있다.

плати́ть
동 불 2식

지불하다

Ка́ждый семе́стр студе́нты **пла́тят** за обуче́ние в университе́те.

학기마다 학생들은 대학교에 수업료를 지불한다.

완 2식 заплати́ть

покупа́тель
명 남

구매자, 손님

В э́том магази́не всегда́ мно́го **покупа́телей**, потому́ что здесь всё о́чень дёшево.

이 상점에서는 모든 것이 매우 싸기 때문에 항상 손님이 많다.

покупа́ть

사다, 구입하다

Ма́ма ка́ждый раз **покупа́ет** лека́рство ба́бушке в э́той апте́ке.

엄마는 매번 이 약국에서 할머니에게 약을 사 드린다.

완 2식 купи́ть

продава́ть

팔다

Брат рабо́тает в компа́нии, кото́рая **продаёт** де́тские игру́шки.

형은 어린이 장난감을 파는 회사에서 일한다.

완 прода́ть

ски́дка

할인(감액)

Я ча́сто покупа́ю ве́щи в магази́не, где даю́т **ски́дку** студе́нтам.

나는 학생에게 할인해 주는 가게에서 물건을 자주 산다.

сто́ить

~의 값이다, 가치가 있다

A Ско́лько **сто́ит** э́та ру́чка?

이 볼펜이 얼마예요?

B Она́ **сто́ит** 27 рубле́й.

이것은 27루블이에요.

🔍 1, 2인칭은 사용하지 않아요.

универма́г

백화점

В Москве́ са́мый изве́стный **универма́г** – э́то «ГУМ».

모스크바에서 가장 유명한 백화점은 '굼'이다.

🔍 ГУМ은 Госуда́рственный универса́льный магази́н (국영 종합 상점)의 약어인데 소련 붕괴 후 민영화되었어요. универма́г는 универса́льный магази́н(종합 상점)이란 표현이 약어 универмаг로 쓰이다가 일반 명사화된 단어예요.

💬 실전 대화 практический диалог

대화 1 диалог 1

A Мой муж хо́чет носи́ть то́лько спорти́вную <u>оде́жду</u>, но я иногда́ хоте́ла бы ви́деть его́ в <u>костю́ме</u>.

B А мой муж хо́дит в <u>руба́шке</u> и в <u>га́лстуке</u> да́же в жа́ркие дни. Он всегда́ в стро́гом костю́ме.

A Это из-за́ его́ рабо́ты? А мой муж привы́к <u>одева́ться</u> так, потому́ что он до́лго занима́лся спо́ртом.

B Поня́тно. Мой муж всегда́ <u>но́сит</u> костю́м, так как он бизнесме́н. А я всегда́ в футбо́лке и <u>джи́нсах</u>.

A Мне то́же нра́вится ходи́ть в лёгкой оде́жде. Поэ́тому я <u>надева́ю ту́фли</u> и <u>ю́бки</u> то́лько по осо́бым слу́чаям.

A 내 남편은 운동복만 입기를 원하지만 나는 정장 입은 그를 가끔 보고 싶어.

B 근데 내 남편은 심지어 더운 날에도 셔츠에다 넥타이를 매. 그는 항상 엄격한 정장 차림이야.

A 그의 직업 때문에 그래? 내 남편은 운동을 오래 했기 때문에 그렇게 입는 것에 익숙해.

B 이해가 돼. 내 남편은 사업가라서 항상 정장을 입어. 근데 난 항상 티셔츠에 청바지 차림이야.

A 나도 가벼운 옷차림으로 다니는 게 좋아. 그래서 난 특별한 경우에만 구두하고 치마를 입어.

футбо́лка 티셔츠

대화 2 диалог 2

A Мне ну́жно <u>купи́ть</u> пода́рки роди́телям на Но́вый год. Вы мо́жете мне предложи́ть что-нибудь?

B Мо́жет быть, подари́ть им э́ти <u>мо́дные перча́тки</u>? Есть и <u>мужски́е</u>, и <u>же́нские</u>.

A Да, э́то хоро́шая иде́я. К тому́ же, у них перча́тки, кото́рые я подари́ла им 5 лет наза́д, уже́ ста́рые.

B Кста́ти, сейча́с в на́шем <u>универма́ге</u> предлага́ем больши́е <u>ски́дки</u> - до 50 проце́нтов - на зи́мние това́ры.

A Мне повезло́. Я возьму́ же́нские кра́сные и мужски́е чёрные перча́тки. Ско́лько всё э́то <u>сто́ит</u>?

A 저는 부모님을 위해 새해 선물을 사야 해요. 뭔가 추천해 주실 수 있어요?

B 이 멋진 장갑을 선물하시는 건 어떨까요? 남성용도 있고 여성용도 있어요.

A 네, 좋은 생각이에요. 더구나 제가 5년 전에 부모님께 선물한 장갑이 너무 낡았거든요.

B 마침 지금 우리 백화점에서는 겨울 상품에 대해 50%까지 크게 할인을 해 드리고 있어요.

A 제가 운이 좋네요. 여성용 빨간색과 남성용 검은색 장갑으로 할게요. 이거 모두 얼마예요?

IV

식생활

пита́ние

1 고기·생선·해산물

мя́со, ры́ба, морски́е проду́кты

MP3 18

ба́нка

캔

Купи́ две **ба́нки** ску́мбрии и одну́ ба́нку ко́фе.

고등어 캔 두 개하고 커피 한 통을 사라.

참 ску́мбрия 고등어

барани́на

양고기

В э́том рестора́не мо́жно попро́бовать блю́да из **барани́ны**.

이 레스토랑에서는 양고기 요리를 맛볼 수 있다.

참 бара́н 산양 овца́ 양

🔍 단수만 사용해요.

говя́дина

쇠고기

В э́том рестора́не блю́да с **говя́диной** осо́бенно вку́сны.

이 레스토랑의 쇠고기 요리는 특히 맛있다.

참 коро́ва 암소 бык 숫소

🔍 단수만 사용해요.

икра́

이크라(어란)

Я люблю́ есть бутербро́д с **икро́й**, но э́то немно́го до́рого.

나는 이크라 샌드위치 먹는 것을 좋아하는데 그건 좀 비싸다.

관 кра́сная икра́ 연어알 чёрная икра́ 캐비어

кальма́р

오징어

Ты зна́ешь лу́чшие реце́пты блюд с **кальма́ром**?

최고의 오징어 요리 레시피를 알고 있어?

колбаса́

소시지

Ма́ма ка́ждое у́тро ва́рит я́йца и жа́рит **колбасу́**.

엄마가 매일 아침 계란을 삶고 소시지를 굽는다.

유 соси́ска 작고 부드러운 소시지 ветчина́ 햄

단수만 사용해요.

краб

게

Во Владивосто́ке ле́том сове́туют тури́стам пое́сть **кра́бов**.

블라디보스톡에서는 여행객에게 여름에 게를 먹을 것을 추천한다.

관 кра́бовые па́лочки 게맛살

креве́тка

새우

Ребёнок съел не́сколько **креве́ток**, и его́ лицо́ ста́ло кра́сным.

아이가 새우를 몇 개 먹었는데 얼굴이 빨개졌다.

관 аллерги́я на креве́тки 새우 알레르기

ма́сло

버터, 식용유

На за́втрак мы е́ли бутербро́ды с **ма́слом** и сы́ром.

아침 식사로 우리는 버터와 치즈를 바른 샌드위치를 먹었다.

참 расти́тельное ма́сло 식용유

단수만 사용해요.

минта́й
명 남

명태

Минта́й живёт в холо́дных моря́х при температу́ре от двух до 9-и гра́дусов.

명태는 2도에서 9도의 차가운 바다 속에서 산다.

молоко́
명 중

우유

В на́шей семье́ все пьют и ко́фе, и чёрный чай с **молоко́м**.

우리 가족 모두 커피에도 홍차에도 우유를 넣어 마신다.

🔍 단수만 사용해요.

мя́со
명 중

고기, 살

Моя́ ма́ма гото́вит на у́жин **мя́со** с ри́сом два ра́за в неде́лю.

우리 엄마는 일주일에 두 번 저녁 식사로 쌀밥과 고기를 준비한다.

🔍 단수만 사용해요.

ры́ба
명 여

생선, 물고기

Ле́том де́душка ча́сто е́здит на о́зеро лови́ть **ры́бу**.

여름에 할아버지는 물고기를 잡으러 자주 호수에 갔다 오신다.

свини́на
명 여

돼지고기

О́сенью в лесу́ мой оте́ц ча́сто гото́вит шашлы́к из **свини́ны**.

우리 아버지는 가을에 숲에서 자주 돼지고기 꼬치구이를 만드신다.

참 **свинья́** 돼지

🔍 단수만 사용해요.

сельдь

명 (여)

청어

У ру́сских **се́льдь** счита́ется са́мой популя́рной ры́бой.

러시아 사람들은 청어를 가장 인기 있는 생선이라고 여긴다.

동 селёдка

сёмга

명 (여)

연어

Ско́лько лет мо́жно храни́ть э́ту ба́нку **сёмги**?

이 연어 캔을 몇 년 동안 보관할 수 있어요?

сыр

명 (남)

치즈

На обе́д мы ча́сто еди́м овощно́й сала́т и бутербро́ды с **сы́ром**.

우리는 점심으로 야채 샐러드와 치즈 샌드위치를 자주 먹는다.

🔍 단수만 사용해요.

яйцо́

명 (중)

계란, 알

На за́втрак брат ест два жа́реных **яйца́** и пьёт ча́шку ко́фе.

아침으로 동생은 계란프라이 두 개를 먹고 커피 한 잔을 마신다.

ананас

파인애플

В э́тот сала́т она́ положи́ла це́лую ба́нку **ананасов**.

그녀는 이 샐러드에 파인애플 캔 한 개를 다 넣었다.

참 ананасовый 파인애플의

апельси́н

오렌지

Апельси́ны – э́то популя́рные и о́чень поле́зные для здоро́вья фру́кты.

오렌지는 대중적이고 건강에 매우 유익한 과일이다.

참 апельси́новый 오렌지의

арбу́з

수박

Большинство́ **арбу́зов** на ры́нках Москвы́ из стран Центра́льной А́зии.

모스크바 시장의 대부분의 수박은 중앙아시아 지역 나라에서 온 것이다.

бана́н

바나나

Ра́ньше тру́дно бы́ло купи́ть **бана́ны**, но сейча́с везде́ мно́го **бана́нов**.

예전에는 바나나 사기가 어려웠지만 지금은 어디에나 바나나가 많다.

виногра́д

포도

Я хочу́ фру́кты. Ма́ма, купи́, килогра́мм **виногра́да**.

저 과일 먹고 싶어요. 엄마, 포도 1킬로 사 주세요.

참 виногра́дный 포도의

🔍 단수만 사용해요.

гре́чка

메밀

Ру́сские лю́бят **гре́чку**, потому́ что она́ вку́сная, дешёвая и поле́зная.

맛있고 싸고 몸에 좋기 때문에 러시아인들은 메밀을 좋아한다.

🔍 단수만 사용해요.

капу́ста

양배추

Ба́бушка дала́ мне **капу́сту**, кото́рую она́ сама́ вы́растила.

할머니가 직접 키운 양배추를 내게 주셨다.

완 2식 вы́растить 키우다, 재배하다

관 кита́йская капу́ста 배추
морска́я капу́ста 미역, 김

🔍 단수만 사용해요.

карто́фель

감자

Карто́фель явля́ется одни́м из гла́вных проду́ктов в Росси́и.

러시아에서 감자는 중요한 식료품 중에 하나이다.

동 карто́шка

🔍 단수만 사용해요.

лимо́н

레몬

Ра́ньше мне не нра́вился чёрный чай с **лимо́ном**, но сейча́с я не хочу́ пить чай без **лимо́на**.

전에 나는 레몬을 넣은 홍차를 싫어했지만 지금은 레몬 없이 차를 마시고 싶지 않다.

лук

양파

Я хоте́ла купи́ть то́лько 2 **лу́ка**, но продава́ли не ме́нее 5-и.

나는 양파를 2개만 사고 싶었지만 5개부터 팔고 있었다.

관 **зелёный лук** 쪽파

🔍 단수만 사용해요.

морко́вь

당근

На ры́нке продаётся коре́йский сала́т с **морко́вью**, кото́рый сде́лали росси́йские коре́йцы.

시장에서 고려인들이 만든 한국식 당근 샐러드를 팔고 있다.

참 **росси́йские коре́йцы = ру́сские коре́йцы** 고려인

о́вощи

채소

Ната́ша помы́ла **о́вощи** и пригото́вила из них вку́сный овощно́й суп.

나타샤는 야채를 씻어서 그것으로 맛있는 수프를 만들었다.

참 **овощно́й** 채소의, 야채의

🔍 보통 복수로 사용해요.

огуре́ц

오이

На ры́нке бы́ло мно́го све́жих **огурцо́в**, поэ́тому я купи́ла их для овощно́го сала́та.

시장에 신선한 오이가 많아서 나는 야채 샐러드를 위해 그것을 샀다.

пе́рец

후추, 고추

Коре́йские студе́нты приво́зят в Росси́ю мо́лотый кра́сный **пе́рец**.

한국인 학생들이 고춧가루를 러시아로 가져온다.

참 **мо́лотый** 빻은

помидо́р

토마토

Сло́во "**помидо́р**" произошло́ от италья́нского сло́ва со значе́нием "золото́е я́блоко".

'토마토'라는 이름은 '황금 사과'를 의미하는 이탈리아어 단어에서 온 것이다.

참 **помидо́рный = тома́тный** 토마토의
тома́тный сок 토마토 주스

рис

쌀, 밥

Сего́дня я хочу́ **рис** с мя́сом, поэ́тому мне на́до купи́ть **рис**.

오늘 나는 고기하고 밥을 먹고 싶기 때문에 쌀을 사야 한다.

🔍 단수만 사용해요.

сала́т

샐러드

Моя́ ма́ма ка́ждый раз на обе́д гото́вит мно́го **сала́та** из овоще́й.

우리 엄마는 매번 식사를 위해 야채 샐러드를 많이 만드신다.

Упр. 04-2

све́жий
형

신선한, 싱싱한

Я всегда́ стара́юсь покупа́ть **све́жие** о́вощи.

나는 항상 신선한 채소를 사려고 노력한다.

свёкла
명 여

비트

Для ру́сского борща́ обяза́тельно нужна́ **свёкла**.

러시아 보르시에는 비트가 반드시 필요하다.

фру́кты
명 복

과일

Ле́том и о́сенью на ры́нке мно́го иностра́нных **фру́ктов**.

여름과 가을에 시장에는 외국 과일들이 많다.

참 фрукто́вый 과일의

🔍 보통 복수로 사용해요.

я́блоко
명 중

사과

О́коло МГУ мно́го я́блонь и на них мно́го **я́блок** о́сенью.

모스크바 대학 주위에는 사과나무가 많고 가을에 사과가 많이 열린다.

참 я́блочный 과일의   я́блоня 사과나무

я́года
명 여

베리류(딸기), 열매

В леса́х Росси́и мо́жно ви́деть ра́зные **я́годы**, назва́ния кото́рых я не зна́ю.

러시아 숲에서는 내가 모르는 이름의 다양한 베리들을 볼 수 있다.

---

3 음식 · 식사
еда́, обе́д

MP3 20

аппети́т
명 남

식욕

Он заболе́л, поэ́тому у него́ нет **аппети́та**.

그는 병이 나서 식욕이 없다.

관 **Прия́тного аппети́та!** 맛있게 드세요!

бато́н
명 남

긴 빵(바톤), 흰빵

Ру́сские обы́чно испо́льзуют **бато́н** для бутербро́дов.

러시아 사람들은 보통 샌드위치를 위해 바톤 빵을 사용한다.

блины́
명 복

블리니

Моя́ жена́ ка́ждый день гото́вит **блины́** с мя́сом и гриба́ми.

내 아내는 날마다 고기와 버섯을 넣은 블리니를 만든다.

참 **гриб** 버섯

🔍 блины́는 밀가루 반죽을 얇게 붙여 여러 가지 속재료를 넣어 만든 간식이에요. 보통 복수로 사용해요.

блю́до
명 중

요리

Э́то **блю́до** сли́шком о́строе, я не могу́ его́ есть.

이 요리는 너무 매워서 나는 이것을 먹을 수 없다.

борщ

명 남

보르시

Когда́ я впервы́е е́ла **борщ**, я о́чень удиви́лась его́ цве́ту.

내가 처음으로 보르시를 먹었을 때 나는 그 색깔에 너무 놀랐다.

🔍 러시아에서 먹는 보르시는 쇠고기와 비트, 양배추, 양파 등을 넣어 오래 끓여서 만들어요. 비트의 영향으로 수프 색깔이 붉어요.

бу́лочка

명 여

빵(반죽을 여러 겹 말아서 만든 빵)

В кафе́ мы заказа́ли чёрный чай и **бу́лочки** с я́годами.

우리는 카페에서 홍차와 베리를 넣어 만든 빵을 주문했다.

бу́лочная

명 여

빵집

На на́шей у́лице неда́вно откры́лась но́вая **бу́лочная**.

우리 거리에 최근 새 빵집이 문을 열었다.

🔍 형용사처럼 변화해요.

бутербро́д

명 남

샌드위치

Да́йте, пожа́луйста, **бутербро́д** с колбасо́й и сы́ром.

소시지와 치즈를 넣은 샌드위치 주세요.

буты́лка

명 여

병(유리병)

Да́йте, пожа́луйста, две **буты́лки** со́ка и одну́ **буты́лку** воды́.

주스 두 병하고 물 한 병 주세요.

буфе́т
명 남

매점 (간이) 식당

В шко́льном **буфе́те** всегда́ есть свежие, вку́сные бу́лочки.

학교 매점에는 항상 신선하고 맛있는 빵들이 있다.

вари́ть
동 불 2식

끓이다, 달이다

Э́ту ры́бу на́до **вари́ть** мину́т 20.

이 생선은 약 20분쯤 끓여야 한다.

완 2식 свари́ть

ви́лка
명 여

포크

Э́тот ребёнок ещё не уме́ет есть **ви́лкой**.

이 아이는 아직 포크로 먹지 못한다.

вино́
명 중

와인, 주류

Ве́ра лю́бит кра́сное **вино́**, а мне нра́вится бе́лое.

베라는 레드 와인을 좋아하지만 나는 화이트 와인이 좋다.

вку́сный
형

맛있는

Я не зна́ю, где гото́вят бо́лее **вку́сный** борщ, чем в на́шей столо́вой.

나는 우리 식당보다 더 맛있는 보르시를 만드는 곳은 모른다.

참 вку́сно 맛있게; 맛있다

3 음식 · 식사
еда́, обе́д

вода́
 명 여

물

У вас грипп. Не пе́йте холо́дную **во́ду**.

당신은 독감에 걸렸어요. 차가운 물을 마시지 마세요.

관 похо́жи, как две ка́пли воды́ 똑같이 닮았다
(두 방울의 물처럼 닮았다)

во́дка
 명 여

보드카

В после́днее вре́мя увеличи́лся э́кспорт **во́дки** из Росси́и в други́е стра́ны.

최근에 러시아에서 다른 나라로의 보드카 수출이 늘었다.

гастроно́м
 명 남

식료품점

В э́том магази́не ма́ло проду́ктов, а в том но́вом **гастроно́ме** продаю́т мно́го ра́зных проду́ктов.

이 가게에는 물건이 적은데 저 새로운 식료품점에는 다양한 물건을 많이 판다.

го́рький
 형

쓴(쓴맛의), 슬픈

Ребёнок не хо́чет пить э́то **го́рькое** лека́рство.

아이가 이 쓴 약을 먹고 싶어하지 않는다.

참 го́рько 쓰게; 쓰다　반 сла́дкий 단, 달콤한

горя́чий
 형

뜨거운, 무더운

Вот, пожа́луйста, ваш ко́фе. Осторо́жно, ко́фе о́чень **горя́чий**.

자, 당신의 커피입니다. 조심하세요, 커피가 매우 뜨거워요.

готовить

 준비하다, 요리하다(조리하다)

Обы́чно Ната́ша снача́ла **гото́вит** у́жин, пото́м **гото́вит** уро́к.

보통 나타샤는 먼저 저녁을 준비하고 그 다음에 수업을 준비한다.

(완) (2식) пригото́вить

добавля́ть

 더하다, 추가하다

Доба́вь в э́то блю́до немно́го со́ли. Бу́дет вкусне́е.

이 요리에 소금을 조금 더 넣어. 더 맛있어질 거야.

(완) (2식) доба́вить

доста́точно

(부) 충분히, 넉넉하게
(술어) 충분하다

A Вы хоти́те ещё суп?

수프 더 드시겠어요?

B Спаси́бо, но не на́до. **Доста́точно**.

고맙지만 괜찮아요. 충분해요.

еда́

(명) (어)
음식물, 식사

Де́ти взя́ли с собо́й **еду́** и пое́хали в парк гуля́ть. Пе́ред **едо́й** они́ вы́мыли ру́ки.

아이들이 음식을 가지고 공원에 놀러 갔다. 먹기 전에 아이들은 손을 씻었다.

🔍 단수만 사용해요.

есть²

(동) (불)
먹다

Шко́льники не **е́ли** суп, но они́ **съе́ли** все фру́кты.

학생들이 수프는 먹지 않고 과일은 전부 먹었다.

동음이의 есть¹ = быть¹ ~이다. 있다 ➡ p.197
(완) съесть

3 음식 · 식사
едá, обéд

жáрить
동 불 2식

굽다, 튀기다, 볶다

Мáма на кýхне **жáрит** рыбу. Мы любим жáреную рыбу.

엄마가 부엌에서 생선을 굽고 있다. 우리는 구운 생선을 좋아한다.

참 жáреный 구운, 볶은, 튀긴 완 2식 пожáрить

зáвтракать
동 불 1식

아침 식사를 하다

Обы́чно Мáша **зáвтракает** в кафé и онá идёт на рабóту.

보통 마샤는 카페에서 아침 식사를 하고 직장에 간다.

참 зáвтрак 아침 식사 완 1식 позáвтракать

закáзывать
동 불 1식

주문하다, 예약하다

Э́то меню́. Что вы бýдете **закáзывать** на вторóе?

여기 메뉴입니다. 주요리는 무엇으로 주문하시겠습니까?

참 меню́ 메뉴 완 1식 заказáть

관 пéрвые блю́да 첫 번째 요리, 전채
вторы́е блю́да 두 번째 요리, 주요리

закýска
명 여

전채, 간식 (술안주)

Когдá мы съéли холóдные **закýски**, официáнт принёс горя́чие блю́да.

우리가 차가운 전채를 다 먹었을 때 식당 점원이 뜨거운 음식을 가져왔다.

кафé
명 중

카페

Вчерá вéчером я ви́дела тебя́ с однóй дéвушкой в э́том **кафé**.

어제 저녁에 나는 이 카페에서 어떤 소녀와 함께 있는 너를 봤어.

🔍 불변 명사예요.

каша

 명 여

죽

С дре́вних времён в Росси́и **ка́ша** была́ основно́й едо́й.

옛날부터 러시아에서는 죽이 기본 식사였다.

관 у кого́ ка́ша в голове́ ~의 머릿속이 뒤죽박죽이다

🔍 러시아의 한국 식당에서 쌀밥을 ка́ша라고 하기도 해요.

кефи́р

 명 남

케피르(발효한 우유)

Врачи́ сове́туют пить **кефи́р** ка́ждый день. Он поле́зен для желу́дка.

의사들은 매일 케피르를 마시라고 조언한다. 케피르는 장에 좋다.

🔍 단수만 사용해요. 떠 먹는 요구르트와 비슷한데 더 묽고 신맛이 강해요.

конфе́та

명 여

사탕(캔디, 초콜릿류)

Оте́ц принёс домо́й большу́ю коро́бку мои́х люби́мых **конфе́т**.

아버지는 내가 좋아하는 사탕이 든 큰 상자를 집에 가져오셨다.

🔍 보통 복수로 사용해요.

корми́ть

 동 불 2식

먹이다(사료를 주다), 양육하다

Когда́ мы отдыха́ли у ба́бушки в дере́вне, она́ **корми́ла** нас вку́сными пирога́ми.

우리가 시골 할머니 댁에서 쉴 때 할머니가 우리에게 맛있는 파이를 먹여 주셨다.

완 2식 покорми́ть

котлéта

명 여

커틀렛

На пéрвое я возьмý борщ, а на вторóе – **котлéты** из кýрицы с картóфелем.

나는 첫 번째 요리(전채)로 보르시, 두 번째 요리(주요리)로 감자를 곁들인 닭고기 커틀렛으로 할게.

кóфе
명 남

커피

По утрáм отéц пьёт чёрный **кóфе** с лимóном без сáхара.

아침마다 아버지는 블랙커피에 레몬을 넣고 설탕은 빼고 드신다.

🔍 불변 명사예요. 러시아인들은 신진대사를 위해 홍차뿐만 아니라 커피에도 레몬을 넣어 마시는 사람이 많아요.

лóжка
명 여

숟가락

Обы́чно отéц кладёт в чай две **лóжки** сáхара.

보통 아버지는 차에 설탕 두 스푼을 넣으신다.

морóженое
명 중

아이스크림

Дéти едя́т **морóженое** не тóлько лéтом, но и зимóй.

아이들은 여름뿐만 아니라 겨울에도 아이스크림을 먹는다.

🔍 형용사처럼 변화해요.

нож
명 남

칼(나이프)

Ви́лка лежи́т спрáва от тарéлки, а **нож** — слéва.

포크는 접시 오른쪽에 놓여 있고 나이프는 왼쪽에 놓여 있다.

обе́дать
(동) (불) (1식)

점심 식사를 하다

По воскресе́ньям мы **обе́даем** у ба́бушки в дере́вне.

일요일마다 우리는 시골 할머니 댁에서 점심 식사를 한다.

(참) обе́д (점심) 식사 (완) (1식) пообе́дать

пече́нье
(명) (중)

과자(비스킷)

Ста́ршая сестра́ ка́ждый день сама́ гото́вит **пече́нье** для дете́й.

언니는 매일 아이들을 위해 직접 과자를 만든다.

 단수만 사용해요.

пи́во
(명) (중)

맥주

Како́е **пи́во** тебе́ бо́льше всего́ нра́вится: све́тлое и́ли тёмное?

너는 어떤 맥주를 가장 좋아해? 보통 맥주, 아니면 흑맥주?

 단수만 사용해요.

пиро́г
(명) (남)

파이

Е́сли ты ешь так мно́го сла́дких **пирого́в**, ты ско́ро бу́дешь то́лстым.

만일 네가 단 파이를 그렇게 많이 먹으면 너는 곧 살이 찔 거야.

(참) пирожо́к 작은 파이

пиро́жное
(명) (중)

조각 케이크

Моя́ жена́ обяза́тельно ест одно́ **пиро́жное** по́сле обе́да.

내 아내는 점심 식사 후에 조각 케이크 하나를 꼭 먹는다.

 형용사처럼 변화해요.

пить
동 불 1식

마시다, 술을 마시다

В нáшем дóме по утрáм все обязáтельно **пьют** молокó.

우리 집에서는 아침마다 모두 반드시 우유를 마신다.

완 1식 выпить

пи́цца
명 어

피자

Мой млáдший брат оди́н мóжет съесть це́лую **пи́ццу**.

내 남동생은 혼자서 피자 한 판을 먹을 수 있다.

прóбовать
동 불 1식

시도하다, 시험해 보다,
맛을 보다

На фестивáле ру́сской культу́ры иностра́нцы с удовóльствием **попрóбовали** борщ, пельме́ни и ру́сские бли́ны.

러시아 문화 축제 때 외국인들이 보르시와 펠메니와 러시아 블리니를 마음껏 맛보았다.

참 пельме́ни 여러 가지 고기를 넣어 만든 만두
완 1식 попрóбовать

проду́кты
명 복

식료품, 제품

В э́том магази́не продаю́т мнóго рáзных **проду́ктов** из молокá.

이 가게에서는 다양한 유제품을 많이 팔고 있다.

🔍 보통 복수로 사용해요.

ре́зать

자르다, 끊다, 베다

Пе́ред обе́дом обы́чно ма́ма **ре́жет** хлеб, но сего́дня она́ попроси́ла меня́ **поре́зать** его́.

식사 전에 보통 엄마가 빵을 자르는데 오늘은 내게 빵을 자르라고 부탁하셨다.

рестора́н

식당(레스토랑)

В Коре́е не́сколько **рестора́нов** ру́сской ку́хни.

한국에는 러시아 음식 레스토랑이 몇 개 있다.

реце́пт

요리법(레시피), 처방전

Здесь мо́жно посмотре́ть **реце́пты**, кото́рые легко́ пригото́вить до́ма.

집에서 만들기 쉬운 레시피들을 여기에서 볼 수 있다.

самова́р

찻주전자(사모바르)

В столо́вой на́шего университе́та всегда́ мо́жно пить чай из **самова́ра**.

우리 대학교 식당에서는 항상 사모바르에서 차를 마실 수 있다.

🔍 물을 끓이거나 차를 끓이기 위해 사용하는 주방용품이에요. сам(스스로)와 вари́ть(끓이다)가 합성되어 생긴 단어예요.

са́хар

명 남

설탕

Я пью ко́фе без **са́хара** и без молока́, а па́па всегда́ пьёт ко́фе с **са́харом** и с молоко́м.

나는 설탕과 우유를 넣지 않고 커피를 마시는데 아빠는 항상 설탕과 우유를 넣어 드신다.

🔍 단수만 사용해요.

сла́дкий

단, 달콤한

Зелёные я́блоки оказа́лись о́чень **сла́дкими**, как са́хар.

청사과가 설탕처럼 매우 달다는 것을 알게 됐다.

🔁 го́рький 쓴, 쓴맛의

сок

주스

Ле́том, когда́ жа́рко, на́до вы́пить стака́н холо́дного фрукто́вого **со́ка**.

여름에 더우면 차가운 과일 주스 한 잔을 마실 필요가 있다.

соль

소금

Ты опя́ть забы́ла купи́ть **соль**? У нас совсе́м нет **со́ли**.

너 또 소금 사는 걸 잊어버렸니? (우리) 집에 소금이 전혀 없어.

🔍 단수만 사용해요.

со́ус

소스

Я люблю́ ры́бу с о́стрым **со́усом**, а брат ест ры́бу без **со́уса**.

나는 매운 소스를 곁들인 생선을 좋아하지만 남동생은 소스 없이 먹는 것을 좋아한다.

стака́н

컵, 잔

На у́лице о́чень жа́рко. Да́йте, пожа́луйста, **стака́н** воды́.

밖이 매우 더워요. 물 한 잔 주세요.

столо́вая

식당

В **столо́вой** на́шего университе́та обе́дают мно́гие студе́нты из други́х университе́тов.

우리 대학교 식당에서는 다른 대학 학생들도 많이 식사를 한다.

🔍 형용사처럼 변화해요.

суп

수프

По ру́сской тради́ции **суп** – э́то пе́рвое блю́до. Зате́м едя́т второ́е.

러시아 전통에 따르면 수프는 첫 번째 요리(전채)이다.
그 다음에 두 번째 요리(주요리)를 먹는다.

счёт

계산서

По́сле у́жина официа́нт принёс нам **счёт**.

저녁 식사가 끝난 후에 식당 점원이 우리에게 계산서를 가져왔다.

관 **Да́йте счёт, пожа́луйста!** 계산서 좀 주세요!

таре́лка

접시, 그릇

Борщ был о́чень вку́сным, брат съел две **таре́лки**.

보르시가 정말 맛있어서 동생은 두 그릇이나 먹었다.

торт

케이크

Ми́ла сама́ пригото́вила большо́й шокола́дный **торт** на день рожде́ния ба́бушки.

밀라는 할머니 생신을 위해 손수 큰 초콜릿 케이크를 만들었다.

참 шокола́дный 초콜릿의

у́жинать

저녁 식사를 하다

По суббо́там на́ша семья́ **у́жинает** в рестора́не, но сего́дня ма́ма сама́ пригото́вила **у́жин**.

토요일마다 우리 가족은 집에서 저녁 식사를 하는데 오늘은 엄마가 직접 저녁 식사를 준비하셨다.

참 у́жин 저녁 식사 완 1식 поу́жинать

хлеб

빵

В э́той бу́лочной всегда́ све́жий и вку́сный **хлеб**.

이 빵집에는 항상 신선하고 맛있는 빵이 있다.

🔍 단수만 사용해요.

чай

차

На́чали импорти́ровать **чай** в Росси́ю в семна́дцатом ве́ке.

17세기에 러시아로 차를 수입하기 시작했다.

관 зелёный чай 녹차 чёрный чай 홍차

ча́шка

명 여

찻잔

Врач посове́товал отцу́ пить то́лько две **ча́шки** ко́фе в день.

의사가 아버지에게 하루에 커피를 두 잔만 마시라고 충고했다.

шашлы́к

명 남

꼬치 구이(샤슬릭)

Говоря́т, что настоя́щий **шашлы́к** мо́жно попро́бовать на Кавка́зе.

진짜 샤슬릭은 카프카스에서 먹어 볼 수 있다고 말한다.

🔍 캠핑이나 시골 별장(다차)에 가서 여러 가지 고기와 야채를 쇠 꼬치에 꽂아서 숯불에 구워 먹는 요리예요.

шокола́д

명 남

초콜릿

В кафе́ мы заказа́ли моро́женое с **шокола́дом**.

카페에서 우리는 초콜릿 아이스크림을 주문했다.

🔍 단수만 사용해요.

щи

명 복

야채 수프(시)

Хозя́йка э́того до́ма свари́ла нам вку́сные **щи**.

이 집 여주인이 우리에게 맛있는 시를 끓여 주었다.

관 просты́е щи 간단한 재료로 만든 시
  бога́тые щи 다양한 재료로 만든 시

🔍 복수만 사용해요.

💬 실전 대화 практический диалог

MP3 21

대화 1 диалог 1

A Добрый день! Ста́ло тепле́е. Уже́ весна́.

B Да, совсе́м весна́, поэ́тому здесь на ры́нке появи́лись весе́нние све́жие о́вощи. Что вы хоте́ли бы купи́ть?

A Я до́лжен купи́ть картошку, лук, морко́вь и со́ус для сала́та. А ещё зелёный лук.

B К сожале́нию, зелёный лук ко́нчился. Ско́лько ка́ждого из остальны́х вам ну́жно?

A Жаль, что у вас нет зелёного лу́ка. Да́йте килогра́мм карто́шки и лу́ка, 500 гра́ммов морко́ви и одну́ буты́лку со́уса.

B Возьми́те! Всего́ 1,500 рубле́й.

A 안녕하세요! 날이 따뜻해졌지요. 벌써 봄이네요.

B 네, 완전히 봄이어서 여기 시장에는 신선한 봄 야채들이 나왔어요. 뭐 사시려고요?

A 저는 감자랑, 양파, 당근 그리고 샐러드 소스를 사야 해요. 그리고 쪽파도요.

B 아쉽게도 쪽파는 떨어졌어요. 나머지는 각각 얼마나 필요하세요?

A 쪽파가 없다니 아쉽네요. 감자랑 양파 1킬로그램씩, 당근 500그램 그리고 소스 한 병 주세요.

B 받으세요(여기요)! 다 해서 1,500루블이에요.

대화 2 диалог 2

A Ма́ма, попро́буй э́ти щи! Я приготовила их из све́жей капу́сты, кото́рую ба́бушка присла́ла из дере́вни.

B Пра́вда? Дай быстре́е мне ло́жку! До́чка моя́, ты приготовила о́чень вку́сные щи!

A Я приготовила их по твоему́ реце́пту, кото́рому ты научи́ла меня́. Как, норма́льно?

B Молоде́ц, хорошо́ получи́лось! Ты доба́вила молоко́ в щи, как я учи́ла тебя́?

A Да, коне́чно. В сле́дующий раз я попро́бую пожа́рить мя́со, свини́ну и́ли ку́рицу с овоща́ми.

A 엄마, 이 시 맛 좀 보세요! 시골에서 할머니가 보내 주신 싱싱한 양배추로 만들었어요.

B 정말이니? 빨리 한 숟가락 줘 봐! 내 딸, 정말 맛있는 시를 만들었네!

A 엄마가 제게 가르쳐 주신 엄마 레시피로 만들었어요. 어때요, 괜찮아요?

B 잘했어, 잘 만들어졌네! 내가 알려 준 대로 시에다 우유를 넣었어?

A 네, 물론이죠. 다음 번에는 돼지고기나 닭고기를 넣어 고기 야채볶음을 해볼 거예요.

V

주거 생활

жильё

주거 장소(도시·시골·길)
ме́сто жи́тельства(го́род, дере́вня, доро́га)

MP3 22

а́дрес

주소

A Куда́ на́до посла́ть э́ти ве́щи?
이 물건들을 어디로 보내야 합니까?

B Пошли́те их по **а́дресу** университе́та.
그것들을 대학교 주소로 보내 주세요.

ба́шня

탑, 망루

У Моско́вского Кремля́ 20 **ба́шен**, они́ все ра́зные.
모스크바 크렘린에는 20개의 탑이 있는데 그것들은 모두 다르게 생겼다.

вход
명 남
입구, 입장

Мы с Ви́ктором договори́лись встре́титься у **вхо́да** на стадио́н.
나와 빅토르는 경기장 입구에서 만나기로 약속했다.

вы́ход
명 남
출구, 등장

Извини́те, пожа́луйста. Вы зна́ете, где здесь **вы́ход** на у́лицу?
실례 좀 하겠습니다. 여기 거리로 나가는 출구가 어디에 있는지 아세요?

го́род

도시

Во вре́мя экску́рсии по **го́роду** мы узна́ли мно́го интере́сного.
도시 견학 중에 우리는 흥미로운 것을 많이 알게 됐다.

городско́й

도시의, 도시풍의

В газе́те написа́ли о пробле́мах **городско́го** транспо́рта.
신문에 도시 교통 문제에 대해 쓰여 있었다.

дере́вня

시골, 농촌

Всё ле́то де́ти отдыха́ли в **дере́вне** у ба́бушки.
여름 내내 아이들은 시골 할머니 댁에서 쉬었다(놀았다).

доро́га

길, 도로

У нас в го́роде есть краси́вая широ́кая **доро́га**, кото́рая ведёт к мо́рю.
우리 도시에는 바다를 향해 뻗어 있는 아름답고 넓은 도로가 있다.

жи́тель

주민, 거주자

Ка́ждый год в на́шем го́роде уменьша́ется коли́чество **жи́телей**.
매년 우리 도시의 거주자 수가 줄어 들고 있다.

жить²

살다(지내다), 거주하다

Ма́ша **живёт** в Москве́, а Ка́тя - в Сеу́ле.
마샤는 모스크바에 살지만 카챠는 서울에 산다.

참 жить¹ ➡ p.52

관 Как живёшь/живёте? 어떻게 지내/지내세요?
жить как ко́шка с соба́кой 견원지간이다

зда́ние
명 중
건물

Мы вошли́ в гла́вное **зда́ние** университе́та.
우리는 대학 본관 건물로 들어갔다.

маршру́т
명 남

경로(운행 노선), 통행로

Нам на́до соста́вить **маршру́т** на́шего путеше́ствия по Росси́и.

우리는 러시아 여행 경로를 짜야 한다.

ме́сто
명 중

장소, 자리(좌석)

Она́ вошла́ в аудито́рию и се́ла на свобо́дное **ме́сто**.

그녀는 강의실로 들어 가서 비어 있는 자리에 앉았다.

관 занима́ть пе́рвое ме́сто 1위를 차지하다

москви́ч/ка
명 남/여

모스크바 시민

Уважа́емые **москвичи́** и го́сти столи́цы! Приглаша́ем вас в торго́вый центр "Славя́нский".

존경하는 모스크바 시민들과 수도의 손님 여러분! 여러분을 쇼핑몰 '슬라뱐스키'로 초대합니다.

моско́вский
형

모스크바의

Э́тот но́вый фильм идёт во всех **моско́вских** кинотеа́трах.

이 새로운 영화는 모든 모스크바의 극장에서 상영하고 있다.

мост
명 남

다리(교량)

На **мосту́** мно́го маши́н. Они́ е́дут по **мосту́** о́чень ме́дленно.

다리 위에 자동차가 많이 있다. 자동차들이 다리에서 매우 천천히 달리고 있다.

о́бласть
(명)(여)

주(州), 지역(지방), 분야

В се́верных **областя́х** Росси́и наступи́ли си́льные моро́зы.

러시아 북부 지방에 강추위가 시작됐다.

 Моско́вская о́бласть 모스크바주

парк
(명)(남)

공원, 차고

Неда́вно в на́шем го́роде откры́лся но́вый **парк** цвето́в.

최근에 우리 도시에 새로운 꽃 공원이 개장됐다.

переу́лок
(명)(남)

골목

Наш дом нахо́дится в ма́леньком ти́хом **переу́лке**.

우리 집은 작고 조용한 골목에 있다.

перехо́д
(명)(남)

이동, 횡단보도

Как мо́жно перейти́ на ту сто́рону? Где здесь **перехо́д**?

어떻게 저쪽으로 건너 갈 수 있어요? 여기 어디에 횡단보도가 있어요?

 пешехо́дный перехо́д 횡단보도

пло́щадь
(명)(여)

광장, 평지

Скажи́те, пожа́луйста, как добра́ться до Кра́сной **пло́щади**?

붉은 광장까지 어떻게 가는지 좀 알려 주시겠어요?

 кра́сный (붉은, 빨갛다)는 고대 러시아어어서는 (아름답다)라는 의미였어요. 그래서 кра́сная пло́щадь (붉은 광장)은 원래 '아름다운 광장'이라는 뜻이에요.

проспе́кт

대로

На́ши роди́тели живу́т в Москве́ на **проспе́кте** Верна́дского.

우리 부모님은 모스크바의 베르나드스키 대로에 살고 계신다.

путь

길, 진로

Э́то еди́нственный **путь** к о́зеру, друго́й доро́ги нет.

이 길이 호수로 가는 유일한 길이다. 다른 길은 없다.

관 **жи́зненный путь** 인생길, 인생

райо́н

지역, 구역

В ю́жных **райо́нах** Росси́и на́чали собира́ть урожа́й.

러시아 남부 지방에서는 작물 수확을 시작하였다.

🔍 о́бласть '주'는 몇 개의 райо́н '구'로 구성되어 있어요.

сад

정원, 뜰, 동산

В **саду́** ба́бушки расту́т прекра́сные я́блони.

할머니 정원에는 멋진 사과나무가 자라고 있다.

се́льский

마을의, 농촌의, 농업의

Се́льская жизнь ей не нра́вится, она́ мечта́ет жить и рабо́тать в го́роде.

그녀는 농촌 생활이 싫어서 도시에서 살면서 일하고 싶어 한다.

참 село́ 마을, 동네, 농촌

столи́ца

 명 여

수도

Иностра́нцы соверши́ли экску́рсию с экскурсово́дом по **столи́це** Росси́и.

외국인들이 가이드와 함께 러시아의 수도 견학을 마쳤다.

ти́хий

 형

조용한, 고요한

Ве́чером мы лю́бим гуля́ть по **ти́хим** у́лицам на́шего ма́ленького го́рода.

우리는 저녁에 우리의 작은 도시의 조용한 거리를 산책하는 것을 좋아한다.

참 ти́хо 조용히, 고요하게
관 Ти́хий океа́н 태평양

тишина́

 명 여

고요함, 정적

Студе́нты на́чали писа́ть текст, и в аудито́рии наступи́ла **тишина́**.

학생들이 글을 쓰기 시작했고 강의실에는 정적이 흐르기 시작했다.

🔍 тишина́! 조용히!

у́зкий

 형

좁은

Мы идём по ма́ленькой **у́зкой** у́лице.

우리는 작고 좁은 거리를 따라 걷고 있다.

참 у́зко 좁게; 좁다

у́лица
 명 여
거리

Я живу́ на **у́лице** Побе́ды в до́ме
№(но́мер) 5, в кварти́ре № 18.
나는 포베디가의 5동 18호에 살고 있다.

центр
 명 남
중심지, 시내

A Скажи́те, пожа́луйста, как дое́хать
до **це́нтра** го́рода?
시내까지 어떻게 가는지 좀 알려 주시겠어요?

B Мо́жно дое́хать на авто́бусе но́мер 10.
10번 버스로 갈 수 있어요.

참 центра́льный 중심의, 중앙의

широ́кий
 형
넓은, 광범위한

Мой племя́нник живёт в до́ме с
широ́ким дворо́м.
내 조카는 넓은 마당이 있는 집에 살고 있다.

참 широко́ 넓게; 넓다

관 широ́кий круг (원형으로) 넓은 범위
широ́кие брю́ки 헐거운 바지

шоссе́
 명 중
간선 도로, 고속 도로

Это **шоссе́** соединя́ет два го́рода.
이 간선 도로는 두 도시를 연결한다.

🔍 불변 명사예요.

балко́н

명 남

발코니

Ма́ма смо́трит с **балко́на** на дете́й, кото́рые игра́ют во дворе́.

엄마가 발코니로부터 마당에서 놀고 있는 아이들을 보고 있다.

ва́за

명 여

꽃병, 항아리

Сего́дня я поста́вил **ва́зу** с цвета́ми на стол.

오늘 나는 꽃병에 꽃을 꽂아 테이블 위에 놓았다.

ва́нная

명 여

욕실, 목욕탕

В **ва́нной** виси́т большо́е зе́ркало.

욕실에 큰 거울이 걸려 있다.

🔍 형용사처럼 변화해요.

ве́шать

동 불 1식

걸다

Мла́дшая сестра́ сра́зу **ве́шает** свою́ оде́жду в шкаф, когда́ она́ возвраща́ется домо́й.

여동생은 집에 돌아오면 바로 옷을 옷장에 건다.

완 2식 пове́сить

ви́део
명 중

비디오, 동영상

По интерне́ту свобо́дно мо́жно смотре́ть **ви́део**, кото́рые сня́ли обы́чные лю́ди.

인터넷으로 일반인들이 찍은 동영상을 자유롭게 볼 수 있다.

참 видеосюже́т = ви́део 동영상

🔍 불변 명사예요.

висе́ть
동 불 2식

걸려 있다

В мое́й ко́мнате костю́м **виси́т** в шкафу́, пальто́ - на сте́не, карти́на - над дива́ном.

내 방에 수트는 옷장에, 외투는 벽에, 그림은 소파 위에 걸려 있다.

включа́ть
동 불 1식

켜다, 연결하다

Уже́ темно́. **Включи́те**, пожа́луйста, свет!

벌써 어둡네요. 불 좀 켜 주세요.

완 2식 включи́ть

выключа́ть
동 불 1식

끄다, 끊다

Когда́ ты вы́йдешь из ко́мнаты, не забу́дь **вы́ключить** свет.

방에서 나갈 때 불을 끄는 것을 잊지 말아라.

완 2식 вы́ключить

гара́ж
명 남

차고

Оте́ц верну́лся домо́й, и он сейча́с ста́вит маши́ну в **гара́ж**.

아버지는 집으로 돌아오셔서 지금 자동차를 차고에 세우고 계신다.

грязный

 형

더러운, 불결한

В ку́хне **гря́зно**, сейча́с её ма́ма мо́ет **гря́зную** посу́ду.

나타샤네 부엌이 더럽다. 지금 그녀의 엄마가 더러운 그릇을 닦고 있다.

참 **гря́зно** 더럽게; 더럽다

да́ча

 명 여

별장(다차)

Де́ти провели́ всё ле́то на **да́че**, кото́рая нахо́дится недалеко́ от Москвы́.

아이들은 여름 내내 모스크바 가까이에 있는 다차에서 지냈다.

🔍 시골에 있는 별도의 여름용 집(별장)을 뜻해요.

дверь

 명 여

문

Де́вочка откры́ла **дверь** и вошла́ в ко́мнату ба́бушки.

여자아이가 문을 열고 할머니 방으로 들어왔다.

двор

 명 남

마당, 농가

Наш **двор** небольшо́й, но чи́стый и о́чень зелёный.

우리 마당은 크지 않지만 깨끗하고 매우 푸르다.

дива́н

 명 남

소파, 안락의자

Ребёнок спит на **дива́не**, а ря́дом с ним сиди́т ко́шка.

아기가 소파에서 자고 있고 그 옆에 고양이가 앉아 있다.

2 집·집안일
дом, домохозяйство

дом
명 남

집, 가옥

Мой **дом** нахо́дится на э́той у́лице.

내 집은 이 거리에 있다.

참 дома́шний 집의, 가정의, 가사의

관 дом но́мер 23 23동　дома́шнее зада́ние 숙제

до́ма
부

집에, 자택에

Де́тям ску́чно весь день сиде́ть **до́ма**.

아이들은 하루 종일 집에 앉아 있는 것이 지루하다.

🔍 문장의 주어의 집을 표현할 때 사용해요. 다른 사람 집일 경우에는 в до́ме кого́(~의 집에)라고 표현해요.

закрыва́ть
동 불 1식

닫다, 잠그다

Мне хо́лодно. **Закро́йте**, пожа́луйста, дверь!

저 추워요. 문 좀 닫아 주세요!

완 1식 закры́ть

звони́ть
동 불 2식

전화하다, 종을 울리다

По суббо́там я **звоню́** роди́телям в Москву́.

토요일마다 나는 모스크바로 부모님께 전화를 한다.

완 2식 позвони́ть

игру́шка
명 여

장난감

На день рожде́ния роди́тели подари́ли сы́ну дорогу́ю **игру́шку**.

생일에 부모가 아들에게 비싼 장난감을 선물했다.

квартира
명 여

아파트, 호

Недавно мы купили большую **квартиру** в новом доме на 5-ом этаже́.

최근에 우리는 새 아파트 5층에 큰 평수의 집을 샀다.

관 квартира номер 202 202호

ключ
명 남

열쇠

У Виктора в кармане 3 **ключа**: от квартиры, от рабочего кабинета и от машины.

빅토르는 주머니에 열쇠가 세 개 있다: 아파트 열쇠, 직장 사무실 열쇠 그리고 자동차 열쇠다.

ковёр
명 남

양탄자(카펫)

Посреди́ ко́мнаты лежи́т большо́й краси́вый **ковёр**.

방 중앙에 크고 예쁜 양탄자가 깔려 있다.

ко́мната
명 여

방

Брат лю́бит убира́ть свою́ **ко́мнату**. Его́ **ко́мната** чи́ще, чем моя́.

동생은 자기 방 청소하기를 좋아한다. 그의 방이 내 방보다 더 깨끗하다.

ко́рпус
명 남

동, 몸통(동체)

Факульте́т иностра́нных языко́в нахо́дится во второ́м **ко́рпусе**.

외국어학부는 두 번째 동에 있다.

кре́сло
명 중

안락의자

У нас два **кре́сла**, одни́м из кото́рых по́льзуется ба́бушка, а други́м – оте́ц.

우리는 안락의자가 두 개 있는데 하나는 할머니가, 다른 하나는 아버지가 사용하신다.

крова́ть
명 여

침대

В гости́нице была́ неудо́бная, у́зкая **крова́ть**, поэ́тому я всю ночь не спала́.

호텔에 불편하고 좁은 침대가 있었다. 그래서 나는 밤새 자지 못했다.

кры́ша
명 여

지붕, 뚜껑

На **кры́ше** до́ма сидя́т пти́цы и краси́во пою́т.

새들이 집 지붕에 앉아 아름답게 노래하고 있다.

ку́хня
명 여

부엌, 요리

Моя́ жена́ прово́дит мно́го вре́мени на **ку́хне**, потому́ что она́ лю́бит гото́вить.

내 아내는 요리하는 것을 좋아해서 부엌에서 시간을 오래 보낸다.

ла́мпа
명 여

램프, 등

Ко́ля вы́ключил **ла́мпу** на столе́ и лёг спать.

콜라는 탁자 위의 전등을 끄고 잠자리에 들었다.

ле́стница

계단

Мы подня́лись на второ́й эта́ж по широ́кой **ле́стнице**.

우리는 넓은 계단을 통해 2층으로 올라갔다.

лифт

엘리베이터

Мы обы́чно поднима́емся на 5-ый эта́ж на **ли́фте**, но наш оте́ц не по́льзуется им.

우리는 보통 엘리베이터로 5층에 올라가는데 우리 아버지는 엘리베이터를 사용하지 않으신다.

магнитофо́н

녹음기, 카세트

Де́душка всегда́ но́сит **магнитофо́н**, когда он гуля́ет.

할아버지는 산책할 때 항상 카세트를 가지고 다니신다.

ме́бель

가구

Я снял кварти́ру без **ме́бели**, поэ́тому мне на́до купи́ть дива́н, стол и сту́лья.

나는 가구가 없는 아파트를 빌렸기 때문에 소파와 탁자와 의자를 사야 한다.

🔍 단수만 사용해요.

окно́

창문

О́кна на́шей кварти́ры выхо́дят на большу́ю пло́щадь.

우리 아파트 창문들은 큰 광장을 향해 있다.

открыва́ть
동 불 (1식)
열다, 펴다

Здесь ду́шно, **откро́йте**, пожа́луйста, окно́!
여기 답답해요. 창문 좀 열어 주세요.
완 (1식) откры́ть

переезжа́ть
동 불 (1식)
이사하다

Вчера́ я **перее́хала** на но́вую кварти́ру, запиши́ мой а́дрес.
어제 나 새 아파트로 이사했거든. 내 주소를 받아 써.
완 (1식) перее́хать

пле́ер
명 남
플레이어

Уже́ о́чень ма́ло люде́й, кото́рые по́льзуются MP3 **пле́ером**.
MP3 플레이어를 사용하는 사람들이 이미 매우 적다.

пол
명 남
바닥, 마루

На **полу́** лежи́т кот.
바닥에 고양이가 누워 있다.

по́лка
명 여
선반, 책꽂이

A Где соль?
소금 어디에 있어?

B Она́ в шкафу́ на ве́рхней **по́лке**.
그거 찬장 위쪽 선반에 있어.

потоло́к

천장, 지붕 밑

Потолки́ в ру́сских дома́х обы́чно вы́ше, чем в коре́йских.
러시아 집들의 천장은 보통 한국 집들의 천장보다 높다.

сдава́ть¹

돌려주다, 건네다

Я взяла́ костю́м на неде́лю, поэ́тому я должна́ **сдать** её до конца́ э́того ме́сяца.
나는 정장을 일주일 동안 빌렸기 때문에 이번 달 말까지 그것을 돌려줘야 한다.

참 сдава́ть² → p.230 완 сдать
관 сдать кни́гу в библиоте́ку 책을 도서관에 반납하다

снима́ть²

임대하다

Студе́нт **снял** ма́ленькую кварти́ру недалеко́ от университе́та.
학생이 대학에서 멀지 않은 곳에 작은 아파트를 빌렸다.

참 снима́ть¹ → p.134 снима́ть³ → p.363
완 1식 снять

стена́

벽, 장벽

Серге́й пове́сил на **сте́ну** фотогра́фию свое́й семьи́.
세르게이는 자신의 가족사진을 벽에 걸었다.

стира́ть
동 불 1식
씻다, 세탁하다

Ка́ждую суббо́ту ма́ма **стира́ет** оде́жду всей семьи́.
매주 토요일에 엄마는 모든 가족의 옷을 세탁하신다.

완 1식 постира́ть

стол
명 남

책상, 식탁

Мы сиде́ли за **столо́м** и разгова́ривали.

우리는 탁자에 둘러 앉아서 이야기를 나눴다.

관 пригласи́ть кого́ к столу́ 식탁으로 부르다

стул
명 남

의자

Чья́-то ку́ртка виси́т на **сту́ле**, и чьи́-то перча́тки лежа́т на столе́.

누군가의 점퍼가 의자에 걸려 있고 누군가의 장갑이 의자에 놓여 있다.

убира́ть
동 불 1식

치우다, 청소하다

По́сле обе́да сестра́ **убрала́** со стола́ посу́ду и помы́ла её.

식사 후에 동생이 식탁에서 그릇을 치우고 설거지했다.

완 1식 убра́ть

관 убира́ть ко́мнату 방을 청소하다

у́гол
명 남

구석, 모퉁이

Ра́ньше у нас до́ма на **углу́** стола́ всегда́ стоя́л самова́р, и мы ча́сто пи́ли чай.

예전에 우리 집 탁자 한 구석에 항상 사모바르가 있었고 우리는 자주 차를 마셨다.

хозя́ин
명 남

남자 집주인

Дверь откры́л **хозя́ин** до́ма, он пригласи́л нас войти́ в дом.

집주인이 문을 열고 우리를 집 안으로 초대했다.

반 хозя́йка 여자 집주인

чайник

명 남

(찻)주전자

Включи, пожалуйста, **чайник**, а я
приготовлю чашки.

찻주전자를 좀 켜 줘. 그러면 내가 찻잔을 준비할게.

관 **чайник в компьютере** 컴퓨터 초보자

часы

명 복

시계

Мои **часы** стоят, скажи, пожалуйста,
сколько сейчас времени?

내 시계가 멈췄어. 얘기 좀 해 줘, 지금 몇 시야?

🔍 '시계'의 의미로는 복수만 사용해요.

шкаф

명 남

옷장, 장

Положи, пожалуйста, это полотенце на
верхнюю полку **шкафа**.

이 수건을 옷장 위쪽 선반에 좀 넣어 줘.

электричество

명 중

전기, 전력, 전등

В Корее дорогое **электричество**?
Сколько вы платите за **электричество**?

한국에서는 전기가 비싼가요? 당신은 전기료로 얼마를 내나요?

🔍 단수만 사용해요.

этаж

명 남

층, 계층

Дети поднялись на лифте на
двенадцатый **этаж**.

아이들이 엘리베이터를 타고 12층으로 올라갔다.

авто́бус

 명 남

버스

Авто́бусы в на́шем го́роде хо́дят по расписа́нию, поэ́тому лю́ди ча́сто е́здят на них.

우리 도시의 버스들은 시간표대로 다니기 때문에 사람들은 버스를 자주 타고 다닌다.

참 авто́бусный 버스의

관 авто́бусный вокза́л = автовокза́л 버스 정류장

автомоби́ль

 명 남

자동차

Ста́рший брат лю́бит води́ть **автомоби́ль**, и он ча́сто меня́ет свои́ **автомоби́ли**.

오빠는 차 운전하는 것을 좋아하고 자동차를 자주 바꾼다.

бе́гать

 동 부 불 1식

뛰어다니다,
달리다(달려서 왕복하다)

Почему́-то Анто́н **бе́гал** туда́-сюда́ по у́лице, а пото́м вдруг **побежа́л** в парк.

안톤은 무슨일인지 거리를 이리저리 뛰어다니다가 갑자기 공원으로 뛰어갔다.

정 불 1식 **бежа́ть** 달려가다, 달려오다

ваго́н

 명 남

차량, 열차 칸

Пассажи́ры вошли́ в **ваго́н** и се́ли на свои́ места́.

승객들이 열차 칸으로 들어가서 자신들의 자리에 앉았다.

велосипе́д

명 남

자전거

Я не уме́ю ката́ться на **велосипе́де**, а ты уме́ешь?

나는 자전거를 못 타는데 너는 탈 줄 알아?

води́ть

동 부 불 2식

(차로) 데리고 다니다, 안내하다, 운전하다

Я не люблю́ **води́ть** мла́дшего бра́та в шко́лу.

나는 남동생을 학교에 데리고 다니기가 싫다.

정 불 1식 **вести** 데리고 가다, 데리고 오다

관 **води́ть маши́ну** 차를 운전하다

вести́ уро́к/ле́кцию 수업/강의를 하다

вози́ть

동 부 불 2식

태워다 주다, 나르다, 운반하다

Он обы́чно **во́зит** сы́на в де́тский сад на свое́й маши́не, а сего́дня он **везёт** сы́на на авто́бусе.

그는 보통 아들을 자신의 차로 유치원에 데려다주는데 오늘은 버스로 아들을 데려다주고 있다.

정 불 1식 **везти** 운반해 가다, 운반해 오다

관 (кому́) **везёт/повезло́** 운이 좋다/좋았다

е́здить

동 부 불 2식

타고 다니다, 타고 왕복하다

Я **е́здила** во Фра́нцию. Туда́ я **е́хала** на самолёте, а обра́тно на по́езде.

나는 프랑스에 갔다 왔다. 갈 때는 비행기를 타고 갔는데 올 때는 기차를 타고 왔다.

정 불 1식 **е́хать** 타고 가다, 타고 오다

кора́бль
명 남

배, 선박

Пассажи́ры **корабля́** собира́ются в столо́вую на у́жин.

저녁 식사를 위해 배의 승객들이 식당으로 모이고 있다.

лета́ть
동 부 불 1식

날아다니다, 비행하다

Ра́ньше мы ча́сто **лета́ли** на о́стров Че́джу, но тепе́рь ре́дко **лета́ем**.

전에 우리는 자주 제주도에 갔지만 지금은 거의 안 간다.

정 불 2식 **лете́ть** 날아가다, 날아오다

관 **вре́мя бы́стро лети́т** 시간이 빨리 지나간다

ло́дка
명 여

보트, 작은 배

На о́зере мы ката́лись на **ло́дке**. Бы́ло интере́сно пла́вать.

우리는 호수에서 보트를 탔다. 보트 타는 것이 재미있었다.

маршру́тка
명 여

소형 버스, 노선 택시

Маршру́тка но́мер 53 идёт до ста́нции метро́ "Университе́т".

53번 노선 버스는 '우니베르시테트' 지하철역까지 간다.

маши́на
명 여

자동차, 기계

Моя́ **маши́на** слома́лась, поэ́тому я е́ду на рабо́ту на авто́бусе.

내 차가 고장 나서 나는 버스를 타고 직장에 간다.

метро́

지하철

Дава́й встре́тимся о́коло **метро́** "Охо́тный ряд" у вы́хода но́мер 2.

'아호트니 럇트'역 2번 출구 근처에서 봅시다.

🔍 불변 명사예요.

носи́ть

가지고 다니다,
손으로 나르다, 입고 있다

Брат всегда́ **но́сит** ноутбу́к в университе́т.

오빠는 매일 학교에 노트북을 가지고 다닌다.

⑳ ㉠ ①식 нести́ 가지고 가다, 가지고 오다

㉝ носи́ть ю́бку(брю́ки) 치마(바지)를 입고 있다

остано́вка

정류장

Макси́м уста́л, поэ́тому он спал в авто́бусе и прое́хал свою́ **остано́вку**.

막심은 피곤해서 버스에서 잤다. 그래서 자신의 정류장을 지나쳤다.

пассажи́р

승객

Уважа́емые **пассажи́ры**! Про́сим заня́ть свои́ места́.

존경하는 승객 여러분! 자기 자리에 앉아 주시기 바랍니다.

переса́дка

명 여

환승

На э́той ста́нции нам на́до сде́лать **переса́дку** на си́нюю ли́нию и е́хать до ста́нции "Сеу́л".

우리는 이 역에서 청색 라인으로 환승해서 서울역까지 가야 한다.

пешко́м

걸어서

A На чём ты е́здишь в шко́лу?
너는 학교에 뭐 타고 다녀?

B Я не е́зжу, хожу́ **пешко́м**.
나는 뭘 타지 않고 걸어 다녀.

пла́вать

헤엄쳐 다니다,
(물에) 떠다니다, 항해하다

В воскресе́нье мы **пла́вали** на ло́дке на о́стров, где хорошо́ отдохну́ли.
일요일에 우리는 보트로 섬에 갔다 왔는데 거기서 잘 쉬었다.

정 불 1식 **плыть** 헤엄쳐 가다, 헤엄쳐 오다
관 По не́бу плыву́т облака́. 하늘에 구름이 흘러가고 있다.

по́езд

기차, 열차

Ты е́здила в Пуса́н на авто́бусе и́ли на **по́езде**?
너 부산에 버스 타고 갔다 왔니? 아니면 기차 타고 갔다 왔니?

порт

항구, 항구 도시

Кора́бль ме́дленно захо́дит в **порт**, где его ждут пассажи́ры.
배가 승객들이 기다리고 있는 항구로 천천히 들어오고 있다.

самолёт

명 남
비행기

На про́шлой неде́ле мы бы́ли в Пуса́не, туда́ мы лете́ли на **самолёте**, а обра́тно е́хали на авто́бусе.
지난주에 우리는 부산에 갔다 왔는데 갈 때는 비행기로 갔지만 올 때는 버스를 타고 왔다.

ста́нция

역, 정거장

Скажи́те, пожа́луйста, как добра́ться до **ста́нции** метро́?

지하철역까지 어떻게 가는지 좀 알려 주세요.

🔍 ста́нция는 지하철이나 기차가 정차하는 각 정차역을 말하고 вокза́л은 기차역이나 버스 터미널을 말해요.

такси́

택시

Что́бы не опозда́ть на рабо́ту, брат взял **такси́**.

직장에 늦지 않기 위해 형은 택시를 잡아탔다.

🔍 불변 명사예요.

теплохо́д

증기선, 여객선

Ле́том на́ша семья́ путеше́ствовала на **теплохо́де** по Во́лге.

여름에 우리 가족은 증기 여객선으로 볼가를 여행했다.

трамва́й

트램, 노면 전차

Коли́чество **трамва́ев** в Москве́ уменьша́ется.

모스크바에서 트램의 수가 줄어들고 있다.

тра́нспорт

교통, 운송

В Москве́ не́сколько ви́дов обще́ственного **тра́нспорта**: авто́бус, трамва́й, тролле́йбус, метро́.

모스크바에는 대중교통의 형태가 몇 가지 있다: 버스, 노면 전차, 트롤리버스, 지하철이 있다.

🔍 단수만 사용해요.

троллéйбус
명 남

트롤리버스

Я впéрвые увúдел **троллéйбус** в Москвé. Э́то прóсто длúнный автóбус.

나는 모스크바에서 처음으로 트롤리버스를 봤다. 그것은 그냥 긴 버스이다.

> 🔍 트롤리버스는 전선으로부터 전기를 받으면서 달리는 버스이기 때문에 버스가 전선과 연결되어 있어요.

ходúть
동 부 불 2식

걸어다니다, 걷다, 왕복하다

Я кáждый день **хожý** в библиотéку. И сейчáс я **идý** тудá.

나는 날마다 도서관에 다닌다. 지금도 거기에 가는 중이다.

청 불 1식 идтú 걸어서 가다, 걸어서 오다

관 врéмя идёт 시간이 가고 있다
дождь идёт 비가 오고 있다
фильм идёт 영화가 상영되고 있다

위치 · 방향
местоположе́ние, направле́ние

MP3 25

бли́зкий

가까운, 친한

Сейча́с мой дом далеко́ от шко́лы, но **бли́зко** от це́нтра го́рода.

지금 내 집은 학교에서는 멀지만 시내에서는 가깝다.

참 бли́зко 가깝게; 가깝다

🔍 бли́зкий друг 친한 친구

быть¹

있다, 존재하다

У нас **бу́дет** но́вый дом. Мы с му́жем **бы́ли** там вчера́.

우리에겐 새 집이 생길 것이다. 나와 남편은 어제 거기에 갔다 왔다.

참 быть² ➜ p.67

🔍 현재 시제에서는 생략하거나 동의어 есть를 사용해요.

вверх

위로

Посмотри́те **вверх**! Вверху́ о́чень краси́вый потоло́к.

위를 보세요. 위에 매우 아름다운 천장이 있어요.

참 вверху́ 위에, 위에서

везде́

어디든지, 곳곳에

По́сле си́льного ветра́ на у́лице **везде́** бы́ло мно́го ли́стьев.

강한 바람이 분 후에 거리 곳곳에 나뭇잎이 많이 있었다.

ве́рхний

(형)

위의

Бы́ло жа́рко, поэ́тому Ива́н снял **ве́рхнюю** оде́жду.

(날씨가) 더워서 이반은 윗옷을 벗었다.

вниз

(부)

아래로, 밑으로

Мы отдохну́ли на верши́не горы́ и благополу́чно верну́лись **вниз** в гости́ницу.

우리는 산꼭대기에서 쉬고 아무 일 없이 산 아래 호텔로 돌아왔다.

 внизу́ 아래에, 아래에서

благополу́чно 무사히

внутри́

(부)

안에

На у́лице никого́ не́ было, все бы́ли **внутри́** до́ма.

거리에는 아무도 없고 모두 집 안에 있었다.

возвраща́ться

(동) (불) (1식)

돌아오다, 돌아가다, 복귀하다

Обы́чно де́ти **возвраща́ются** домо́й из шко́лы в 2 часа́, но сего́дня **верну́лись** по́зже.

평소 아이들은 학교에서 2시에 집에 돌아오지만 오늘은 더 늦게 돌아왔다.

 (1식) верну́ться

восто́к

동쪽, 동양

Оте́ц роди́лся на **восто́ке** страны́, но пото́м перее́хал в столи́цу.

아버지는 나라의 동쪽(동부)에서 태어나셨는데 나중에 수도로 이사하셨다.

참 **восто́чный** 동쪽의, 동양의
관 **Бли́жний Восто́к** 중동

🔍 단수만 사용해요.

вперёд

앞으로, 전진해서

Несмотря́ на плоху́ю пого́ду, тури́сты дви́гались **вперёд**.

나쁜 날씨에도 불구하고 여행객들은 앞으로 움직였다.

входи́ть

들어가다, 들어오다

A Мо́жно **войти́**? 들어가도 됩니까?

B Да, **входи́те**, **входи́те**! 네, 어서 들어오세요!

완 1식 **войти́**

выезжа́ть

타고 떠나다, 타고 나오다

Мы **вы́ехали** из до́ма в 8 часо́в и пое́хали за́ город.

우리는 집에서 8시에 나와서 도시 외곽으로 출발했다.

완 1식 **вы́ехать**

выходи́ть

나가다, 나오다

Обы́чно оте́ц **выхо́дит** из до́ма в 8 часо́в, но сего́дня **вы́шел** в 7 часо́в.

평소 아버지는 8시에 집에서 나가시는데 오늘은 7시에 나가셨다.

완 1식 **вы́йти**

глубо́кий
(형)

깊은, 깊숙한

Байка́л — са́мое **глубо́кое** о́зеро в ми́ре.

바이칼은 세계에서 가장 깊은 호수다.

참 глубоко́ 깊게; 깊다

далёкий
(형)

먼, 오랜

Для ю́жных коре́йцев се́верная Коре́я и **далёкая**, и бли́зкая страна́.

남한 사람들에게 북한은 멀고도 가까운 나라이다.

참 далеко́ 멀리; 멀다

да́льний
(형)

먼, 외딴

За́втра у нас бу́дет **да́льняя** доро́га, поэ́тому на́до лечь спать пора́ньше.

우리는 내일 갈 길이 멀기 때문에 더 일찍 잠자리에 들어야 한다.

관 Да́льний Восто́к 극동

да́льние ро́дственники 먼 친척

🔍 далёкий와 동의어지만 관용적인 표현들이 몇 개 있어요.

длина́
(명) (여)

길이

Мост Банпо́ – оди́н из 30-и мосто́в реки́ Хан, его́ **длина́** 1,490 ме́тров.

반포 대교는 30개의 한강 다리 중의 하나인데 길이는 1,490미터이다.

🔍 단수만 사용해요.

доезжа́ть

(동) (불) (1식)

~까지 타고 가다/오다, 도착하다

Скажи́те, пожа́луйста, как **дое́хать** до Большо́го теа́тра?

볼쇼이 극장까지 어떻게 가는지 좀 알려 주시겠어요?

(완) (1식) **дое́хать**

домо́й

(부)

집으로, 고향으로

Почему́ ты верну́лся **домо́й** так по́здно?

너 왜 이렇게 늦게 집에 왔니?

доходи́ть

(동) (불) (2식)

걸어서 ~까지 다니다

Де́ти обы́чно **дохо́дят** до шко́лы за 10 мину́т, но сего́дня был си́льный дождь, поэ́тому **дошли́** за 20 мину́т.

아이들은 보통 학교까지 가는데 10분 걸리지만 오늘은 비가 심하게 와서 20분이 걸렸다.

(완) (1식) **дойти́**

есть¹

(동) (불)

~이다, 있다

У тебя́ **есть** вре́мя? Помоги́ мне, пожа́луйста, написа́ть докла́д!

너 시간 있어? 나 보고서 쓰는 것 좀 도와줘!

(동음이의) **есть²** 먹다

 быть와 동의어예요. 현재 시제에서는 변화하지 않고 과거 시제는 быть의 과거형으로, 미래 시제는 быть의 미래형으로 표현해요.

4 위치·방향
местоположе́ние, направле́ние

за́пад
명 남

서쪽, 서양

Вот самолёт лети́т с восто́ка на **за́пад**.

저기 비행기가 동쪽에서 서쪽으로 날아가고 있다.

참 за́падный 서쪽의, 서양의

🔍 단수만 사용해요.

заходи́ть
동 불 2식

들르다

Сын ча́сто **захо́дит** в парк по́сле шко́лы, но сего́дня он **заходи́л** к ба́бушке.

아들은 방과 후에 공원에 자주 들르는데 오늘은 할아버지 댁에 들러서 왔다.

완 1식 зайти́

здесь
부

여기에, 이 경우에

Мой телефо́н лежа́л **здесь**, а сейча́с его́ нет.

내 전화가 여기에 있었는데 지금은 없다.

ле́вый
형

왼쪽의

У меня́ боли́т **ле́вая** рука́, потому́ что я носи́ла тяжёлые кни́ги.

무거운 책을 들고 다녔기 때문에 왼손이 아프다.

лежа́ть
동 불 2식

놓여 있다, 누워 있다

На столе́ **лежа́т** уче́бники и тетра́ди, и стои́т компью́тер.

책상에 교과서와 노트가 놓여 있고 컴퓨터가 있다(세워져 있다).

метр

미터

Спортсме́н пробежа́л 100 **ме́тров** за 10 секу́нд.

운동선수가 100미터를 10초에 달렸다.

🔵 секу́нда 초

наве́рх

위로

Ма́ма откры́ла шкаф и положи́ла оде́жду **наве́рх**, а о́бувь поста́вила вниз.

엄마가 옷장을 열고 옷을 위에 넣고 신발은 아래에 세워 놓았다.

🔵 наверху́ 위에, 위에서

наза́д

뒤로, 전에

В Москву́ я пое́ду 24-ого апреля́, а **наза́д** — пе́рвого ма́я.

나는 4월 24일에 모스크바에 가서 5월 1일에 돌아온다.

🟦 не́сколько дней наза́д 며칠 전에

нале́во

왼쪽으로

Иди́те пря́мо до ба́нка, пото́м поверни́те **нале́во** и перейди́те че́рез доро́гу.

은행까지 직진해서 간 다음 왼쪽으로 돌아서 길을 건너세요.

🟥 напра́во 오른쪽으로

наоборо́т

반대로, 거꾸로

Ребёнок совсе́м не слу́шает роди́телей, он всегда́ всё де́лает **наоборо́т**.

아이가 부모 말을 전혀 듣지 않고 항상 모든 것을 반대로 한다.

направле́ние

방향, 방위

Мы идём в пра́вильном **направле́нии**? Ка́жется, нет.

우리 맞는 방향으로 가고 있는 거야? 아닌 것 같아.

напра́во

오른쪽으로

Гид сказал туристам: "посмотрите **напра́во**."

가이드가 여행객들에게 "오른쪽을 보세요."라고 말했다.

반 нале́во 왼쪽으로

напро́тив

맞은 편에, 건너편에

Та́ня се́ла за стол, и Ва́ня сел **напро́тив**.

타냐는 탁자 뒤쪽에 앉고 바냐는 그 반대편에 앉았다.

находи́ться

위치하다

Со́чи **нахо́дится** на ю́ге, на берегу́ Чёрного мо́ря.

소치는 남쪽 흑해 연안에 위치해 있다.

не́где
부
어디에서도 (~할 수 없다)

Не́где поу́жинать, потому́ что все рестора́ны и кафе́ уже́ закры́ты.

모든 레스토랑과 카페가 이미 문을 닫았기 때문에 어디에서도 저녁 식사를 할 수가 없다.

Q 동사 원형과 함께 써요.

недалеко́

 근처에

(술어) 멀지 않다

Общежи́тие нахо́дится **недалеко́** от университе́та.

기숙사는 대학교에서 멀지 않은 곳에 있다.

[동] бли́зко

не́куда

(부)

어디에도(~할 수 없다)

В аудито́рии все сту́лья за́няты, **не́куда** сесть.

강의실에 모든 의자가 차 있다. 어디에도 앉을 수가 없다.

🔍 동사 원형과 함께 써요.

нигде́

(부)

어디에서도, 아무 데서도

Брат **нигде́** не рабо́тает, потому́ что не мог найти́ хоро́шую рабо́ту.

좋은 직장을 찾을 수 없었기 때문에 형은 어디에서도 일을 하지 않는다.

🔍 не와 항상 함께 써요.

ни́жний

(형)

아래의, 낮은

В общежи́тии моя́ ко́мната нахо́дится на ве́рхнем этаже́, а ко́мната Ната́ши — на **ни́жнем**.

기숙사에서 내 방은 위층에 있는데 나타샤 방은 아래층에 있다.

никуда́

(부)

어디로도, 아무 데도

Я **никуда́** не пое́ду ле́том, все кани́кулы бу́ду до́ма.

나는 여름에 아무 데도 안 가고 방학 내내 집에 있을 것이다.

🔍 не와 항상 함께 써요.

4 위치 · 방향
местоположе́ние, направле́ние

обра́тно
(부)
뒤로, 거꾸로

Есть биле́ты на самолёт в Москву́, но нет биле́тов **обра́тно**.
모스크바행 비행기 티켓은 있지만 돌아오는 티켓이 없다.

관 туда́-обра́тно 왕복

обходи́ть
(동) (불) (2식)
우회하여 다니다, (주위를) 돌아다니다

Тури́сты **обошли́** вокру́г па́мятника и осмотре́ли его́ со всех сторо́н.
관광객들이 동상 주위를 돌고 모든 방향에서 그것을 살펴봤다.

완 (1식) обойти́

отку́да
(부)
어디로부터, 어디서, 무슨 이유로

A **Отку́да** ты прие́хал?
너는 어디에서 왔니?

B Я прие́хал из Коре́и.
나는 한국에서 왔어.

отсю́да
(부)
여기서(부터)

Отсю́да до библиоте́ки пешко́м мину́т 10.
여기서 도서관까지 걸어서 10분이다.

отту́да
(부)
거기서(부터)

Тот дом о́чень ста́рый, все лю́ди давно́ уе́хали **отту́да**.
그 집은 매우 오래됐고 모든 사람들이 오래전에 거기서 떠났다.

отходи́ть

물러서다, 멀어지다

Отойди́, пожа́луйста, от меня́, мне
о́чень жа́рко.

내게서 좀 떨어져 줘, 나 너무 더워.

완 1식 отойти́

перевози́ть

수송하다,
(운송 수단으로) 이동시키다

Живо́тных **перевезли́** в но́вое зда́ние
ци́рка.

동물들을 서커스 장의 새로운 건물로 이동시켰다.

완 1식 перевезти́

переноси́ть

손으로 옮기다, 운반하다

Помоги́те мне, пожа́луйста, **перенести́**
стол из ко́мнаты в ку́хню.

방에서 부엌으로 탁자 옮기는 것 좀 도와주세요.

완 1식 перенести́

переходи́ть

이동하다, 건너다

Брат **перешёл** с математи́ческого
факульте́та на экономи́ческий.

오빠는 수학부에서 경제학부로 옮겼다.

완 1식 перейти́

관 перейти́ че́рез доро́гу 길을 건너다
перейти́ на "ты" 반말로 하다

подходи́ть

(걸어서) 다가오다/가다, 접근하다

Вади́м **подошёл** к А́не и поздоро́вался
с ней.

바딤은 아냐에게 다가가서 그녀와 인사했다.

완 1식 подойти́

подъезжа́ть

동 불 1식

타고 다가오다/가다, 다다르다

Мы **подъе́хали** к берегу́ реки́ в 10 часо́в.

우리는 10시에 강기슭에 다다랐다.

완 1식 подъе́хать

пое́хать

동 완 1식

타고 떠나다

A Где профе́ссор Ким?

김 교수님은 어디 계세요?

B Он уже́ **пое́хал** в Москву́.

교수님은 벌써 모스크바로 떠나셨어요.

пра́вый

형

오른쪽의

В Коре́е и лю́ди, и маши́ны дви́гаются по **пра́вой** стороне́, как в Росси́и.

러시아와 같이 한국에서도 사람들도 차들도 오른쪽으로 다닌다.

приводи́ть

동 불 2식

데려오다/가다, 인도하다

Макси́м **привёл** коре́йских друзе́й на фестива́ль ру́сской культу́ры.

막심이 러시아 문화 축제에 한국인 친구들을 데려왔다.

완 1식 привести́

привози́ть

동 불 2식

(운송 수단으로) 가지고 오다, 수입하다

Оте́ц прие́хал из Москвы́, он **привёз** нам ру́сские сувени́ры.

아버지는 모스크바에서 오셨는데 우리에게 러시아 공예품을 가지고 오셨다.

완 1식 привезти́

приезжа́ть

 타고 도착하다, 타고 오다

Ка́ждый день студе́нты **приезжа́ют** сюда́ на авто́бусе, но сего́дня они́ **прие́хали** на метро́.

매일 학생들은 버스로 여기 오는데 오늘은 지하철로 왔다.

(완) (1식) прие́хать

прилета́ть

(동) (불) (1식)
날아오다

Брат **прилете́л** в Москву́ на самолёте компа́нии "Аэрофло́т".

동생은 아에로플로트사의 비행기를 타고 모스크바에 왔다.

(완) (2식) прилете́ть

приноси́ть

 (손으로) 가져오다, 지참하다

Обы́чно ребёнок сам хо́дит, но сейча́с он о́чень уста́л, поэ́тому па́па **принёс** его́ домо́й на рука́х.

보통 아이는 스스로 걸어다니지만 지금 매우 피곤해 해서 아빠가 그를 안아서 집으로 데리고 왔다.

(완) (1식) принести́

приходи́ть

(동) (불) (2식)
걸어서 오다

Обы́чно по понеде́льникам не́которые студе́нты не **прихо́дят** на ле́кцию, но сего́дня все **пришли́**.

보통 월요일마다 몇몇 학생들이 강의에 오지 않는데 오늘은 모두 왔다.

(완) (1식) прийти́

провожа́ть
동 불 1식

동반하다, 배웅하다

Помо́щник президе́нта **проводи́л** иностра́нных госте́й до самолёта.

대통령 보좌관이 외국 손님들을 비행기까지 배웅했다.

참 помо́щник 조수, 보좌관　완 2식 проводи́ть

проезжа́ть
동 불 1식

통과하다, (특정 거리를) 가다

Скажи́те, пожа́луйста, как **прое́хать** к стадио́ну?

운동장까지 어떻게 갈 수 있는지 좀 알려 주시겠어요?

완 1식 прое́хать

🔍 прое́хать ми́мо теа́тра 극장 옆을 지나가다, проехать свою остановку 자기 정류장을 지나치다

проходи́ть
동 불 2식

지나가다, 통행하다

Проходи́те, сади́тесь, слу́шаю вас.

들어와서 앉으세요. 말씀하세요(이야기를 듣겠습니다).

완 1식 пройти́

пусто́й
형

빈, 헛된

На столе́ стои́т **пусто́й** стака́н. Кто-то выпил весь сок.

테이블에 빈 컵이 놓여 있다. 누군가가 주스를 다 마셨다.

관 пусто́й разгово́р 실없는 대화　пуста́я голова́ 바보

ряд
명 남

줄, 행렬

У нас пя́тое и шесто́е места́ в седьмо́м **ряду́**.

우리는 일곱 번째 열에서 5번하고 6번 자리다.

ря́дом

나란히, 옆에

Ми́ша идёт в парк, его́ соба́ка бежи́т **ря́дом**.

미샤가 공원으로 걸어가고 있고 그의 강아지가 옆에서 뛰고 있다.

관 **ря́дом с кем-чем** 누구/무엇의 옆에

се́вер

북쪽, 북부 지방

О́кна мое́й ко́мнаты выхо́дят на **се́вер**, поэ́тому в ко́мнате хо́лодно.

내 방의 창문들이 북쪽을 향하고 있어서 방이 춥다.

참 **се́верный** 북쪽의, 북부 지방의

관 **Се́верная Коре́я** 북한

🔍 단수만 사용해요.

середи́на

중앙, 한가운데

Хотя́ брат ма́ленький, но легко́ доплыва́ет до **середи́ны** реки́.

동생은 어리지만 강 중앙까지 쉽게 헤엄쳐 다닌다.

관 **середи́на ле́та** 한여름

сле́ва

왼쪽에, 좌측부터

Сле́ва нахо́дится остано́вка авто́буса.

왼쪽에 버스 정류장이 있다.

관 **сле́ва от кого́-чего́** 누구/무엇의 왼쪽에

снару́жи

외부로부터

Мы не мо́жем вы́йти из до́ма. Дверь закры́та **снару́жи**.

우리는 집 밖으로 나갈 수가 없다. 밖에서 문이 잠겨 있다.

спра́ва

오른쪽에, 우측부터

Иди́те пря́мо о́коло 10-и́ мину́т. **Спра́ва** вы уви́дите апте́ку.

직진해서 10분 정도 걸어가세요. 오른쪽에 약국이 보이실 거예요.

관 спра́ва от чего́-кого́ 누구/무엇의 오른쪽에

сре́дний

중간의, 평균의

Кто́-то слома́л пра́вое окно́. Откро́йте, пожа́луйста, **сре́днее**!

누군가 오른쪽 창문을 고장 냈어요. 중간 것을 좀 열어 주세요!

관 сре́днее образова́ние 중등 교육

сторона́

면, 측, 쪽

Де́ти перебежа́ли на другу́ю **сто́рону** доро́ги.

아이들이 길 반대쪽으로 달려갔다.

관 с одно́й стороны́…, с друго́й стороны́ 한편으로는…, 다른 한편으로는

сюда́

여기로

Брат придёт **сюда́** мину́т че́рез два́дцать.

동생이 20분 정도 후에 여기로 올 것이다.

관 Иди́ сюда́! 이리 와!

там

저기에, 그곳에

Вчера́ Ю́рий уе́хал в Москву́ и бу́дет **там** неде́ли две.

어제 유리는 모스크바로 떠났고 그곳에서 2주 정도 있을 것이다.

то́чка

점, 마침표

Звёзды на не́бе ка́жутся ма́ленькими я́ркими **то́чками**.

하늘에 있는 별들이 작고 선명한 점들 같다.

관 то́чка зре́ния 관점

туда́

저기로, 그곳으로

Де́ти, не бе́гайте **туда́**-сюда́! Тепе́рь, смотри́те сюда́, а не **туда́**!

얘들아, 여기 저기로 뛰지 마! 이제 저기말고 여기를 봐!

тут

여기

A Что у тебя́? 너 무슨 일이야?

B У меня́ вот **тут** боли́т, в пра́вой ноге́.

나 오른쪽 다리, 바로 여기가 아파.

🔍 здесь와 동의어인데 тут가 좀 더 구어적인 표현이에요.

убега́ть

달려가다, 도망가다

Де́ти поза́втракали и **убежа́ли** во двор, где их жда́ли друзья́.

아이들이 아침을 먹고 친구들이 기다리고 있는 마당으로 달려갔다.

완 2식 убежа́ть

увози́ть

운반해 가다/오다

Мы **увози́ли** ста́рую ме́бель на да́чу с а́вгуста, и наконе́ц, мы смогли́ **увезти́** всё в нача́ле сентября́.

우리는 8월부터 낡은 가구를 별장으로 옮겼고 마침내 9월 초에 전부 옮길 수 있었다.

완 1식 увезти́

Упр. 05-4

уезжа́ть

동 불 1식

타고 떠나다, 출발하다

A Где Со́ня? 소냐는 어디에 있니?

B Она́ **уе́хала** в дере́вню к ро́дственникам.
그녀는 시골 친척에게 갔어.

완 1식 уе́хать

🔍 명령형은 완료상으로 써요. (Уезжа́йте! 가세요!)

улета́ть

동 불 1식

날아서 떠나다

О́сенью пти́цы **улета́ют** на юг, а весно́й возвраща́ются.
가을에 새들은 남쪽으로 날아가고 봄에는 돌아온다.

완 2식 улете́ть

уходи́ть

동 불 2식

걸어서 떠나다

Я весь день писа́л докла́д и **ушёл** из библиоте́ки по́здно ве́чером.
나는 하루 종일 보고서를 쓰고 저녁 늦게 도서관을 나왔다.

완 1식 уйти́

관 авто́бус(по́езд) ушёл 버스(기차)가 출발했다 ·
уйти́ на пе́нсию 연금 생활을 시작하다

юг

명 남

남쪽, 남부 지방

Мы верну́лись из путеше́ствия по **ю́гу** Фра́нции.
우리는 프랑스 남쪽 지방 여행에서 돌아왔다.

참 ю́жный 남쪽의, 남부 지방의

관 Ю́жная Коре́я 남한(한국) юго-за́падный 남서쪽의

🔍 단수만 사용해요.

MP3 26

대화 1 диалог 1

A Оди́н коре́йский друг неда́вно <u>снял кварти́ру</u> и пригласи́л меня́ в свой <u>дом.</u>

B Вы зна́ете, что в коре́йских <u>кварти́рах</u> <u>туале́т</u>(унита́з) и ва́нна <u>нахо́дятся</u> на одно́м <u>ме́сте</u>, в <u>ва́нной</u>?

A Да, сейча́с зна́ю, но, когда́ я впервы́е <u>откры́л дверь</u> в туале́т и уви́дел ва́нну, я немно́го удиви́лся.

B А когда́ коре́йцы <u>вхо́дят</u> в <u>дом</u>, они́ <u>снима́ют</u> о́бувь. Э́то то́же удивля́ет не́которых иностра́нцев.

A Да, э́то то́же интере́сно. А ещё коре́йцы сидя́т на <u>полу́</u> в <u>ко́мнате</u>, обе́дают и смотря́т <u>телеви́зору</u>, хотя́ у них <u>есть дива́ны</u>. Мы лю́ди все <u>ра́зные</u>!

A 한 한국인 친구가 최근에 아파트를 얻었는데 저를 자기 집에 초대했어요.

B 한국 아파트에는 화장실 (변기)과 욕조가 한 장소인 욕실에 같이 있는 거 아세요?

A 네, 지금은 알고 있는데 제가 처음으로 화장실 문을 열고 욕조를 봤을 때는 조금 놀랐어요.

B 그리고 한국 사람들은 집에 들어갈 때 신발을 벗지요. 이것도 일부 외국인들을 놀라게 하지요.

A 네, 그것도 재미있어요. 그리고 또 한국 사람들은 집에 소파가 있는데도 방바닥에 앉아서 식사를 하고 텔레비전을 보지요. 우리 모두 서로 다르네요!

унита́з 변기　ва́нна 욕조

대화 2 диалог 2

A Извини́те, пожа́луйста, на како́м <u>авто́бусе</u> мо́жно <u>дое́хать</u> до универма́га?

B Вы <u>е́дете</u> в универма́г Москвы́? Тогда́ вы должны́ <u>перейти́</u> на <u>обра́тную сто́рону.</u>

A Не на э́той <u>остано́вке</u>? Ой, го́споди, опя́ть оши́блась!

B До универма́га <u>отсю́да недалеко́</u>, вы мо́жете <u>пое́хать</u> на авто́бусе и́ли <u>пешко́м пойти́</u>.

A Тогда́ лу́чше пешко́м. Спаси́бо большо́е!

A 실례지만 백화점까지 몇 번 버스로 갈 수 있나요?

B 모스크바 백화점에 가세요? 그럼 반대 방향 쪽으로 건너가야 해요.

A 이 정류장에서가 아니에요? 오, 맙소사, 또 실수했네(잘못 왔네)!

B 백화점까지 여기서 멀지 않으니까 버스를 타고 가도 되고 걸어서 가셔도 돼요.

A 그럼 걸어가는 게 좋겠네요. 정말 감사합니다!

VI
교육

образова́ние

аудито́рия
 명 여

강의실, 강당

В како́й **аудито́рии** бу́дет на́ша ле́кция по исто́рии?

우리 역사 강의가 어느 강의실에서 있지?

библиоте́ка
 명 여

도서관

Гла́вную **библиоте́ку** на́шего университе́та перевели́ в но́вое зда́ние.

우리 대학의 중앙 도서관을 새 건물로 옮겼다.

бланк
 명 남

서식 용지, 빈칸

Здесь есть **бла́нки** для заявле́ния на академи́ческий о́тпуск?

여기에 휴학 신청서 용지가 있어요?

참 академи́ческий 아카데미의, 대학의

брать²
 동 불 1식

빌리다

Я **взяла́** в библиоте́ке ру́сско-коре́йский слова́рь.

나는 도서관에서 러한 사전을 빌렸다.

참 брать¹ → p.99   완 1식 взять

вопро́с
 명 남

질문(의문), 문제

Мо́жно зада́ть вам не́сколько **вопро́сов**?

몇 가지 질문을 할 수 있을까요?

выполня́ть

 동 불 1식

수행하다, 완수하다

Извини́те, но я не могу́ **выполня́ть** э́ти зада́ния.

죄송합니다만 이 과제들을 수행하지 못하겠습니다.

완 2식 **вы́полнить** 수행해서 완수하다

гимна́зия

명 여

전문 (초·중등)학교

В Росси́и до 1917-ого го́да **гимна́зия** была́ о́бщей сре́дней шко́лой.

러시아에서 1917년까지 김나지야는 일반 중등학교였다.

🔍 현재는 шко́ла는 학년 진급 시험이 없는 일반 초·중등학교이고 гимна́зия는 진급 시험이 있는 문과 특수 초·중등학교예요.

гото́виться

동 불 2식

준비하다, 채비하다

Хорошо́ **подгото́вьтесь** к экза́мену! В э́тот раз он бу́дет бо́лее тру́дным.

시험 잘 준비하세요. 이번에는 시험이 더 어려울 거예요.

완 2식 подгото́виться

гру́ппа

명 여

조, 학급

В на́шей **гру́ппе** пять челове́к.

우리 조에는 5명이 있다.

дво́йка

명 여

2점 (2, 둘로 구성된 것)

Учи́тельница поста́вила ма́льчику **дво́йку** по матема́тике.

선생님이 남학생에게 수학 점수를 2점 주셨다.

🔍 러시아의 학점은 пятёрка(5점), четвёрка(4점), тро́йка(3점), дво́йка(2점), еди́ница(1점)으로 나뉘어요.

дикта́нт

받아쓰기

Дикта́нт был тру́дным, но шко́льники хорошо́ написа́ли его́.
받아쓰기가 어려웠지만 학생들은 잘 썼다.

доска́

칠판, 널판

Шко́льник вы́шел к **доске́** и написа́л одно́ предложе́ние.
남학생이 칠판으로 나와서 한 문장을 썼다.

참 предложе́ние 문장

задава́ть

(과제를) 주다, 부과하다

На уро́ке учи́тельница **задала́** детям большо́е дома́шнее зада́ние.
수업 시간에 선생님이 아이들에게 많은 숙제를 냈다.

완 зада́ть

관 задава́ть вопро́с 질문하다
получа́ть вопро́с 질문을 받다

зада́ние

과제, 임무

Учи́тель дал тру́дное **зада́ние**, поэ́тому ученики́ не смогли́ вы́полнить его́.
선생님이 어려운 과제를 냈기 때문에 학생들은 그것을 해결할 수 없었다.

관 дома́шнее зада́ние 숙제

зада́ча

과제, 목적

Учёные на́шего институ́та реша́ют сло́жные **зада́чи**.
우리 연구소 학자들은 복잡한 과제들을 해결하고 있다.

занима́ться

공부하다

Сын **занима́ется** ру́сским языко́м, а дочь **занима́ется** футбо́лом.

아들은 러시아어를 공부하는데 딸은 축구를 한다.

заня́тие

일, 수업

Сего́дня не бу́дет **заня́тия** по англи́йскому языку́, потому́ что преподава́тель заболе́л.

선생님께서 병이 나셨기 때문에 오늘 영어 수업이 없다.

관 заня́тие спо́ртом 스포츠 활동

запи́ска

메모, 일기

Переда́йте, пожа́луйста, э́ту **запи́ску** Ири́не.

이리나에게 이 메모 좀 전해 주세요.

запи́сывать

적다, 등록하다

Студе́нты кра́тко **запи́сывают** основны́е мы́сли.

학생들이 요점을 간략하게 적고 있다.

완 1식 записа́ть

запомина́ть

암기하다

Обы́чно де́ти без труда́ **запомина́ют** стихи́.

보통 아이들은 어려움 없이 시를 외운다.

완 2식 запо́мнить

зачёт
(명) (남)

(간단한) 시험, 테스트

За́втра у студе́нтов пе́рвого ку́рса бу́дет **зачёт** по ру́сской исто́рии.

내일 1학년 학생들은 러시아 역사 시험이 있다.

🔍 성적이 экза́мен은 점수로 나오지만 зачёт은 '통과'와 '탈락'으로 나와요.

знать
(동) (불) (1식)

알다

Он хорошо́ **зна́ет** ру́сский язы́к и ру́сскую культу́ру.

그는 러시아어와 러시아 문화를 잘 알고 있다.

изуча́ть
(동) (불) (1식)

배우다, 연구하다

В на́шем университе́те мно́гие студе́нты **изуча́ют** коре́йский язы́к как второ́й иностра́нный язы́к.

우리 대학에서는 많은 학생들이 제2외국어로 한국어를 배운다.

(완) (2식) изучи́ть

изуче́ние
(명) (중)

연구, 학습

Изуче́ние ру́сского языка́ – тру́дное де́ло.

러시아어 학습은 어려운 일이다.

🔍 단수만 사용해요.

исправля́ть
(동) (불) (1식)

정정하다, 수정하다

Преподава́тель проверя́ет дома́шнее зада́ние студе́нтов и **исправля́ет** оши́бки.

선생님이 학생들의 숙제를 검사하고 오류를 정정하고 있다.

(완) (2식) испра́вить

каникулы

방학

Я провела́ **каникулы** на Чёрном мо́ре.
난 흑해에서 방학을 보냈다.

🔍 복수만 사용해요.

каранда́ш

연필

Я где́-то потеря́л свой **каранда́ш**, у тебя́ есть ли́шний **каранда́ш**?
나 어딘가에서 내 연필을 잃어버렸어. 너 남는 연필 있어?

класс

학년, 학급

В росси́йских шко́лах всего́ 11 **кла́ссов**.
러시아 학교에는 전체 11개의 학년이 있다.

관 пе́рвый класс 1학년(초, 중, 고)
пе́рвый курс 1학년(대학)

ко́нкурс

경연(콩쿠르), 경쟁

На́ша шко́ла победи́ла в **ко́нкурсе** ру́сских хоровы́х пе́сен.
우리 학교는 러시아 노래 합창 경연 대회에서 이겼다.

참 хорово́й 합창의

конспекти́ро-вать

요약하다

Иностра́нцам тру́дно **конспекти́ровать** ле́кции на ру́сском языке́.
외국인에게는 러시아어로 강의를 요약하는 것이 어렵다.

контро́льный

점검의, 통제의

За́втра у нас бу́дет **контро́льная** рабо́та по исто́рии, мне на́до подгото́виться к ней.

내일 우리는 역사 쪽지 시험이 있어서 나는 그것을 준비해야 한다.

관 контро́льная рабо́та 쪽지 시험(중간 점검 시험)

коридо́р

복도

В аудито́рии идёт ремо́нт, поэ́тому столы́ и сту́лья вы́несли в **коридо́р**.

강의실에서 수리를 하고 있어서 책상과 의자를 복도로 옮겼다.

курс

과정, (대학의) 학년

Са́ша зако́нчил второ́й **курс** и перешёл на тре́тий.

사샤는 2학년을 마치고 3학년으로 올라갔다.

관 Он у́чится на пе́рвом ку́рсе. 그는 1학년에 다닌다.

🔍 대학교에서 학부 과정은 4년이고 전문 과정은 1년이 더 소요돼요. 석사 과정은 2년이에요.

ку́рсы

과정, 강습소

Весь год Ви́ка ходи́ла на **ку́рсы** англи́йского языка́ и тепе́рь непло́хо говори́т по-англи́йски.

1년 내내 비카는 영어 과정에 다녔고 이제 영어를 잘한다.

관 на ку́рсах 학원에서

лаборато́рия
명 여
실험실, 연구소

Учёные в хими́ческой **лаборато́рии** университе́та прово́дят иссле́дования.

대학교 화학 실험실에서 학자들이 연구를 진행 중이다.

ле́кция
(명) (여)

강의, 강연

Из-за зубно́й бо́ли я не мог пойти́ на **ле́кцию**.

나는 치통 때문에 강의에 갈 수 없었다.

молоде́ц
(명) (남) 잘한 사람
(술어) 잘했다

Ната́ша, **молоде́ц**! Ты пра́вильно отве́тила на все вопро́сы.

나타샤, 잘했어! 모든 질문에 맞게 대답했어.

🔍 성별에 관계없이 사용 가능하며 칭찬의 표현이에요. 주격만 사용해요.

назва́ние
(명) (중)

이름, 명칭

Я не могу́ вспо́мнить **назва́ние** кни́ги, о кото́рой говори́л профе́ссор на про́шлой ле́кции.

나는 교수님이 지난 강의에서 말씀하신 책의 이름을 기억해 낼 수가 없다.

наизу́сть
(부)

외워서, 암기해서

Я по́мню **наизу́сть** мно́го стихо́в Пу́шкина.

나는 푸시킨의 시를 많이 외워서 기억하고 있다.

обыкнове́нный
(형)

보통의, 평범한

В тот день был **обыкнове́нный** ве́чер. Ничего́ не́ было осо́бенного.

그날은 평범한 저녁이었다. 아무것도 특별한 것이 없었다.

 необыкнове́нный 평범하지 않은, 비범한, 별난

교육 기관 · 학교생활
образова́тельное учрежде́ние, уче́бная жизнь

общежи́тие
명 중

기숙사

Ра́ньше Ва́ня снима́л кварти́ру, но неда́вно перее́хал в **общежи́тие**.

전에 바냐는 아파트를 빌렸었는데 최근에 기숙사로 이사했다.

объясне́ние
명 중

설명, 해석

Студе́нты хорошо́ по́няли э́ту те́му, благодаря́ подро́бному **объясне́нию** профе́ссора.

교수의 자세한 설명 덕분에 학생들이 이 주제를 잘 이해했다.

объясня́ть
동 불 1식

설명하다, 해석하다

Учи́тель **объясни́л** де́тям значе́ние но́вого сло́ва.

선생님이 아이들에게 새로운 단어의 의미를 설명했다.

완 2식 объясни́ть

ока́нчивать
동 불 1식

마치다, 졸업하다

Дочь **око́нчила** университе́т в про́шлом году́ и сра́зу нашла́ рабо́ту.

딸은 작년에 대학을 마치고 바로 일자리를 찾았다.

참 ока́нчиваться 끝나다, 종료되다
완 2식 око́нчить(ся)

оконча́ние
명 중

종료, 수료

Поздравля́ю тебя́ с **оконча́нием** шко́лы!

학교 졸업을 축하해!

관 оконча́ние сло́ва 단어의 어미

отве́т
명 **남**

답, 답장

На вопро́с преподава́теля студе́нт дал пра́вильный и по́лный **отве́т**.

선생님 질문에 학생이 올바르고 완전한 답을 했다.

отвеча́ть
동 **불** **1식**

대답하다, 답장하다

Почему́ ты не **отве́тил** на моё письмо́?

너 왜 내 편지에 답을 안 했어?

완 **2식** отве́тить

관 отвеча́ть на вопро́с 질문에 답하다

откры́тие
명 **중**

개최, 개시

В Росси́и 25-ого января́, в день **откры́тия** МГУ отмеча́ется день студе́нтов.

러시아에서는 모스크바 대학 개교일인 1월 25일에 학생의 날을 기념한다.

관 годовщи́на откры́тия университе́та
대학 개교 기념일

отли́чно
부 멋지게, 매우 잘
술어 우수하다, 멋지다

Он **отли́чно** зна́ет коре́йскую исто́рию. Он получи́л "**отли́чно**" на экза́мене по исто́рии.

그는 한국 역사에 대해 매우 잘 알고 있다. 그는 역사 과목에서 '우수'를 받았다.

отме́тка
명 **여**

기록, 점수

В э́том семе́стре Са́ша получи́л отли́чные **отме́тки**.

이번 학기에 사샤는 우수한 성적을 얻었다.

оце́нка
명 여
평가, 가격

Журнали́ст попроси́л изве́стного поли́тика дать **оце́нку** после́дним междунаро́дным собы́тиям.
기자가 유명한 정치가에게 최근 국제 정세에 대한 평가를 해 달라고 부탁했다.

оши́бка
명 여
실수, 오답

Учи́тельница испра́вила **оши́бки** ученико́в кра́сным карандашо́м.
선생님이 학생들의 오답을 빨간 연필로 고쳤다.

писа́ть
동 불 1식
쓰다, 그리다

В пе́рвом кла́ссе де́ти у́чатся чита́ть и **писа́ть**.
1학년 때 아이들은 읽는 것과 쓰는 것을 익힌다.
완 1식 написа́ть

повторя́ть
동 불 1식
반복하다, 따라하다

Слу́шайте и **повторя́йте** слова́.
단어를 듣고 따라하세요.
완 2식 повтори́ть

подгото́вка
명 여
준비

Мы на́чали **подгото́вку** к фестива́лю ру́сской культу́ры, кото́рый бу́дет в конце́ ма́я.
우리는 5월 말에 있을 러시아 문화 축제에 대한 준비를 시작했다.

поступа́ть

들어가다, 입학하다

По́сле оконча́ния шко́лы брат **поступи́л** в университе́т. Он ещё не зна́ет, как там **поступи́ть**.

고등학교 졸업 후 동생은 대학에 들어갔다. 그는 거기서 어떻게 행동해야 할지 아직 잘 모른다.

완 2식 поступи́ть

관 поступи́ть на рабо́ту 취업하다

пра́ктика

실습, 실천

Студе́нты факульте́та англи́йского языка́ прохо́дят **пра́ктику** в шко́ле.

영어학부 학생들이 학교에서 실습을 하고 있다.

참 практи́ческий 실천적인, 실제의, 실용적인

관 на пра́ктике 실제로

предме́т

물품, 학과목

Каки́е **предме́ты** ты изуча́ешь в э́том семе́стре?

너는 이번 학기에 어떤 과목을 공부해?

проце́сс

과정

Проце́сс изуче́ния иностра́нного языка́ до́лгий и тру́дный.

외국어 학습 과정은 길고 어렵다.

관 в проце́ссе чего́ ~의 과정에서

развива́ться

발전하다, 늘다

У Ва́ни постоя́нно **развива́ются** спосо́бности к матема́тике.

바냐의 수학 실력이 계속 늘고 있다.

교육 기관·학교생활

образова́тельное учрежде́ние, уче́бная жизнь

разви́тие
명 (중)

발달, 발전

Совреме́нные роди́тели занима́ются ра́нним **разви́тием** свои́х ма́леньких дете́й.

현대 부모들은 자신의 어린아이들의 조기 발달을 위해 노력하고 있다.

расписа́ние
명 (중)

시간표

Вы мо́жете узна́ть **расписа́ние** заня́тий на са́йте университе́та.

여러분은 대학 사이트에서 수업 시간표를 알 수 있어요.

реша́ть
동 (불) 1식

풀다, 정하다

Я не могу́ **реши́ть** э́ту хими́ческую зада́чу.

나는 이 화학 문제를 풀 수가 없다.

완 2식 реши́ть

ру́чка
명 (여)

볼펜

Он лю́бит писа́ть си́ней **ру́чкой** в тетра́ди.

그는 노트에 파란색 볼펜으로 쓰는 것을 좋아한다.

сдава́ть²
동 (불) 1식

시험을 치다

Все студе́нты на́шей гру́ппы **сдава́ли** экза́мен и все **сда́ли** экза́мен по ру́сской исто́рии.

우리 그룹의 모든 학생이 러시아 역사 시험을 쳤고 전부 통과했다.

참 сдава́ть¹ → p.187 완 сдать

참 не сдал 시험을 통과하지 못했다
не сдава́л 시험을 보지 않았다

семе́стр
명 남

학기

Семе́стр начался́ то́лько две неде́ли наза́д, а я уже́ уста́ла.

학기가 겨우 2주 전에 시작됐는데 난 벌써 피곤해.

семина́р
명 남

세미나, 연구회

Семина́р по ру́сской исто́рии у нас ведёт изве́стный профе́ссор.

우리 러시아 역사 세미나는 유명한 교수가 진행한다.

се́ссия
명 여

시험 기간, 정기 회의

Зи́мняя **се́ссия** начина́ется в январе́, а ле́тняя — в ию́не.

겨울 학기 시험은 1월에 시작되고 여름 학기 시험은 6월에 시작된다.

слу́шать
동 불 1식

듣다, 경청하다

Студе́нты с интере́сом **слу́шают** ле́кцию по ру́сской исто́рии.

학생들이 흥미를 가지고 러시아 역사 강의를 듣고 있다.

완 1식 послу́шать

관 Слу́шаю вас! 여보세요? (전화 받을 때)

🔍 слы́шать 청각으로 듣다/들리다

спра́шивать
동 불 1식

물어보다

Мы **спроси́ли** иностра́нца, отку́да он прие́хал.

우리는 외국인에게 그가 어디에서 왔는지 물어봤다.

완 2식 спроси́ть

стипе́ндия
명 (여)

장학금

В э́том семе́стре Оле́г пло́хо сдал экза́мены и не мо́жет получи́ть **стипе́ндию**.

이번 학기에 알렉은 시험을 잘 못봐서 장학금을 받지 못한다.

страни́ца
명 (여)

쪽, 지면

Откро́йте уче́бники на сто три́дцать шесто́й **страни́це**.

교과서 136쪽을 펴세요.

студе́нт/ка
명 (남/여)

대학생

На на́шем факульте́те бо́льше **студе́нтов**, чем **студе́нток**.

우리 학부에는 여학생들보다 남학생들이 더 많다.

참 студе́нческий 학생의

관 студе́нческий биле́т 학생증

тетра́дь
명 (여)

공책, 수첩

Де́ти, откро́йте **тетра́ди** и напиши́те но́вые слова́.

얘들아, 공책을 펴서 새 단어들을 써라.

упражне́ние
명 (중)

연습, 연습 문제

Де́ти, вы́полните **упражне́ние** №(но́мер) 18.

얘들아, 연습 문제 18번 풀어라.

уро́к

수업, 과

По́сле **уро́ка** англи́йского языка́ де́ти пошли́ в столо́вую.
영어 수업 후에 아이들은 식당에 갔다.

успева́ть²

성공하다, 점수가 나아지다

Мла́дший брат **успева́ет** по всем предме́там.
남동생은 모든 과목에서 점수가 나아지고 있다.

참 успева́ть¹ → p.381

🔍 불완료 동사만 사용해요.

успе́х

성공, 성과

Поздравля́ю тебя́ с Но́вым го́дом, жела́ю здоро́вья и больши́х **успе́хов**.
새해를 축하하고 건강과 큰 성과들이 있기를 바랍니다.

참 успе́шно 성공적으로
관 успе́х в учёбе(в рабо́те) 학업(일)에서 성공

учёба

학업, 수업

Я хочу́ спроси́ть вас, как доби́ться успе́ха в **учёбе**.
나는 당신에게 어떻게 학업에서 성공할 수 있는지 묻고 싶어요.

🔍 단수만 사용해요.

уче́бный

학습의, 교육의

Уче́бный год в Росси́и начина́ется пе́рвого сентября́ и конча́ется 31-ого ма́я.
러시아에서 학사 일정은 9월 1일에 시작해서 5월 31일에 끝난다.

관 уче́бное заведе́ние 교육 기관

1 교육 기관·학교생활
образова́тельное учрежде́ние, уче́бная жизнь

уче́бник

교과서

Я купи́л **уче́бник** ру́сского языка́ для иностра́нцев.

나는 외국인을 위한 러시아어 교과서를 샀다.

учени́к

남학생, 남제자

Мла́дший брат — **учени́к** восьмо́го кла́сса шко́лы № 25.

남동생은 25번 학교의 8학년 학생이다.

🔄 **учени́ца** 여학생, 여제자

🔍 소련 시대에 지은 초·중등학교와 유치원 등의 교육 기관은 이름이 아니라 번호를 붙여서 구분했어요.

учи́лище

(중등 전문) 학교

О́чень тру́дно поступи́ть в музыка́льное **учи́лище** и́мени Гне́синых.

그녜신 음악 학교에 들어가기는 매우 어렵다.

🔍 шко́ла가 일반 학교라면 учи́лище는 특수/전문 학교예요.

учи́ть¹

익히다, 외우다

Нам на́до **вы́учить** но́вые слова́ к сле́дующему уро́ку.

우리는 다음 수업까지 새로운 단어들을 익혀야 한다.

🔵 2식 **вы́учить**

учи́ть²

가르치다

А́нна Ви́кторовна **у́чит** иностра́нных студе́нтов ру́сскому языку́.

안나 빅토로브나는 외국 학생들에게 러시아어를 가르친다.

🔵 2식 **научи́ть**

учи́ться[1]

배우다, 재학하다

A На како́м ку́рсе ты у́чишься?
몇 학년에서 공부해(몇 학년에 재학하고 있어)?

B На второ́м.
2학년에서.

🔍 '교육 기관이나 학년에서 공부하다'는 의미로 '~에 다닌다'라고
말할 수 있어요.

учи́ться[2]

배우다, 학습하다

Ученики́ пе́рвого кла́сса на уро́ках
ру́сского языка́ **у́чатся** чита́ть и писа́ть.
1학년 학생들은 러시아어 수업에서 읽는 것과 쓰는 것을 배우
고 있다.

완 (2식) **научи́ться**

цель

목적, 목표

Цель э́того заня́тия – улучши́ть на́выки
чте́ния ру́сских те́кстов.
이 수업의 목적은 러시아어 독해 능력을 향상시키는 것이다.

чита́льный

독서의

Пе́ред экза́меном в **чита́льном** за́ле
нет свобо́дных мест.
시험 전에는 열람실에 빈자리가 없다.

참 **чита́льный зал** 열람실

чита́тель

독자

Но́вый рома́н э́того молодо́го писа́теля по́льзуется успе́хом у **чита́телей**.

이 신진 작가의 새 소설은 독자들 사이에서 호평을 받고 있다.

관 чита́тельский биле́т 도서 열람 카드

чте́ние

읽기, 독서

На уро́ках **чте́ния** мла́дшие шко́льники у́чатся пра́вильно чита́ть.

읽기 수업에서 저학년 학생들이 올바르게 읽는 것을 배운다.

шко́ла
명 여
학교(초·중·고), 학파

Мла́дшая сестра́ у́чится в пя́том кла́ссе 29-ой **шко́лы**.

여동생은 29번 학교의 5학년에 다니고 있다.

экза́мен

시험

Я всю ночь не спал и гото́вился к **экза́мену**.

나는 밤에 전혀 잠을 자지 않고 시험 준비를 했다.

관 вступи́тельный(выпускно́й) экза́мен
입학(졸업)시험

эта́п

단계, 구간

На нача́льном **эта́пе** ру́сского языка́ на́до обраща́ть внима́ние на ударе́ние слов.

러시아어 초급 단계에서는 단어들의 강세에 주의를 기울여야 한다.

а́втор

저자, 작가

А́втор э́той статьи́ пи́шет о пробле́мах ми́ра во всём ми́ре.

이 논문의 저자는 세계 평화 문제에 대해서 쓰고 있다.

акаде́мия

학술원(아카데미)

Росси́йская **акаде́мия** нау́к (РАН) – э́то вы́сшая нау́чная организа́ция Росси́йской Федера́ции(РФ).

러시아 과학 아카데미는 러시아 연방의 고등 연구 기관이다.

ана́лиз

분석, 분해

Профе́ссор познако́мил нас с **ана́лизом** стихо́в Пу́шкина.

교수님께서 우리에게 푸시킨 시의 분석을 알려 주셨다.

관 провести́(произвести́) ана́лиз 분석하다

анализи́ровать

분석하다, 해석하다

Проанализи́руйте э́тот текст и сде́лайте вы́воды.

이 글을 분석하고 결론을 내시오.

참 вы́воды 결론, 결과   완 (1식) проанализи́ровать

аспира́нт/ка
명 (남/여)

(박사 과정) 대학원생

Брат око́нчит магистрату́ру и ста́нет **аспира́нтом**.

동생은 석사 과정을 마치고 (박사 과정) 대학원생이 될 것이다.

참 магистрату́ра 석사 과정

аспиранту́ра
명 여

대학원 박사 과정

В про́шлом году́ Серге́й поступи́л в **аспиранту́ру**, он мечта́ет стать профе́ссором.

작년에 세르게이는 대학원 박사 과정에 입학했고 교수가 되고 싶어 한다.

биоло́гия
명 여

생물학

Брат с де́тства увлека́ется **биоло́гией**.

동생은 어려서부터 생물학에 관심이 많다.

참 биологи́ческий 생물학의

🔍 단수만 사용해요.

воспита́ние
명 중

양육, 교육

В э́том журна́ле мно́го пи́шут о пробле́мах **воспита́ния** шко́льников.

이 잡지에서는 학생들 교육 문제에 대해서 많이 쓰고 있다.

🔍 단수만 사용해요.

воспи́тывать
동 불 1식

기르다, 교육하다

Э́та же́нщина прекра́сно **воспита́ла** свои́х дете́й.

이 여성은 자기 아이들을 훌륭하게 양육했다.

완 1식 воспита́ть

вы́сший
형

고등의, 최고의

Что́бы получи́ть **вы́сшее** образова́ние необходи́мо поступи́ть в университе́т.

고등 교육을 받기 위해서는 대학에 들어가야 한다.

관 сре́днее образова́ние 중등 교육

геогра́фия

지리학

Сестра́ око́нчила географи́ческий факульте́т и сейча́с преподаёт **геогра́фию** в шко́ле.

언니는 지리학부를 졸업했고 지금은 학교에서 지리를 가르친다.

참 географи́ческий 지리학의

🔍 단수만 사용해요.

геоло́гия

지질학

Брат с де́тства интересу́ется **геоло́гией** и мечта́ет стать гео́логом.

형은 어려서부터 지질학에 관심이 있고 지질학자가 되기를 꿈꾼다.

참 геологи́ческий 지질학의

🔍 단수만 사용해요.

гуманита́рный

인문학의

Лари́са не лю́бит матема́тику и фи́зику, ей интере́сно изуча́ть **гуманита́рные** нау́ки.

라리사는 수학과 물리를 좋아하지 않고 인문학을 공부하는 것에 흥미가 있다.

반 есте́ственный 자연과학

диссерта́ция

학위 논문

Молодо́й аспира́нт успе́шно защити́л **диссерта́цию**.

젊은 박사 과정 대학원생은 학위 논문을 성공적으로 발표했다.

добива́ться

동 불 1식

얻다, 도달하다

Ученики нашего класса **добились** больших успехов на соревнованиях по математике.

우리반 아이들이 수학 경연에서 큰 성공을 거두었다.

참 соревнование = олимпиа́д 경연, 시합
완 1식 доби́ться

докла́д

명 남

발표, 보고서

Вчера́ мы послу́шали интере́сный **докла́д** о междунаро́дной ситуа́ции.

어제 우리는 국제 정세에 대한 흥미로운 발표를 들었다.

до́ктор

명 남

박사, 의사

Нам чита́ет ле́кцию **до́ктор** филологи́ческих нау́к.

어문학 박사가 우리에게 강의를 하고 있다.

유 врач 의사

🔍 의사를 부를 때는 до́ктор를 사용해요.

достига́ть

동 불 1식

이르다, 달성하다

Наши учёные **достигли** прекрасных результатов.

우리 과학자들이 훌륭한 결과들을 달성했다.

완 1식 дости́гнуть
관 достига́ть успе́ха 성공하다

достиже́ние
명 중

달성, 성과

Для **достиже́ния** свое́й це́ли он гото́в учи́ться и днём, и но́чью.

자신의 목표 달성을 위해 그는 낮에도 밤에도 배울 준비가 되어있다.

зна́ние
명 중

지식

Без **зна́ния** грамма́тики нельзя́ научи́ться говори́ть по-ру́сски.

문법 지식 없이 러시아어로 말하는 것을 익힐 수는 없다.

институ́т
명 남

연구소, 단과 대학

Вчера́ в метро́ я встре́тил това́рища по **институ́ту**.

나는 어제 지하철에서 단과 대학 시절 친구를 만났다.

иску́сство
명 중

예술

Меня́ интересу́ет **иску́сство** Восто́ка.

나는 동양 예술에 관심이 있다.

иссле́дование
명 중

연구, 조사

Э́ти учёные занима́ются **иссле́дованием** ко́смоса.

이 학자들은 우주에 대한 연구를 하고 있다.

иссле́довать
동 불/완

연구하다

Учёные э́того биологи́ческого институ́та **иссле́дуют** приро́ду Си́бири.

이 생물학 연구소 학자들은 시베리아의 자연을 연구하고 있다.

исто́рия

역사(학)

Бо́льше всего́ нам нра́вятся уро́ки **исто́рии**.

무엇보다도 우리는 역사 수업이 마음에 든다.

참 **истори́ческий** 역사의

🔍 단수만 사용해요.

кабине́т

명 남

연구실, 집무실

Скажи́те, пожа́луйста, где нахо́дится **кабине́т** ре́ктора.

학장실이 어디에 있는지 좀 말해 주세요.

ка́федра

명 여

학과

Э́тот профе́ссор рабо́тает на **ка́федре** англи́йского языка́ уже́ 30 лет.

이 교수는 영어학과에서 벌써 30년 동안 일하고 있다.

ко́лледж

명 남

단과 대학

Моя́ мла́дшая сестра́ хо́чет стать врачо́м, поэ́тому она́ у́чится в медици́нском **ко́лледже**.

내 여동생은 의사가 되고 싶어서 의과 대학에서 공부하고 있다.

конфере́нция

(학술)회의

На про́шлой неде́ле была́ междунаро́дная студе́нческая **конфере́нция** в Москве́.

지난주에 모스크바에서 국제 학생 회의가 있었다.

культу́ра

문화

Этот профе́ссор изуча́ет **культу́ру** дре́внего Кита́я.

이 교수는 고대 중국 문화를 연구한다.

참 **культу́рный** 문화의, 교양있는

🔍 단수만 사용해요.

матема́тика

수학

Мое́й мла́дшей сестре́ не нра́вится **матема́тика**, она́ лю́бит исто́рию.

내 여동생은 수학을 싫어하고 역사를 좋아한다.

참 **математи́ческий** 수학의

🔍 단수만 사용해요.

медици́на

의학, 의술

Совреме́нная **медици́на** постоя́нно развива́ется.

현대 의학은 끊임없이 발전하고 있다.

참 **медици́нский** 의학의, 의술의

관 **медици́нский осмо́тр** 신체검사
   медици́нская сестра́ 간호사

🔍 단수만 사용해요.

нау́ка

명 어

학문, 과학

В после́дние го́ды коре́йская **нау́ка** дости́гла больши́х успе́хов.

최근 몇 년 동안 한국 과학은 큰 성과들을 거두었다.

нау́чный

학문의, 과학의

Аспира́нт написа́л замеча́тельную статью́ в один **нау́чный** журна́л.
대학원생이 훌륭한 논문을 한 학술 잡지에 투고했다.

образе́ц

견본, 보기

Преподава́тель дал **образе́ц**, и студе́нты по нему́ вы́полнили упражне́ние.
선생님이 보기를 주고 학생들이 그것을 따라서 연습 문제를 풀었다.

образова́ние

교육, 형성

В росси́йских шко́лах беспла́тное **образова́ние**.
러시아 초, 중, 고등학교는 무상 교육이다.

🔍 단수만 사용해요.

обуча́ть

(자세히) 가르치다, 훈련하다

Сестра́ рабо́тает в шко́ле, **обуча́ет** дете́й англи́йскому языку́.
언니는 학교에서 일하고 아이들에게 영어를 가르친다.

참 обуче́ние 교육, 훈련   완 2식 обучи́ть

педагоги́че-ский
형
교육학의

Студе́нты ста́рших ку́рсов прохо́дят **педагоги́ческую** пра́ктику в шко́лах на́шего го́рода.
고학년 학생들이 우리 시의 학교들에서 교육 실습을 하고 있다.

참 педаго́гика 교육학

политехни́че-ский

종합 기술의

Брат око́нчил **политехни́ческий** институ́т и стал инжене́ром.

형은 종합 기술 대학을 졸업하고 엔지니어가 되었다.

преподава́ть

동 불 1식

가르치다, 교수하다

А́нна Серге́евна **преподаёт** ру́сский язы́к иностра́нцам в Моско́вском госуда́рственном университе́те.

안나 세르게예브나는 모스크바 대학에서 외국인에게 러시아어를 가르치고 있다.

проверя́ть

동 불 1식

확인하다, 조사하다

Учи́тельница **прове́рила** тест, кото́рый написа́ли шко́льники.

선생님은 학생들이 푼 시험을 확인했다.

완 2식 прове́рить

психоло́гия

명 여

심리학

Со́фья Петро́вна преподаёт **психоло́гию** студе́нтам тре́тьего ку́рса.

소피아 페트로브나는 3학년 학생들에게 심리학을 가르치고 있다.

참 психологи́ческий 심리학의

🔍 단수만 사용해요.

результа́т

명 남

결과, 기록

Мой сын о́чень ра́дуется хоро́шим **результа́там** экза́менов.

내 아들은 시험 결과가 좋아서 매우 기뻐하고 있다.

сра́внивать

동 불 1식

비교하다, 대조하다

Сравни́те гла́вного геро́я рома́на Пу́шкина "Евге́ний Оне́гин" с геро́ем рома́на Ле́рмонтова "Геро́й на́шего вре́мени".

푸쉬킨의 '예브게니 오네긴'의 주인공과 레르몬토프의 '우리 시대의 영웅'의 주인공을 비교하시오.

완 2식 **сравни́ть**

статья́

명 여

기사, 소논문

Молодо́й учёный опубликова́л **статью́** по те́ме: "Вид ру́сского глаго́ла" в журна́ле "Ру́сский язы́к за рубежо́м".

신진 연구자가 '해외에서의 러시아어' 잡지에 '러시아어 동사의 상'이라는 주제의 논문을 게재했다.

тео́рия

명 여

학설, 이론

На ле́кции студе́нты-био́логи познако́мились с **тео́рией** Да́рвина.

강의에서 생물학과 학생들은 다윈의 이론에 대해 알게 되었다.

참 **теорети́ческий** 이론의

🔍 단수만 사용해요.

тру́дный

형

어려운, 힘든

Экза́мен по фи́зике был о́чень **тру́дным**.

물리 시험이 매우 어려웠다.

참 **тру́дно** 어렵게, 힘들게; 어렵다, 힘들다 반 **лёгкий** 쉬운

관 **тру́дный ребёнок** 다루기 어려운 아이
тру́дная боле́знь 중병

университе́т

(종합) 대학

Мла́дший брат око́нчил филологи́ческий факульте́т Моско́вского госуда́рственного **университе́та**(МГУ).

남동생은 모스크바 국립 대학의 어문학부를 졸업했다.

참 университе́тский 대학의

учёный

학자

Ломоно́сов был не то́лько поэ́том, литера́тором, но и вели́ким **учёным**.

로마노소프는 시인과 작가일 뿐만 아니라 위대한 학자였다.

факульте́т

학부

Оте́ц око́нчил экономи́ческий **факульте́т** Санкт-Петербу́ргского университе́та.

아버지는 상트페테르부르크 대학 경제학부를 졸업했다.

фи́зика

물리학

Сестра́ получа́ет пятёрки по литерату́ре, а по **фи́зике** - то́лько тро́йки.

동생은 문학에서는 5점을 받지만 물리학에서는 3점밖에 못 받는다.

참 физи́ческий 물리학의

🔍 단수만 사용해요.

филоло́гия
명 **어**

어문학, 문헌학

Мы послу́шали интере́сную ле́кцию по анти́чной **филоло́гии**.

우리는 고전 문헌학에 대한 흥미로운 강의를 들었다.

참 филологи́ческий 어문학의
анти́чный 고전의, 고대의

Q 단수만 사용해요.

филосо́фия
명 **어**

철학

Брат серьёзно увлека́ется **филосо́фией**.

동생은 철학에 진지하게 관심이 있다.

참 филосо́фский 철학의

Q 단수만 사용해요.

хи́мия
명 **어**

화학

По́сле ле́кции по **хи́мии** студе́нты за́дали профе́ссору мно́го вопро́сов.

화학 강의가 끝나고 학생들이 교수에게 많은 질문을 했다.

참 хими́ческий 화학의

Q 단수만 사용해요.

эколо́гия
명 **어**

생태학

Молодёжь начала́ интересова́ться **эколо́гией** и пробле́мами Земли́.

젊은이들이 생태학과 지구의 문제에 대해 관심을 가지기 시작했다.

참 экологи́ческий 생태학의

Q 단수만 사용해요.

экспеди́ция

탐험대, 파견

Учёные геологи́ческого институ́та отпра́вились в **экспеди́цию** на Чуко́тку.

지질 연구소 학자들은 추코트카에 대한 학술 탐험을 위해 출발했다.

эксперимéнт

실험

Профе́ссор подро́бно рассказа́л о после́дних **эксперимéнтах** в о́бласти биоло́гии.

교수가 생물학 분야에서의 최신 실험에 대해 자세히 이야기했다.

электро́ника

전자 공학, 가전제품

Изве́стный учёный чита́ет нам ле́кции по **электро́нике**.

유명한 학자가 우리에게 전자 공학 강의를 한다.

🔍 단수만 사용해요.

실전 대화 практический диалог

MP3 29

대화 1 диалог 1

A Дава́йте начнём уро́к. Так, на како́й страни́це мы останови́лись на про́шлом уро́ке?

B Мы изучи́ли до конца́ 132-ой страни́цы 4-го уро́ка.

A Хорошо́. Тогда́, откро́йте уче́бник на страни́це 133. Кста́ти, вы по́мните, что у нас бу́дет экза́мен че́рез две неде́ли?

B Не мо́жет быть, то́лько сейча́с я вспо́мнила об э́том. До како́й страни́цы нам на́до повтори́ть?

A Вопро́сы экза́мена бу́дут с пе́рвой страни́цы до 140-ой. Ну и так, кто хо́чет отве́тить на пе́рвый вопро́с в тре́тьем упражне́нии?

A 수업을 시작합시다. 자, 우리 지난 수업 시간에 몇 쪽에서 멈췄죠?

B 4과 132쪽 끝까지 공부했어요.

A 좋아요. 그럼 교과서 133쪽을 펴세요! 그런데 2주 후에 시험 있는 거 기억해요?

B 말도 안 돼. 지금 막 생각났어요. 몇 쪽까지 복습해야 돼요?

A 시험 문제는 1쪽부터 140쪽에서 나올 거예요. 그러면 누가 연습 문제 3번의 질문 1에 대해 대답하고 싶어요?

대화 2 диалог 2

A Как у вас иду́т дела́ с диссерта́цией? Вы пи́шете статьи́?

B Пока́ я анализи́рую материа́лы для иссле́дования и чита́ю статьи́ на похо́жие те́мы.

A Вы зна́ете, что аспира́нты должны́ опубликова́ть две статьи́, что́бы защити́ть диссерта́цию?

B Да, уже́ сообщи́ли. Я напишу́ одну́ статью́ и вы́ступлю на нау́чной конфере́нции в э́том году́.

A Жела́ю вам, что́бы вы хорошо́ подгото́вилась к статья́м и получи́ли отли́чный результа́т!

A 학위 논문 관련 일들 잘 되고 있어요? 소논문은 쓰고 있나요?

B 아직 저는 연구 자료들을 분석 중이고 비슷한 주제의 논문들을 읽고 있어요.

A 박사 과정 학생들은 학위 논문 발표를 위해 소논문 두 개를 (학술지에) 발표해야 한다는 것 알고 있어요?

B 네, 이미 설명해 주셨어요. 저는 올해 논문 하나를 써서 학술회의에서 발표할 거예요.

A 논문 준비 잘 해서 훌륭한 결과 얻기를 바랍니다!

VII

예술 문화

искусство

1 언어 · 문학
язы́к, литерату́ра

2 영화 · 음악 · 공연
кино́, му́зыка, спекта́кль

3 회화 · 건축
жи́вопись, архитекту́ра

1 언어 · 문학
язы́к, литерату́ра

англо-ру́сский
형

영러의

Когда́ я перевожу́ текст на англи́йском языке́, я по́льзуюсь **англо-ру́сским** словарём.

나는 영어 텍스트를 번역할 때 영러 사전을 사용한다.

참 ру́сско-коре́йский 러한의
китáйско-ру́сский 중러의

биогра́фия
명 여

전기, 이력

На уро́ке литерату́ры мы познако́мились с **биогра́фией** Льва Толсто́го.

문학 수업에서 우리는 레프 톨스토이의 전기에 대해 알게 되었다.

бу́ква
명 여

문자, 글자

Он бы́стро запо́мнил все **бу́квы** ру́сского алфави́та.

그는 러시아 알파벳의 모든 문자를 금방 외웠다.

вслух
부

소리 내어

Учи́тельница на уро́ке чита́ет **вслух** ру́сские наро́дные ска́зки, а де́ти внима́тельно слу́шают.

선생님이 수업 시간에 러시아 동화를 소리 내어 읽어 주시고 아이들은 주의 깊게 듣는다.

выража́ть

동 불 1식

표현하다

Она́ хорошо́ **выража́ет** свои́ чу́вства и своё мне́ние.

그녀는 자신의 감정과 생각을 잘 표현한다.

완 2식 вы́разить

геро́й

명 남

영웅, 남자 주인공

Э́тот фильм расска́зывает о неизве́стных **геро́ях** войны́.

이 영화는 알려지지 않은 전쟁 영웅들에 대해 이야기하고 있다.

반 герои́ня 여자 주인공

глаго́л

명 남

동사

Глаго́лы ру́сского языка́ обы́чно ока́нчиваются на "-ть".

러시아어 동사들은 보통 '-ть'로 끝난다.

говори́ть

동 불 2식

말하다, 이야기하다

Скажи́те, пожа́луйста, почему́ ру́сские постоя́нно **говоря́т** "ну".

왜 러시아 사람들은 줄곧 'ну'를 말하는지 말해 주세요.

참 ну 자, 어, 그럼, 글쎄 완 1식 сказа́ть

го́лос

명 남

목소리

У э́той певи́цы краси́вый си́льный **го́лос**.

이 여가수는 아름답고 힘 있는 목소리를 가지고 있다.

관 у кого́ нет го́лоса ~이/가 노래를 못하다

1 언어 · 문학
язы́к, литерату́ра

грамма́тика
명 여

문법

Студе́нты не о́чень хорошо́ зна́ют **грамма́тику** ру́сского языка́.

학생들이 러시아어 문법을 그리 잘 알고 있지는 않다.

гро́мкий
형

큰 소리의, 시끄러운

Е́сли ты продолжа́ешь слу́шать **гро́мкую** му́зыку, мо́гут заболе́ть твои́ у́ши.

만약 네가 시끄러운 음악을 계속 듣는다면 네 귀가 아플 수 있어.

참 гро́мко 큰소리로

диало́г
명 남

대화, 회화

Внима́тельно послу́шайте **диало́г** и отве́тьте на вопро́сы.

대화를 주의해서 듣고 질문에 답하세요.

зага́дка
명 여

수수께끼

Геро́и мультфи́льма реша́ют ра́зные **зага́дки**.

애니메이션 영화의 주인공들이 여러 가지 수수께끼를 해결하고 있다.

звук
명 남

소리, 음성

Я слы́шала за окно́м **зву́ки** весёлой пе́сни.

나는 창밖의 즐거운 노래 소리를 들었다.

관 гла́сные зву́ки 모음 согла́сные зву́ки 자음

знак
명 **남**

표시, 기호

В сло́ве "семья́" на́до писа́ть не
твёрдый, а мя́гкий **знак**.

단어 '가족'에는 경음 기호가 아니라 연음 기호를 써야 한다.

значе́ние
명 **중**

의미, 의의

Я не зна́ю э́то сло́во. Объясни́те,
пожа́луйста, **значе́ние** э́того сло́ва.

저는 이 단어를 몰라요. 이 단어의 뜻을 좀 설명해 주세요.

зна́чить
동 **불** **2식**

의미하다

И́мя Ви́ктор **зна́чит** "победи́тель".

이름 빅토르는 '승리자'를 의미한다.

литерату́ра
명 **여**

문학, 문학 작품

Э́тот профе́ссор занима́ется ру́сской
литерату́рой двадца́того ве́ка.

이 교수는 20세기 러시아 문학을 연구하고 있다.

참 литерату́рный 문학의, 문학적인

моде́ль
명 **여**

모형, 보기

Вы́полните упражне́ние по **моде́ли**.

보기와 같이 연습 문제를 푸세요.

동 образе́ц 견본, 보기 приме́р 예

опи́сывать
동 불 1식

기술하다, 묘사하다

Опиши́те свои́ми слова́ми э́ту карти́ну.

이 그림을 자신의 말로 설명해 보세요.

완 1식 описа́ть

паде́ж
명 남

격

В совреме́нном ру́сском языке́ шесть **падеже́й**.

현대 러시아어에는 6개의 격이 있다.

🔍 부록을 참고하세요.

переводи́ть
동 불 2식

번역하다, 통역하다

Макси́м легко́ **перево́дит** с ру́сского языка́ на англи́йский, францу́зский и неме́цкий языки́.

막심은 러시아어에서 영어와 프랑스어, 독일어로 가볍게 번역한다.

참 перево́д 번역, 통역 완 1식 перевести́

посло́вица
명 여

속담, 격언

Э́тот иностра́нец хорошо́ зна́ет коре́йские **посло́вицы** и ча́сто употребля́ет их.

이 외국인은 한국 속담을 잘 알고 자주 사용한다.

поэзия

시 문학

Аспира́нт прочита́л докла́д по дре́вней коре́йской **поэ́зии**.

박사 과정 학생이 고대 한국 시 문학에 대한 보고서를 발표했다.

🔍 단수만 사용해요.

пра́вило

규칙, 법칙

Он не о́чень хорошо́ зна́ет **пра́вила** япо́нской грамма́тики.

그는 일본어 문법 규칙을 그렇게 잘 알지는 못한다.

приме́р

예시

В э́том уче́бнике кита́йского языка́ мно́го упражне́ний с **приме́рами**.

이 중국어 교과서에는 연습을 위한 예시들이 많이 있다.

동 моде́ль, образе́ц

произведе́ние

작품, 저작물

Мно́гие критику́ют но́вое **произведе́ние** э́того молодо́го писа́теля.

많은 사람들이 이 신인 작가의 새로운 작품을 비평했다.

произноси́ть

발음하다

Коре́йцам тру́дно **произноси́ть** зву́ки ру́сского языка́ [ж], [ш], [щ], [ч], [ц].

한국인에게 러시아어 발음 [ж], [ш], [щ], [ч], [ц]을 발음하는 것이 어렵다.

참 произноше́ние 발음 **완** (1식) произнести́

пье́са
명 어
희곡, 각본

Мне нра́вятся **пье́сы** Че́хова, одно́й из
кото́рых явля́ется "Ча́йка".

나는 체호프의 희곡들을 좋아하는데 그 중 하나가
'갈매기'이다.

расска́з
명 남
이야기, 설화

Мы с интере́сом слу́шали **расска́з**
де́душки о войне́.

우리는 전쟁에 대한 할아버지의 이야기를 흥미롭게 들었다.

расска́зывать
동 불 1식
이야기하다

Он подро́бно **рассказа́л** нам о том, как
познако́мился со свое́й жено́й.

그는 자기 아내와 어떻게 만났는지 우리에게 자세히
이야기해 줬다.

완 1식 рассказа́ть

рома́н
명 남
(장편) 소설

На ле́кции мы обсужда́ли **рома́н**
Булга́кова "Ма́стер и Маргари́та".

강의에서 우리는 불가코프의 소설 '거장과 마르가리타'에
대해 토론했다.

ска́зка
명 어
동화, 옛날 이야기

Ба́бушка расска́зывает вну́кам **ска́зку**
про се́рого во́лка.

할머니가 손자들에게 회색 늑대에 대한 옛날 이야기를
해 주었다.

славя́нский

 형

슬라브의

Славя́нские языки́ отно́сятся к индоевропе́йской семье́ языко́в.
슬라브어는 인도·유럽 어족에 속한다.

참 индоевропе́йский 인도–유럽의

сло́во

 명 중

단어

Сло́во "портфе́ль" пришло́ в ру́сский язы́к из францу́зского.
단어 '서류 가방'은 프랑스어에서 러시아어로 차용되었다.

слова́рь

 명 남

사전, 어휘

Я хочу́ чита́ть неме́цкий рома́н по-неме́цки, поэ́тому я купи́л немецко-коре́йский **слова́рь**.
나는 독일 소설을 독일어로 읽고 싶어서 독한 사전을 샀다.

관 а́нгло-ру́сский 영러의
китайско-коре́йский 중한의

стихи́

 명 복

시, 운문

На фестива́ле ру́сской культу́ры молодо́й поэ́т прочита́л свои́ но́вые **стихи́**.
러시아 문화 축제에서 젊은 시인이 자신의 새로운 시를 낭독했다.

🔍 보통 복수 형태로 사용해요. 단수 형태는 стих예요.

творчество

창작물, 작품

На ле́кциях по литерату́ре студе́нты изуча́ют **тво́рчество** испа́нских писа́телей и поэ́тов.

문학 강의에서 학생들이 스페인 작가들과 시인들의 작품을 공부하고 있다.

🔍 단수만 사용해요.

текст

글, 본문

Прочита́йте **текст** и отве́тьте на вопро́сы к нему́.

본문을 읽고 그것에 대한 질문에 답하세요.

те́ма

주제, 제목

Профе́ссор и аспира́нт обсужда́ют **те́му** диссерта́ции.

교수와 박사 과정 학생이 학위 논문 주제에 대해 논의하고 있다.

у́стный

구두의

Пи́сьменный экза́мен по ру́сскому языку́ бу́дет во вто́рник, а **у́стный** — в четве́рг.

러시아어 필기시험은 화요일에 있고 구두시험은 목요일에 있을 것이다.

참 у́стно 구두로　пи́сьменный 글의, 필기의

фра́за

구, 문구

Я не могу́ перевести́ э́ту **фра́зу**, помоги́ мне, пожа́луйста.

나는 이 문구를 번역할 수가 없어. 좀 도와줘.

чита́ть

읽다

В библиоте́ке ба́бушки **чита́ют** де́тям национа́льные ска́зки.

도서관에서 할머니들이 아이들에게 전래 동화를 읽어 주고 있다.

완 1식 прочита́ть

관 читать лекцию 강의하다

ю́мор

명 남

유머, 해학

Оте́ц име́ет чу́вство **ю́мора**. Говори́ть с ним всегда́ ве́село.

아버지는 유머 감각이 있다. 그와 말하는 게 항상 즐겁다.

 단수만 사용해요.

язы́к²

명 남

언어

На́ш профе́ссор зна́ет не́сколько иностра́нных **языко́в**.

우리 교수님은 여러 외국어를 알고 계신다.

참 язы́к¹ ➡ p.16

관 найти́ о́бщий язы́к 서로 이해하다

2 영화·음악·공연
кино́, му́зыка, спекта́кль

MP3 31

анса́мбль
명 남

앙상블, 연주단

Анса́мбль "Ру́сская пе́сня" создала́ Наде́жда Ба́бкина в 1975-ом году́.

앙상블 '러시아 노래'는 나제즈다 바브키나가 1975년에 만들었다.

афи́ша
명 여

전단지(포스터), 광고

В Пуса́не ско́ро откро́ется кинофестива́ль, везде́ вися́т **афи́ши**.

부산에서 영화제가 곧 열려서 곳곳에 포스터가 걸려 있다.

참 кинофестива́ль 영화제

бале́т
명 남

발레

Мы идём в Большо́й теа́тр на **бале́т** "Пи́ковая да́ма".

우리는 발레 '스페이드의 여왕'을 보러 볼쇼이 극장에 가고 있다.

биле́т
명 남

티켓

Я купи́л **биле́ты** в Большо́й теа́тр на бале́т на сле́дующую суббо́ту.

나는 다음 주 토요일 볼쇼이 극장의 발레 티켓을 샀다.

впечатле́ние

명 중

느낌, 인상, 감동

Бале́т "Лебеди́ное о́зеро" произвёл на меня́ большо́е **впечатле́ние**.

발레 '백조의 호수'는 내게 큰 감동을 주었다.

관 произвести́ впечатле́ние на кого́

~에게 감동을 주다

выступа́ть

동 불 1식

출연하다, 나오다

Изве́стный пиани́ст **вы́ступил** с конце́ртом перед студе́нтами.

유명한 피아니스트가 대학생들 앞에서 콘서트를 열었다.

참 выступле́ние 출연, 등장, 연설 **완 2식** вы́ступить

гита́ра

명 여

기타

Ста́рший брат хорошо́ игра́ет на **гита́ре**. Я его́ покло́нница.

오빠는 기타를 잘 연주한다. 나는 그의 팬이다.

참 покло́нница 팬, 숭배자

документа́ль-ный

형

문서의, 기록의

Сего́дня ве́чером по телеви́зору пока́жут но́вый **документа́льный** фильм о ру́сско-япо́нской войне́.

오늘 저녁에 텔레비전에서 러일 전쟁에 대한 새로운 다큐멘터리 영화를 보여 줄 것이다.

зал

명 남

홀

Спекта́кль ко́нчился, и зри́тели вы́шли из **за́ла**.

연극이 끝나고 관객들이 홀에서 나왔다.

2 영화·음악·공연
кино́, му́зыка, спекта́кль

зри́тель
명 남

관객

После конце́рта **зри́тели** подари́ли арти́стам цветы́.

콘서트가 끝나고 관객들이 공연자들에게 꽃을 선물했다.

кино́
명 중

영화

Мы с друзья́ми ча́сто смо́трим коре́йское **кино́**.

나는 친구들과 같이 한국 영화를 자주 본다.

참 **идти́ в кино́** 영화관에 가다, 영화를 보러 가다

🔍 불변 명사예요.

кинотеа́тр
명 남

영화관

Э́тот но́вый фильм идёт во всех **кинотеа́трах** Росси́и.

이 새로운 영화는 러시아 모든 영화관에서 상연되고 있다.

класси́ческий
형

고전의(클래식의)

Я не люблю́ **класси́ческую** му́зыку, мне нра́вится совреме́нная.

나는 클래식 음악을 좋아하지 않고 현대 음악을 좋아한다.

참 **кла́ссика** 클래식 음악

коме́дия
명 여

희극(코미디), 우스운 사건

В кинотеа́тре "Москва́" идёт весёлая **коме́дия**.

영화관 '모스크바'에서는 유쾌한 코미디 영화가 상연되고 있다.

консерватория

음악원, 음악 학교

Сего́дня в Моско́вской госуда́рственной **консервато́рии** бу́дет конце́рт класси́ческой му́зыки.

오늘 모스크바 국립 음악원에서 클래식 음악 콘서트가 있을 것이다.

конце́рт

연주회, 협주곡

На **конце́рте** изве́стный музыка́нт испо́лнил произведе́ния Мо́царта, Ба́ха и Чайко́вского.

콘서트에서 유명 음악가가 모차르트와 바흐, 차이코프스키의 작품을 연주했다.

мело́дия

멜로디, 선율

Кака́я краси́вая **мело́дия**! Ты написа́ла э́ту **мело́дию**?

정말 아름다운 선율이다! 네가 이 멜로디를 작곡했어?

му́зыка

명 여

음악

В э́том кафе́ всегда́ мо́жно слу́шать класси́ческую **му́зыку**.

이 카페에서는 언제나 클래식 음악을 들을 수 있다.

참 **музыка́льный** 음악의

🔍 단수만 사용해요.

мультфи́льм
(명)(남)

만화 영화, 애니메이션

В Росси́и мно́го **мультфи́льмов**, кото́рые де́тям нра́вятся.

러시아에는 아이들이 좋아하는 만화 영화가 많이 있다.

🔍 мультипликацио́нный фильм의 약어예요.

мю́зикл
(명)(남)

뮤지컬

Вы зна́ете, в како́й стране́ впервы́е появи́лся **мю́зикл**?

뮤지컬이 어느 나라에서 처음 등장했는지 아세요?

о́пера
(명)(여)

오페라

Он пригласи́л нас на но́вую **о́перу** "Щелку́нчик" в Мари́инский теа́тр.

그가 우리를 마린스키 극장의 새 오페라 '호두까기 인형'에 초대했다.

оригина́льный
(형)

본래의, 독창적인

Э́то **оригина́льное** произведе́ние япо́нского **оригина́льного** молодо́го писа́теля.

이것은 일본의 독창적인 신진 작가의 원작이다.

пе́сня
(명)(여)

노래, 가사

Де́ти поздра́вили ма́му с днём рожде́ния и спе́ли ей краси́вую **пе́сню**.

아이들이 엄마의 생일을 축하했고 아름다운 노래를 불러 드렸다.

петь
동 불 1식

노래하다

Он лю́бит **петь** наро́дные пе́сни и **поёт** прекра́сно.

그는 민요 부르기를 좋아하고 매우 잘 부른다.

완 1식 спеть

пиани́но
명 중

피아노

Мла́дшая сестра́ прекра́сно игра́ет на **пиани́но**, как пиани́ст.

여동생은 피아노를 피아니스트처럼 훌륭하게 연주한다.

🔍 불변 명사예요.

пре́мия
명 여

상, 장려금

Она получи́ла **пре́мию** на междунаро́дном кинофестива́ле.

그녀는 국제 영화제에서 상을 받았다.

роль
명 여

역할

В спекта́кле де́тского са́да гла́вную **роль** игра́ла моя́ вну́чка.

유치원 연극에서 내 손녀가 주인공 역할을 했다.

роя́ль
명 남

(그랜드) 피아노

Музыка́нт испо́лнил на **роя́ле** Пе́рвый конце́рт Чайко́вского.

음악가가 그랜드 피아노로 차이코프스키의 제1협주곡을 연주했다.

2 영화·음악·공연

кино́, му́зыка, спекта́кль

скри́пка

명 **여**

바이올린

Ма́льчик у́чится игра́ть на **скри́пке**.

남자아이가 바이올린 연주하는 것을 배우고 있다.

смотре́ть

동 **불** **2식**

보다, 관람하다

Вчера́ мы **смотре́ли** но́вый фильм в кинотеа́тре "Москва́".

어제 우리는 영화관 '모스크바'에서 새로운 영화를 관람했다.

완 **2식** посмотре́ть

спекта́кль

명 **남**

연극, 공연

О́чень тру́дно бы́ло купи́ть биле́т на **спекта́кль** "Дя́дя Ва́ня".

'바냐 아저씨' 연극 티켓을 사기가 매우 어려웠다.

сце́на

명 **여**

무대

Э́та знамени́тая певи́ца выступа́ла на **сце́нах** мно́гих теа́тров ми́ра.

이 유명한 가수는 세계의 많은 극장 무대에 출연했다.

та́нец

명 **남**

춤, 무용

Молоды́е балери́ны прекра́сно испо́лнили **та́нец** ма́леньких лебеде́й.

신인 발레리나들이 작은 백조들의 춤을 멋지게 연기했다.

참 ле́бедь 백조   лебеди́ное о́зеро 백조의 호수

танцева́ть
동 물 1식

춤추다, 무용하다

Э́ти де́вочки прекра́сно **танцу́ют** коре́йские наро́дные та́нцы.

이 소녀들은 한국 민속춤들을 멋지게 추었다.

참 танцо́вщик/танцо́вщица 남자/여자 무용가

теа́тр
명 남

극장, 연극

Како́й бале́т сейча́с идёт в Большо́м **теа́тре**?

지금 볼쇼이 극장에서는 어떤 발레가 상연되고 있어?

траге́дия
명 여

비극, 참변

В сце́нах **траге́дии** почти́ всегда́ ока́нчиваются сме́ртью гла́вного геро́я.

무대에서 비극 드라마는 거의 주인공의 죽음으로 끝난다.

фильм
명 남

영화

Неда́вно вы́шел но́вый **фильм** изве́стного росси́йского режиссёра.

최근에 유명 러시아 감독의 새로운 영화가 나왔다.

хор
명 남

합창단

Ма́ша уже́ давно́ поёт в же́нском **хо́ре**.

마샤는 벌써 오랫동안 여성 합창단에서 노래하고 있다.

Упр. 07-2

худо́жестве-нный

 형

예술의, 예술적인

На уро́ках жи́вописи мы изуча́ем **худо́жественные** произведе́ния францу́зских писа́телей.

미술 수업에서 우리는 프랑스 작가들의 예술 작품들을 공부하고 있다.

цирк

 명 남

서커스, 서커스 장

На́ши де́ти лю́бят **цирк**, поэ́тому мы ча́сто хо́дим в **цирк**.

우리 아이들이 서커스를 좋아해서 우리는 자주 서커스 장에 다닌다.

3 회화·건축
жи́вопись, архитекту́ра

MP3 32

архитекту́ра
 명 어

건축(학)

Я интересу́юсь древнеру́сской **архитекту́рой**.

나는 고대 러시아 건축에 관심이 있다.

참 архитекту́рный 건축의
древнеру́сский 고대 러시아의

🔍 단수만 사용해요.

вы́ставка
 명 어

전시회, 박람회

Вчера́ мы ходи́ли на **вы́ставку** карти́н молоды́х худо́жников.

어제 우리는 신인 화가들의 그림 전시회에 갔다 왔다.

галере́я
 명 어

미술관, 전시실

В Третьяко́вской **галере́е** мо́жно посмотре́ть карти́ны изве́стных ру́сских худо́жников.

트레치야코프 미술관에서는 유명한 러시아 화가들의 그림을 감상할 수 있다.

дворе́ц
 명 남

궁전

Зи́мний **дворе́ц** постро́или ра́ньше, чем Эрмита́ж, но сейча́с его счита́ют ча́стью музе́я Эрмита́жа.

겨울 궁전은 에르미타시보다 먼저 건축되었지만 지금은 에르미타시 박물관의 일부분으로 간주한다.

жи́вопись

명 여

그림, 회화

Мой друг серьёзно занима́ется **жи́вописью**, он мечта́ет стать худо́жником.

내 친구는 진심으로 그림에 전념하고 있고 그는 화가가 되는 꿈을 꾸고 있다.

🔍 단수만 사용해요.

изобража́ть

묘사하다

Мно́гие худо́жники лю́бят **изобража́ть** приро́ду на свои́х карти́нах.

많은 화가들이 자신의 그림에서 자연을 묘사하는 것을 좋아한다.

완 2식 изобрази́ть

карти́на

명 여

그림

Карл Брю́ллов писа́л **карти́ну** "После́дний день По́мпеи" не́сколько лет.

카를 브률로프는 '폼페이의 최후의 날' 그림을 수년간 그렸다.

колле́кция

수집, 콜렉션

Оте́ц мно́го лет собира́ет ма́рки, у него́ больша́я **колле́кция**.

아버지는 수년 동안 우표를 수집했고 큰 컬렉션을 갖고 있다.

Кремль

크렘린

Кремль есть в не́скольких города́х Росси́и, са́мый изве́стный из них - Моско́вский.

크렘린은 러시아의 여러 도시에 있는데 그것들 중에 가장 유명한 것이 모스크바 크렘린이다.

музей

박물관, 미술관

"Ру́сский **музе́й**" нахо́дится на Не́вском проспе́кте в Петербу́рге.

'러시아 박물관'은 페테르부르크의 넵스키 대로에 위치하고 있다.

па́мятник

동상, 기념비

Тури́сты подошли́ к **па́мятнику** Пу́шкину, и гид подро́бно рассказа́л о нём.

관광객들이 푸시킨 동상으로 다가갔고 가이드가 그것에 대해서 자세히 이야기해 줬다.

портре́т

초상화

В Третьяко́вской галере́е виси́т мно́го **портре́тов** ру́сских писа́телей.

트레티야코프 미술관에는 러시아 작가들의 초상화들이 많이 걸려 있다.

рисова́ть

그리다

Па́вел **рису́ет** мо́ре голубы́м, си́ним и зелёным карандаша́ми.

파벨은 하늘색과 파란색과 녹색 연필로 바다를 그리고 있다.

완 1식 нарисова́ть

рису́нок

그림

Ма́льчик нарисова́л и показа́л свой **рису́нок** учи́телю.

남자아이가 그림을 다 그리고 자기 그림을 선생님께 보여 드렸다.

собо́р

대성당(대교회당)

В ра́зных города́х Росси́и мно́го **собо́ров**, кото́рые постро́или в ра́зные века́.

러시아의 많은 도시에 다른 여러 세기에 세워진 대성당들이 많이 있다.

стро́йка

건축(물)

Наш журнали́ст неда́вно побыва́л на одно́й из са́мых кру́пных **стро́ек** Москвы́.

우리 기자가 최근에 모스크바의 가장 거대한 건축물들 중의 하나를 방문했다.

стро́ить

건축하다, 짓다

В про́шлом году́ в на́шем го́роде **постро́или** но́вый стадио́н.

작년에 우리 도시에 새로운 경기장을 지었다.

참 стро́ительный 건설의   완 2식 постро́ить

фонта́н

분수

Мы е́здили на экску́рсию в Петерго́ф, где мо́жно уви́деть прекра́сные **фонта́ны**.

우리는 멋진 분수들을 볼 수 있는 페테르고프로 견학을 다녀왔다.

храм

명 남

성당(전당), 사원

Храм Васи́лия Блаже́нного нахо́дится на Кра́сной пло́щади.

성 바실리 성당은 붉은 광장에 위치해 있다.

це́рковь

명 여

교회

Мно́гие лю́ди, хотя́ не хо́дят в **це́рковь**, поздравля́ют с Рождество́м.

많은 사람들이 교회에 다니지는 않아도 성탄절을 축하한다.

 правосла́вная це́рковь 러시아 정교회

🔍 러시아의 성탄절은 매년 1월 7일이에요. 구력, 즉 율리우스력으로 기념해요.

MP3 33

대화 1 диалог 1

A Скажи́те, пожа́луйста, каки́е <u>спекта́кли</u> сейча́с иду́т в Москве́?

B Зде́сь есть <u>афи́ша</u>. В Большо́м <u>теа́тре</u> идёт <u>о́пера</u> "Бори́с Году́нов", а в Ма́лом – спекта́кль "Го́ре от ума́".

A А где́-нибудь иду́т спекта́кли по Че́хову?

B На про́шлой неде́ле в Моско́вском <u>Худо́жественном</u> теа́тре шёл спекта́кль "Три сестры́", но на э́той неде́ле его́ не бу́дет.

A Ну, жаль. Тогда́ да́йте два <u>биле́та</u> в Ма́лый теа́тр!

A 지금 모스크바에서는 어떤 연극들이 상연되고 있는지 알려 주시겠어요?

B 여기 안내 책자가 있어요. 볼쇼이 극장에서는 오페라 '보리스 고두노프'가 상연 중이고 말리 극장에서는 연극 '지혜의 슬픔'이 상연 중이에요.

A 그런데 체호프 작품의 연극이 상연되고 있는 곳이 어딘가 있나요?

B 지난주에 모스크바 예술극장 에서 연극 '세 자매'가 상연되 었는데 이번 주에는 없어요.

A 아, 아쉽네요. 그럼 말리 극장 표 두 장 주세요!

대화 2 диалог 2

A Моя́ подру́га, кото́рая изуча́ет ру́сское <u>исску́ство</u> в Са́нт-Петербу́рге, сказа́ла, что она́ ча́сто хо́дит в Ру́сский <u>музе́й</u>.

B Почему́ она́ ча́сто хо́дит и́менно в Ру́сский музе́й? Ведь в Петербу́рге мно́го интере́сных музе́ев.

A Она́ сказа́ла, что там мо́жно <u>посмотре́ть</u> мно́го ра́зных <u>карти́н</u> изве́стных худо́жников.

B Я никогда́ не была́ в Ру́сском музе́е, хотя́ я е́здила в Са́нт-Петербу́рг и посети́ла Эрмита́ж.

A Пра́вда? Говоря́т, что в Эрмита́же огро́мное коли́чество <u>произведе́ний</u> изве́стных иностра́нных худо́жников и са́мо зда́ние прекра́сно. Ра́ньше оно́ бы́ло <u>дворцо́м</u>.

A 상트페테르부르크에서 러시아 예술을 공부하는 내 친구는 러시아 박물관에 자주 간다고 해.

B 왜 친구는 특히 러시아 박물 관에 자주 가? 페테르부르크 에는 흥미로운 박물관이 많이 있잖아.

A 러시아 박물관에서는 러시아 의 유명 화가들의 다양한 그림을 많이 볼 수 있대.

B 난 상트페테르부르크에 가서 에르미타시는 봤는데도 러시아 박물관에는 간 적이 없어.

A 정말? 에르미타시에는 외국 유명 화가들의 작품들이 대 단히 많고 건물 자체가 멋지 대. 예전에는 궁전이었거든.

VIII
국가
государство

정치 · 행정 · 나라

пол́итика, прав́ительство, стран́а

MP3 34

администр́ация

명 어

행정부, 행정 기관

Вы зн́аете, как напис́ать заявл́ение в **администр́ацию** ѓорода?

시의 행정 기관에 내는 신청서를 어떻게 써야 하는지 아세요?

власть

명 어

권력, 정권

Есть лю́ди, кот́орые всё вр́емя стрем́ятся к **вл́асти**.

끊임 없이 권력을 추구하는 사람들이 있다.

🔍 단수만 사용해요.

глав́а

명 어

머리(수장)

Глав́а росс́ийского прав́ительства при́ехала в Рим для перегов́оров с премь́ер-мин́истром Ит́алии.

러시아 정부 의장이 이탈리아 수상과의 협상을 위해 로마에 왔다.

관 премь́ер-мин́истр 수상

гл́авный

형

주요한, 주된

Собр́ание **гл́авных** лиц университ́ета б́удет в с́амой больш́ой ауд́итории.

대학의 고위 관계자 회의가 대강의실에서 있을 것이다.

관 гл́авное зд́ание 본관 гл́авное 중요한 것은, 요컨대

государство
 명 중

국가, 정부

Россия – многонациональное **государство**, в котором живут более 190 народов.

러시아는 190개 이상의 민족이 살고 있는 다민족 국가다.

참 много + национальный → многонациональный 다민족 государственный 국가의, 국립의

гражданин
 명 남

남자 국민/시민

Государство должно заботиться о своих **гражданах**.

국가는 자국민을 보호해야 한다.

반 гражданка 여자 국민/시민

гражданство
 명 중

국적, 시민권

Граждане России могут иметь второе **гражданство**.

러시아 국민은 두 번째 국적을 가질 수 있다.

демократиче-ский
 형

민주주의의

В парламенте **демократическая** партия имеет больше власти.

의회에서는 민주당이 더 큰 세력을 가지고 있다.

документ
 명 남

문서, 서류

Какие **документы** нужны для рабочей визы в Россию?

러시아 취업 비자를 위해서 어떤 서류들이 필요해요?

еди́ный
형

공통의, 통일된

Всем, кто хо́чет поступи́ть в университе́т в Росси́и, на́до сдава́ть **еди́ный** госуда́рственный экза́мен.

러시아에서 대학에 들어가고 싶은 사람은 모두 공통 대입 시험을 쳐야 한다.

참 ЕГЭ 공통 대입 시험 ➡ p.411
   Госуда́рственный экза́мен (госэкзамен)
   국가 자격 시험

заявле́ние
명 **중**

성명, 신청

ООН сде́лала официа́льное **заявле́ние** о войне́.

유엔은 전쟁에 대해서 공식 성명을 발표했다.

참 ООН 유엔 ➡ p.411

наро́д
명 **남**

국민, 민족

В Росси́и прожива́ет мно́го **наро́дов** и существу́ют ра́зные тради́ции.

러시아에는 많은 민족들이 살고 있고 다양한 관습이 존재한다.

참 наро́дный 국민의, 민족의, 인민의

населе́ние
명 **중**

인구

Ка́ждый год **населе́ние** Земли́ увели́чивается.

매년 지구의 인구는 증가하고 있다.

национа́льность

 명 여

민족성, 국적

A Кто вы по **национа́льности**?
국적이 어디입니까?

B Я корея́нка. А вы?
저는 한국 사람입니다. 그럼 당신은요?

национа́льный

형

국민적인, 전통의

Госте́й встреча́ют де́ти в
национа́льных костю́мах.
민족 의상을 입은 아이들이 손님들을 맞이하고 있다.

참 **на́ция** 민족, 종족, 국가

облада́ть

 동 불 1식

가지다, 지니다

Э́тот челове́к **облада́ет** большо́й
вла́стью.
이 사람은 큰 권력을 가지고 있다.

관 облада́ть тала́нтом 재능이 있다

организа́ция

명 여

조직, 기관

В стране́ существу́ет мно́го
полити́ческих **организа́ций**.
국가에는 수많은 정치 조직이 존재한다.

참 о́бщество 사회, 단체, 사회 체제

организова́ть

 동 불/완 1식

조직하다, 기획하다

Администра́ция на́шего го́рода
организу́ет ко́нкурс "Фотогра́фия
го́да".
우리 시는 '올해의 사진' 경연 대회를 기획할 것이다.

парла́мент
명 남

의회, 국회

Журнали́сты рассказа́ли о после́днем собра́нии **парла́мента**.

기자들이 지난 국회 회의에 대해 이야기했다.

참 охра́н приро́дной среды́ 자연 환경 보호

па́ртия
명 여

정당, 兩

Я хочу́ голосова́ть за **па́ртию**, кото́рая серьёзно занима́ется пробле́мами в приро́де.

나는 자연 문제를 진지하게 다루는 정당에 투표하고 싶다.

참 голосова́ть 투표하다

поли́тика
명 여

정치, 정책

Ка́жется, в после́днее вре́мя шко́льники на́шей страны́ совсе́м не интересу́ются **поли́тикой**.

요즘 우리 나라 학생들은 정치에 전혀 관심이 없는 것 같다.

참 полити́ческий 정치의
полити́ческая нау́ка 정치학

🔍 단수만 사용해요.

прави́тельство
명 중

정부, 내각

В Ю́жной Коре́е Главо́й **прави́тельства** явля́ется президе́нт.

한국에서 정부의 수장은 대통령이다.

представи́тель
(명) (남)

대표, 대변인

Посо́л – дипломати́ческий **представи́тель** любо́й страны́.

대사는 각 국가의 외교적인 대표이다.

참 дипломати́ческий 외교의

револю́ция
(명) (여)

혁명, 변혁

Кто и по како́й причи́не на́чал **револю́цию** в 1917-ом году́ в Росси́и?

1917년에 러시아에서 누가, 그리고 어떤 이유로 혁명을 시작했는가?

респу́блика
(명) (여)

공화국

Официа́льное назва́ние страны́ Ю́жной Коре́и - **Респу́блика** Коре́я, а назва́ние Се́верной Коре́и - КНДР.

남한의 공식적인 국가명은 '대한민국'이고 북한의 국가명은 '조선 민주주의 인민 공화국'이다.

참 КНДР 조선 민주주의 인민 공화국 → p.411

ро́дина
(명) (여)

고향, 모국

Мно́гие лю́ди поги́бли на войне́, когда́ защища́ли свою́ **ро́дину**.

전쟁에서 많은 사람들이 자신의 조국을 방어하다가 사망했다.

참 완 (1식) **поги́бнуть** (전쟁이나 사고로) 죽다

росси́йский

러시아의

Президе́нт **Росси́йской** Федера́ции прие́хал в Респу́блику Коре́ю.

러시아 연방의 대통령이 대한민국에 도착했다.

참 федера́ция 연방

🔍 росси́йский는 러시아 영토나 국가 기관과 관련된 단어와 사용하고
ру́сский는 러시아 민족성과 관련된 단어와 사용해요.
Росси́йское прави́тельство 러시아 정부
ру́сская культу́ра 러시아 문화

руководи́ть
 동 불 1식
지도하다, 관리하다

Во вре́мя экономи́ческого кри́зиса он отли́чно **руково́дил** свое́й страно́й.

경제적인 위기의 시기에 그는 자기 나라를 매우 잘 이끌었다.

сове́тский
형
소비에트의

Сою́з **Сове́тских** Социалисти́ческих Респу́блик(СССР) существова́л с 1922-ого по 1991 год.

소비에트 사회주의 공화국 연방은 1922년부터 1991년까지 존재했다.

социали́зм

사회주의

Кто мо́жет отве́тить, что тако́е **социали́зм**?

사회주의가 무엇인지 누가 대답할 수 있니?

참 социалисти́ческий 사회주의의

🔍 단수만 사용해요.

страна́

나라, 국가

Ка́ждая **страна́** име́ет свою́ культу́ру и свои́ тради́ции.

각 나라는 자기 나라의 문화와 전통을 가지고 있다.

съезд

회합, 대회

Ка́ждая полити́ческая па́ртия прово́дит **съезд** раз в год.

모든 정당은 일 년에 한 번 전당 대회를 연다.

фаши́зм

파시즘

Мно́гие стра́ны боро́лись с **фаши́змом** и фаши́стами во вре́мя Второ́й Мирово́й войны́.

많은 국가들이 2차 세계 대전 때에 파시즘, 파시스트들과 싸웠다.

참 **фаши́ст** 파시스트

🔍 단수만 사용해요.

флаг

깃발

Над зда́нием парла́мента виси́т госуда́рственный **флаг**.

국회 건물 위에 국기가 걸려 있다.

царь

러시아 황제(차리)

Ива́н Гро́зный впервы́е испо́льзовал сло́во "**царь**" в Росси́и.

이반 그로즈니는 러시아에서 처음으로 '차리'라는 단어를 사용했다.

а́рмия

군대(군)

Почти́ все коре́йские мужчи́ны слу́жат в а́рмии.

거의 모든 한국 남자들은 군에서 복무한다.

бой

전투, 싸움

По́сле дли́нного **бо́я** солда́ты обе́их стран совсе́м уста́ли.

긴 전투 후에 양국의 군인들은 완전히 지쳐버렸다.

참 о́ба/о́бе 둘 다의 о́ба студе́нта 남학생 둘 다
о́бе студе́нтки 여학생 둘 다

ви́за

비자

Вы зна́ете, нужна́ ли для гражда́н Коре́и **ви́за** в Росси́ю и́ли не ну́жно **ви́зы**?

당신은 한국 국민에게 러시아 입국 비자가 필요한지 필요 없는지 알고 계세요?

воева́ть

전쟁하다

В 1812-ом году́ Росси́я **воева́ла** с а́рмией Наполео́на.

1812년에 러시아는 나폴레옹의 군대와 전쟁을 했다.

возмо́жно

아마도, 어쩌면, ~할 수 있다

За́втра, **возмо́жно**, она́ полу́чит гражда́нство Коре́и.

내일 어쩌면 그녀는 한국 국적을 취득할 것이다.

война

전쟁

В 1914-ом году́ начала́сь Пе́рвая мирова́я **война́**.

1914년에 1차 세계 대전이 시작되었다.

참 **вое́нный** 전쟁의, 군대의, 군인

враг

적, 원수

В междунаро́дных отноше́ниях сего́дняшний друг мо́жет стать за́втрашним **враго́м**.

국제 관계에서는 오늘의 친구가 내일의 적이 될 수도 있다.

참 **сего́дняшний** 오늘의 **за́втрашний** 내일의

грани́ца

경계(선), 국경

Недалеко́ от э́той дере́вни прохо́дит госуда́рственная **грани́ца** Росси́йской Федера́ции.

이 마을에서 멀지 않은 곳에 러시아 연방 국경이 걸쳐 있다.

관 **за грани́цей** 해외에서 **за грани́цу** 해외로
из-за грани́цы 해외로부터

действи́тельно

실제로, 사실

Вади́м, **действи́тельно**, име́ет пра́во жить в Коре́е.

바짐은 실제로 한국에서 살 권리가 있다.

참 **пра́во** 법, 권리, 법률

деклара́ция

선언, 공표

В 1959-ом году́ ООН при́нял **Деклара́цию** прав ребёнка

1959년에 유엔은 아동 권리 선언을 채택했다.

делега́ция
명 여
대표단, 사절단

В Москву́ прибыла́ **делега́ция** учёных из Ю́жной Коре́и.
한국 학자들 대표단이 모스크바에 도착했다.

демонстра́ция
명 여
데모, 집회

На пло́щади прохо́дит демонстра́ция чле́нов **демократи́ческой** па́ртии.
광장에서 민주당원들의 집회가 열리고 있다.

диплома́т
명 남
외교관

Мой друг гото́вится к специа́льному экза́мену для **диплома́тов**.
내 친구는 외교관 특별 시험을 준비하고 있다.

дока́зывать
동 불 1식
증명하다, 입증하다

Студе́нт **доказа́л** всей гру́ппе, что он прав.
학생은 자신이 옳다는 것을 팀 모두에게 입증했다.

완 1식 доказа́ть

до́лжен
형 단
~해야 한다, 빚지다

Вы **должны́** переходи́ть доро́гу по пешехо́дному перехо́ду.
여러분은 횡단보도로 길을 건너야 합니다.

참 пешехо́дный перехо́д 횡단보도

зако́н

법, 규정

В демократи́ческом госуда́рстве все должны́ быть ра́вными пе́ред **зако́ном**.

민주주의 국가에서는 법 앞에서 모두가 평등해야 한다.

запреща́ть

금하다, 말리다

В Коре́е **запреща́ют** кури́ть на остано́вках авто́буса.

한국에서는 버스 정류장에서 흡연하는 것을 금하고 있다.

완 (2식) запрети́ть

зарубе́жный

외국의, 해외의

Зарубе́жные го́сти посети́ли ра́зные музе́и Петербу́рга.

외국 손님들이 페테르부르크의 다양한 박물관들을 관람했다.

иностра́нный

외국의

На на́шем заво́де рабо́тают **иностра́нные** рабо́чие.

우리 공장에서는 외국 노동자들이 일하고 있다.

참 иностра́нец 외국인 남자 иностра́нка 외국인 여자

интернациона́-
льный

국제적인, 세계적인

Интернациона́льная семья́ - э́то семья́, в кото́рой оди́н из супру́гов явля́ется граждани́ном друго́го госуда́рства.

국제 가족이란 부부 중 한 사람이 다른 국가의 시민권을 갖고 있는 가족이다.

конститу́ция

명 **여**

헌법

Конститу́цию Росси́йской Федера́ции при́няли 12-ого ию́ня 1993-его го́да.

러시아 연방 헌법은 1993년 6월 12일에 채택되었다.

междунаро́- дный

형

국가간의, 국제의

На сле́дующей неде́ле бу́дет **междунаро́дная** конфере́нция по безопа́сности.

다음 주에 안보 관련 국제회의가 있을 것이다.

참 безопа́сность 안전, 안보

мили́ция

명 **여**

경찰(민경)

С 2011-ого го́да в Росси́и на́чали **мили́цию** полиц́ей.

2011년부터 러시아에서는 민경도 경찰이라고 부르기 시작했다.

мир²

명 **남**

평화, 평안

Все лю́ди хотя́т **ми́ра**, а не войны́.

모든 사람들은 전쟁이 아니라 평화를 원한다.

참 мир¹ → p.312 ми́рный 평화의, 평화적인

🔍 단수만 사용해요.

мо́жно

부 **술어**

~해도 되다, ~할 수 있다

A **Мо́жно** сфотографи́ровать э́то зда́ние?

이 건물을 찍어도 되나요?

B Нет, нельзя́ фотографи́ровать.

아니요, 찍으면 안 돼요.

надо

~해야 한다, ~할 필요가 있다

Нам **надо** на уро́ке всегда́ говори́ть то́лько по-англи́йски.

우리는 수업 시간에 항상 영어로만 말해야 한다.

невозмо́жно

불가능하다, ~할 수 없다

Движе́ние по э́тому мосту́ закрыва́ют по вечера́м, поэ́тому **невозмо́жно** перейти́ на ту сто́рону.

저녁마다 이 다리의 통행을 막아서 저쪽으로 건너갈 수가 없다.

незави́симость

독립 (자립), 주체성

Мы по́мним геро́ев, кото́рые боро́лись за **незави́симость** на́шей страны́.

우리는 우리 나라의 독립을 위해 싸운 영웅들을 기억한다.

🔍 단수만 사용해요.

нельзя́

~하면 안 된다

Э́то обще́ственное ме́сто, поэ́тому здесь **нельзя́** кури́ть.

이곳은 공공장소이기 때문에 여기서는 담배를 피우면 안 된다.

необходи́мо

불가피하다,
반드시 ~해야 한다

Вам **необходи́мо** принима́ть лека́рство от ка́шля 3 ра́за в день по́сле еды́.

당신은 식사 후에 하루에 세 번 기침감기 약을 복용해야 합니다.

ну́жно
부 (술어)

~할 필요가 있다, ~해야 한다

Тебе́ **ну́жно** офо́рми́ть ви́зу, что́бы пое́хать в Аме́рику.

만약 네가 미국에 가려면 비자를 만들어야 한다.

обя́зан
형 (단)

~할 의무가 있다, ~해야 한다

Мы все **обя́заны** защити́ть свою́ страну́ от враго́в.

우리 모두는 자신의 나라를 적으로부터 지킬 의무가 있다.

참 Я обя́зан тебе́. 내가 너한테 신세졌어.

ору́жие
명 (중)

무기

Поли́ция не испо́льзует **ору́жие** про́тив ми́рных гражда́н.

경찰은 평화로운 시민에게 무기를 사용하지 않는다.

🔍 단수만 사용해요.

освобожда́ть
동 (불)

해방시키다

На́ша а́рмия **освободи́ла** свою́ ро́дину от враго́в.

우리 군은 조국을 적군으로부터 해방시켰다.

완 (2식) освободи́ть

па́спорт
명 (남)

여권

Россия́не в 14 лет обя́заны получи́ть гражда́нский **па́спорт**.

러시아 사람들은 14살에 국내 여권을 만들어야 한다.

참 гражда́нский па́спорт 러시아 국내 여권
па́спорт(заграни́чный па́спорт) 러시아 국외 여권

переговóры

협상, 회담

В Сеýле бы́ли **переговóры** представи́телей ра́зных стран.

서울에서 각국 대표들의 회담이 있었다.

참 бе́женец 피난민

🔍 복수만 사용해요.

подпи́сывать

서명하다, 체결하다

После перегово́ров президе́нты двух стран **подписа́ли** догово́р.

두 국가 대통령들이 회담 후에 조약을 맺었다.

완 1식 подписа́ть

поли́ция

경찰, 경찰서

В Росси́и **поли́ция** иногда́ остана́вливает иностра́нцев и про́сит показа́ть па́спорт.

러시아에서는 경찰이 외국인을 가끔 멈춰 세우고 여권을 보여 달라고 요구한다.

посóльство

대사관

За́втра я пое́ду в япо́нское **посо́льство**, что́бы оформи́ть ви́зу.

내일 나는 비자를 만들기 위해 일본 대사관에 갈 것이다.

참 посо́л 대사

🔍 ко́нсульство 영사관   ко́нсул 영사

прав

옳다, 정당하다

Ты не **прав**. Ты до́лжен сказа́ть Све́те пра́вду.

네가 틀렸어. 넌 스베타에게 진실을 말해 줘야 해.

принадлежа́ть

동 불 2식

속하다, ~의 소유이다

На́ша семья́ живёт в до́ме, кото́рый **принадлежи́т** де́душке.

우리 가족은 할아버지 소유의 집에서 살고 있다.

свобо́да

명 어

자유, 해방

Госуда́рство обеща́ет гражда́нам полити́ческую и экономи́ческую **свобо́ду**.

국가는 국민에게 정치적인 자유와 경제적인 자유를 약속한다.

참 свобо́дный 자유로운, 한가한, 비어 있는, 유창한

관 свобо́дное вре́мя 한가한 시간
   свобо́дное ме́сто 빈 자리

служи́ть

동 불 2식

근무하다, 종사하다

В Росси́и с 18 лет в а́рмии **слу́жат** мужчи́ны 1 год.

러시아에서 남자들은 18살부터 1년간 군에서 복무한다.

🔍 러시아에서는 18살부터 27살까지 남자들에게 영장을 보내요.
   고등 교육 기관에서 학업 중일 때는 군 입대를 연기할 수 있어요.

солда́т

명 남

군인, 병사

Солда́ты обя́заны вы́полнить прика́зы офице́ров.

군인들은 장교들의 명령을 실행해야 한다.

тамо́жня

명 어

세관

Оди́н знако́мый рабо́тает в **тамо́жне** аэропо́рта.

아는 사람 한 명이 공항 세관에서 일하고 있다.

Упр. 08-2

территория

영토(국토), 영역

На **террито́рии** университе́та нельзя́ кури́ть.

대학(캠퍼스) 안에서는 담배를 피우면 안 된다.

тюрьма́
명 여

감옥, 교도소

Э́тот челове́к сиде́л в **тюрьме́** 8 лет.

이 사람은 8년 동안 감옥에 있었다.

убива́ть
동 불 1식

죽이다, 살해하다

Лю́ди продолжа́ют во́йны, **убива́ют** друг дру́га.

사람들은 전쟁을 계속하면서 서로를 죽이고 있다.

완 1식 уби́ть

фронт
명 남

전선, 전방

Во вре́мя Второ́й мирово́й войны́ Герма́ния потеря́ла мно́го солда́т на Восто́чном **фро́нте**.

제2차 세계 대전 때 독일은 동부 전선에서 많은 국군을 잃었다.

참 Герма́ния 독일

юриди́ческий
형

법학의, 법률상의

Брат получи́л **юриди́ческое** образова́ние и сейча́с рабо́тает в **юриди́ческой** фи́рме.

동생은 법학 교육을 받았고 지금 법률 회사에서 일하고 있다.

3 노동 · 경제 · 금융
рабо́та, эконо́мика, фина́нсы

банк
명 남

은행

На́до заплати́ть за учёбу в университе́те че́рез **банк**?

대학 학비를 은행을 통해서 지불해야 해요?

бе́дный
형

가난한, 초라한

Э́тот писа́тель роди́лся и вы́рос в **бе́дной** семье́.

이 작가는 가난한 가정에서 태어나고 자랐다.

беспла́тный
형

무료의

Сейча́с для студе́нтов нет **беспла́тных** биле́тов в Эрмита́ж.

지금은 대학생을 위한 에르미타시 무료 티켓은 없다.

참 беспла́тно 무료로

би́знес
명 남

사업(비즈니스)

Из-за экономи́ческого кри́зиса тру́дно вести́ **би́знес**.

경제 위기 때문에 사업하기가 어렵다.

관 вести́ би́знес 사업하다

🔍 단수만 사용해요.

бога́тство
명 중

부, 자산

Э́тот бизнесме́н горди́тся свои́м **бога́тством**.

이 사업가는 자신의 부를 자랑스러워 한다.

богатый

부유한, 풍부한

Ста́рший брат откры́л свою́ фи́рму и че́рез 5 лет стал о́чень **бога́тым**.

오빠는 자기 회사를 설립하고 5년 후에 매우 부자가 됐다.

де́ло

일, 용무(용건)

A По́сле рабо́ты вме́сте вы́пьем?

일이 끝난 후에 같이 마실까요(한잔할까요)?

B Не могу́. У меня́ мно́го **дел**.

그럴 수 없어요. 일이 많아요.

관 Как дела́? 잘 지내?

де́ньги

돈

Я эконо́млю **де́ньги**, потому́ что я хочу́ пое́хать учи́ться за грани́цу.

나는 외국으로 공부하러 가고 싶어서 돈을 절약하고 있다.

🔍 복수만 사용해요.

заво́д

공장

Андре́й око́нчил университе́т и рабо́тает инжене́ром на **заво́де**.

안드레이는 대학을 졸업하고 공장에서 엔지니어로 일하고 있다.

за́нят
형 단
바쁘다, 일하고 있다

Оте́ц **за́нят** ва́жными дела́ми. Нельзя́ меша́ть ему́.

아버지는 중요한 일로 바쁘시다. 그를 방해하면 안 된다.

зарпла́та

임금

Мать рабо́тает в большо́й фи́рме перево́дчиком и получа́ет высо́кую **зарпла́ту**.

어머니는 큰 회사에서 통역사로 일하시고 높은 임금을 받으신다.

и́мпорт

명 남

수입

В после́днее вре́мя в Росси́и увеличи́лся **и́мпорт** коре́йских бытовы́х това́ров.

최근 러시아에서 한국 생활용품 수입이 늘었다.

반 э́кспорт 수출   참 бытово́й 일상의, 생활의

🔍 단수만 사용해요.

ка́рточка

명 여

카드, 명함

Оди́н мой друг всегда́ и везде́ пла́тит креди́тной **ка́рточкой**.

내 한 친구는 항상 어디서든 신용 카드로 계산한다.

관 визи́тная ка́рточка 명함
креди́тная ка́рточка 신용 카드

командиро́вка

명 여

출장(파견)

Дире́ктора нет, он уе́хал в **командиро́вку**.

대표님이 출장 가셔서 안 계십니다.

копе́йка

명 여

코페이카

Оди́н рубль ра́вен ста **копе́йкам**.

1루블은 100코페이카와 같다.

кри́зис

위기, 공황

В э́той стране́ экономи́ческий и полити́ческий **кри́зис**.

이 나라는 경제적인 위기와 정치적인 위기에 처해있다.

кру́пный

대규모의, 주요한

Москва́ — столи́ца Росси́и, **кру́пный** промы́шленный, нау́чный и культу́рный центр.

모스크바는 대규모 산업과 학문과 문화의 중심지이며 러시아의 수도다.

🔁 кру́пная компа́ния 대기업

лови́ть

잡다

Оте́ц ча́сто хо́дит на ре́ку и **ло́вит** ры́бу.

아버지는 자주 강에 가서 물고기를 잡으신다.

🔁 ① пойма́ть

моне́та

동전(돈)

Мла́дший сын собира́ет иностра́нные **моне́ты**.

작은 아들이 외국 동전을 모은다.

обме́н

교환

Э́тот челове́к ча́сто хо́дит меня́ть до́ллары на рубли́ в пункт **обме́на** балю́ты.

이 사람은 달러를 루블로 바꾸려고 환전소에 자주 다닌다.

🔁 пункт 지점, 장소 валю́та 화폐

отста́лый

뒤떨어진

В середи́не про́шлого ве́ка э́та страна́ была́ **отста́лой**.

지난 세기 중반에 이 나라는 뒤떨어진 나라였다.

оформля́ть

작성하다, 신청하다

Где и как на́до **оформля́ть** пе́нсию в Коре́е?

한국에서는 어디에서 어떻게 연금 신청을 해야 하는가?

(완) (2식) офо́рмить

пе́нсия
명 여
연금

В Росси́и же́нщины начина́ют получа́ть **пе́нсию** ра́ньше, чем мужчи́ны.

러시아에서 여성들은 남성들보다 먼저 연금을 받기 시작한다.

по́ле
명 중
들

На э́том **по́ле** растёт карто́фель.

이 들에는 감자가 자라고 있다.

прогре́сс

발전, 향상

Совреме́нное о́бщество идёт по пути́ нау́чно-техни́ческого **прогре́сса**.

현대 사회는 과학 기술 발전의 길을 걷고 있다.

🔍 단수만 사용해요.

производи́ть[1]

생산하다

Э́тот кру́пный маши́нный заво́д **произво́дит** три́ста ты́сяч автомоби́лей в год.

이 대규모 자동차 공장은 1년에 30만 대의 자동차를 생산하고 있다.

참 производи́ть[2] → p.29

    маши́нный 자동차의

произво́дство

생산

В после́дние го́ды э́та компа́ния увеличи́ла **произво́дство** моби́льных телефо́нов.

최근 몇 년 동안 이 회사는 휴대 전화 생산을 늘렸다.

промы́шле-нность

명 여

산업, 공업

В Коре́е бы́стро развива́лась тяжёлая **промы́шленность**.

한국에서 중공업이 빠르게 발달하였다.

참 промы́шленный 산업의, 공업의

관 лёгкая промы́шленность 경공업

🔍 단수만 사용해요.

рабо́та

일

Жела́ю вам здоро́вья и успе́хов в **рабо́те**.

건강하길 바라고 일에서(직장에서) 성공하기를 바랍니다.

참 рабо́чий 일의, 근무의, 노동의

рабо́тать
동 불 1식

일하다, 작동하다

Алексе́й **рабо́тает** инжене́ром на большо́м заво́де.

알렉세이는 큰 공장에서 엔지니어로 일한다.

관 Лифт не рабо́тает. 엘리베이터가 작동하지 않는다.

рабо́чий
명 남

노동자

На заво́де мно́го о́пытных **рабо́чих**, кото́рые у́чат молоды́х.

공장에는 신입 노동자들을 가르치는 숙련된 노동자가 많다.

참 рабо́чий 근로의, 일하는, 작업하는

рубль
명 남

루블

Э́ти я́блоки сто́ят 132 **рубля́**, а эта клубни́ка - сто **рубле́й**.

이 사과는 132루블이고 이 딸기는 100루블이다.

ры́нок
명 남

시장

По суббо́там ма́ма е́здит на **ры́нок** за овоща́ми и фру́ктами.

토요일마다 엄마는 야채와 과일을 사러 시장에 가신다.

се́льское хозя́йство
명 중

농업

В на́шей стране́ акти́вно развива́ется **се́льское хозя́йство**.

우리 나라에서는 농업이 역동적으로 발달하고 있다.

создава́ть

 동 불 1식

조성하다, 설립하다

В 1755-ом году́ Ломоно́сов **со́здал** Моско́вский госуда́рственный университе́т.

1755년에 로마노소프가 모스크바 국립 대학을 설립했다.

완 созда́ть

социа́льный

형

사회의

Госуда́рство ока́зывает **социа́льную** по́мощь пенсионе́рам.

국가가 연금 생활자에게 사회적 지원을 해 준다.

счита́ть²

 동 불 1식

세다, 계산하다

Э́тот ма́льчик уме́ет **счита́ть** до ста.

이 남자아이는 100까지 셀 수 있다.

참 счита́ть¹ → p.48

완 1식 посчита́ть

те́хника

 명 여

기술

Иностра́нные го́сти посети́ли вы́ставку совреме́нной косми́ческой **те́хники**.

외국 손님들이 현대 우주 기술 박람회를 방문했다.

참 техни́ческий 기술의, 공업의

🔍 단수만 사용해요.

това́р

 명 남

상품

На́ша страна́ импорти́рует из Кита́я ра́зные **това́ры**.

우리 나라는 중국에서 여러 가지 상품을 수입하고 있다.

참 Кита́й 중국

торго́вля

무역

На́ша компа́ния занима́ется междунаро́дной **торго́влей**.

우리 회사는 국제 무역을 하고 있다.

참 торго́вля проду́ктами 제품 무역

🔍 단수만 사용해요.

тра́тить

쓰다, 소비하다

Неде́лю наза́д О́льга получи́ла зарпла́ту, но уже́ все де́ньги **потра́тила**.

올가는 일주일 전에 급료를 받았는데 이미 돈을 다 써 버렸다.

완 2식 истра́тить/потра́тить

труд

노동, 수고

Э́тот фильм расска́зывает о нелёгком **труде́** враче́й.

이 영화는 의사들의 노고에 대해서 이야기하고 있다.

труди́ться

일하다, 노력하다

По́сле войны́ вся страна́ **труди́лась**: стро́или но́вые дома́, заво́ды, желе́зные доро́ги и мосты́.

전쟁이 끝난 후 나라 전체가 노력했다: 새 집들, 공장들, 철도 그리고 다리들을 건설했다.

урожа́й

수확, 추수

В э́том году́ в на́шей стране́ собра́ли бога́тый **урожа́й** ри́са.

올해 우리 나라에서는 쌀이 풍년이다.

фа́брика

 공장

Ма́ша рабо́тает на **фа́брике**, кото́рая выпуска́ет вку́сные конфе́ты.

마샤는 맛있는 사탕을 생산하는 공장에서 일하고 있다.

фе́рмер

 농민

В газе́те мы прочита́ли статью́ о рабо́те росси́йских **фе́рмеров**.

신문에서 우리는 러시아 농민들의 노동에 대한 기사를 읽었다.

фи́рма

 회사

Туристи́ческая **фи́рма** предлага́ет недороги́е пое́здки в ра́зные стра́ны.

여행사가 다양한 나라로의 저렴한 여행 상품을 제공하고 있다.

хозя́йство

 경제

В после́днее вре́мя состоя́ние **хозя́йства** на́шего госуда́рства ста́ло ху́же.

최근 우리 나라 경제 상황이 나빠졌다.

цена́

 가격, 가치

В после́днее вре́мя на мирово́м ры́нке увеличи́лись **це́ны** на нефть, газ и зо́лото.

최근 세계 시장에서는 석유와 가스, 금 가격이 올랐다.

Упр. 08-3

эконо́мика

경제, 경제학

Я не понима́ю **эконо́мику**, а мой ста́рший брат интересу́ется экономи́ческой ситуа́цией в стране́ и в ми́ре.

나는 경제를 이해하지 못하는데 내 형은 국내와 세계의 경제 상황에 관심이 많다.

참 **экономи́ческий** 경제의, 경제학의

🔍 단수만 사용해요.

эконо́мить

절약하다

В после́днее вре́мя це́ны на электри́чество и газ вы́росли, поэ́тому мы стара́емся **эконо́мить**.

최근에 전기값와 가스값이 올라서 우리는 절약하기 위해 노력하고 있다.

э́кспорт

수출

В после́дние го́ды увеличи́лся **э́кспорт** косме́тики.

최근 몇 년 동안 화장품 수출이 늘었다.

반 **и́мпорт** 수입

🔍 단수만 사용해요.

электроста́-
нция

발전소

В э́том райо́не ско́ро постро́ят но́вую **электроста́нцию**.

이 지역에 곧 새로운 발전소가 건설될 것이다.

MP3 37

대화 1 диалог 1

A У меня́ есть оди́н друг, с кото́рым я учи́лся на факульте́те <u>междунаро́дных</u> отноше́ний. Когда́ мы с ним учи́лись в университе́те, ча́сто мечта́ли о бу́дущем.

B О чём вы с ним мечта́ли?

A Он мечта́л стать <u>президе́нтом</u>, что́бы <u>руководи́ть страно́й</u>, а я хоте́л рабо́тать <u>диплома́том</u> – <u>представи́телем</u> страны́.

B Ну, в конце́ концо́в, кем твой друг рабо́тает?

A Он сейча́с <u>депута́т парла́мента</u>. Он идёт к свое́й мечте́. А я, как ты зна́ешь, <u>рабо́таю</u> в <u>посо́льстве</u>. Я дости́г свое́й мечты́.

A 난 국제관계학부에서 같이 공부한 친구가 있어. 대학 다닐 때 나와 친구는 자주 미래에 대한 꿈을 꿨어.

B 너와 그 친구는 무엇에 대한 꿈을 꿨는데?

A 친구는 나라를 이끌기 위해 대통령이 되고 싶어했는데 난 나라를 대표하는 외교관으로 일하고 싶었어.

B 그럼, 결국 네 친구는 무슨 (무슨 자격으로) 일을 하고 있어?

A 친구는 지금 국회의원이야. 그는 자기 꿈을 향해 가고 있어. 네가 알다시피 나는 대사관에서 일하고 있지. 난 꿈을 이뤘어.

대화 2 диалог 2

A Я так ра́да, что сего́дня день <u>зарпла́ты</u>.

B Не вре́мя так ра́доваться. Ты зна́ешь, в э́том ме́сяце состоя́ние на́шей <u>компа́нии</u> нехоро́шее.

A Почему́? Ведь наш дире́ктор был о́чень рад, потому́ что мы прода́ли большо́е коли́чество но́вых <u>това́ров</u> на <u>экспорт</u> в про́шлом ме́сяце.

B Ты ещё не слы́шала, что не́которое вре́мя тру́дно <u>производи́ть</u> э́ти но́вые това́ры из-за кру́пной катастро́фы на одно́м из на́ших <u>зарубе́жных заво́дов</u>?

A 난 오늘 월급날이어서 너무 기뻐.

B 그렇게 좋아할 때가 아니야. 있잖아, 이번 달에 우리 회사 상황이 좋지 않아.

A 왜? 지난달에 우리가 신제품을 대량으로 수출해서 우리 팀장님이 아주 기뻐했잖아.

B 우리 해외 공장 중의 한 공장에서 대형 사고 때문에 이 신제품 생산이 당분간 어렵다는 거 아직 못 들었어?

состоя́ние 상황, 현황

IX

자연과 환경

приро́да и
окружа́ющая среда́

1 지구 · 우주

земля́, ко́смос

MP3 38

азиа́тский

 형

아시아의

Террито́рия Росси́и де́лится на две ча́сти, на **азиа́тскую** и европе́йскую.

러시아의 영토는 아시아 지역과 유럽 지역, 두 지역으로 나뉜다.

 А́зия 아시아

атмосфе́ра

명 여

대기, 분위기

Учёные иссле́дуют **атмосфе́ру** Земли́.

학자들이 지구의 대기를 연구하고 있다.

а́томный

 형

원자의, 원자력의

В на́шем го́роде в про́шлом году́ постро́или **а́томную** электроста́нцию.

우리 도시에서는 작년에 원자력 발전소를 건설했다.

бе́рег

명 남

강변, 연안

Го́род Каза́нь нахо́дится на **берегу́** Во́лги. Туда́ мо́жно е́здить на ра́зном тра́нспорте.

카잔 시는 볼가 강가에 위치해 있다. 다양한 교통수단을 타고 여기에 갈 수 있다.

гора́

명 여

산

Зимо́й мы ча́сто е́здим на э́ту **го́ру** и ката́емся на лы́жах.

겨울에 우리는 자주 이 산에 가서 스키를 탄다.

 го́ры 산맥

европейский

유럽의

В э́том рестора́не есть блю́да **европе́йской** и восто́чной ку́хни.

이 식당에는 유럽식과 동양식 요리가 있다.

참 Евро́па 유럽

звезда́

별, 행성

В большо́м го́роде тру́дно уви́деть на не́бе **звёзды**, но в дере́вне - легко́.

대도시에서는 하늘에서 별들을 보기 힘들지만 시골에서는 쉽다.

земля́

땅(흙), 지구

На **Земле́** живёт о́коло восьми́ миллиа́рдов челове́к.

지구에는 약 80억의 사람들이 살고 있다.

🔍 '지구'의 의미일 때는 첫 글자를 대문자(Земля)로 표기해요.

ко́смос

우주

В 1961-ом году́ челове́к впервы́е полете́л в **ко́смос**.

1961년에 인간은 처음으로 우주로 비행했다.

참 косми́ческий 우주의, 거대한

🔍 단수만 사용해요.

лес

명 남

숲(삼림)

В **лесу́** о́коло родно́й дере́вни росли́ о́чень ста́рые дере́вья. Об э́том **лесе́** я ча́сто вспомина́ю.

고향의 시골 숲에는 매우 오래된 나무가 있었다. 나는 이 숲에 대해 자주 회상한다.

1 지구·우주

земля, космос

луна́
 여
달

Сего́дня на не́бе по́лная **луна́**, поэ́тому на у́лицах светло́.

오늘 하늘에 보름달이 떠서 거리가 밝다.

мир¹
 남
세계, 세상

Об э́том собы́тии написа́ли все газе́ты **ми́ра**.

이 사건에 대해서 세계의 모든 신문들이 다루었다.

참 мир² → p.290　мирово́й 세계의, 세계적인

🔍 단수만 사용해요.

мо́ре
 중
바다

Со́чи нахо́дится на берегу́ Чёрного **мо́ря**, там мно́гие ру́сские лю́бят проводи́ть ле́то.

소치는 흑해 해안에 위치해 있는데 거기서 많은 러시아인들이 여름을 보내기를 좋아한다.

참 морско́й 바다의, 해양의

не́бо
 중
하늘

В **не́бе** высоко́ лети́т самолёт.

하늘에서 비행기가 높이 날고 있다.

관 Облака́ плыву́т по не́бу. 하늘에 구름이 떠다닌다.

о́зеро
 중
호수

Байка́л — са́мое кру́пное **о́зеро** в ми́ре.

바이칼은 세계에서 가장 거대한 호수다.

океа́н

대양

Мы живём на берегу́ Ти́хого **океа́на**.
우리는 태평양 해안가에서 살고 있다.

관 Атланти́ческий океа́н 대서양
Инди́йский океа́н 인도양

о́стров

섬

Наш кора́бль плывёт к небольшо́му **о́строву**.
우리 배는 작은 섬을 향해 가고 있다.

река́

강, 하천

Всю суббо́ту мы отдыха́ли на берегу́ **реки́**.
토요일 내내 우리는 강가에서 놀았다.

свет

빛, 등불

В ко́мнату совсе́м не попада́ет со́лнечный **свет**, поэ́тому днём то́же на́до включа́ть **свет**.
방으로 햇빛이 전혀 안 들어오니까 낮에도 불을 켜야 한다.

참 со́лнечный 해의
관 кого́ нет на све́те 죽었다 вы́йти на свет 출간되다

🔍 단수만 사용해요.

све́тлый

밝은

На́ша ко́мната в общежи́тии больша́я и **све́тлая**.
기숙사의 우리 방은 크고 밝다.

참 све́тло 밝게; 밝다 반 тёмный 어두운

Упр. 09-1

сиби́рский

 형

시베리아의

Зимо́й о́чень тяжело́ жить в **сиби́рских** города́х и дере́внях из-за си́льных моро́зов.

혹독한 추위 때문에 겨울에 시베리아 도시와 시골에서 살기는 매우 힘들다.

со́лнце

명 중

태양, 햇볕

В де́тстве мы с друзья́ми о́чень люби́ли игра́ть под **со́лнцем**.

어렸을 때 나와 친구들은 햇볕에서 노는 것을 매우 좋아했다.

тёмный

 형

어두운

Вчера́ не́ было луны́, поэ́тому но́чью бы́ло о́чень **темно́**.

어제 달이 뜨지 않았기 때문에 밤은 매우 어두웠다.

참 темно́ 어둡게; 어둡다　반 све́тлый 빛의, 밝은

2 기후 · 재해 · 자원

климат, катастрофа, ресурсы

бензи́н

명 남

휘발유, 가솔린

Всё вре́мя повыша́ются це́ны на **бензи́н**, поэ́тому мы е́здим на рабо́ту не на маши́не, а на авто́бусе.

휘발유 값이 계속 오르고 있어서 우리는 자동차가 아니라 버스를 타고 출근한다.

ве́тер

명 남

바람

Сего́дня на у́лицах ду́ет холо́дный, си́льный **ве́тер**.

오늘 거리에는 차갑고 강한 바람이 불고 있다.

참 물 1식 **дуть** 불다

во́здух

명 남

공기, 대기

Вчера́ но́чью шёл си́льный дождь, поэ́тому сего́дня **во́здух** чи́стый.

어제 밤에 비가 심하게 와서 오늘은 공기가 맑다.

🔍 단수만 사용해요.

газ

명 남

가스

Когда́ ты пригото́вишь у́жин, не забу́дь вы́ключить **газ**!

저녁을 다 준비하면 가스를 잠그는 것 잊지 말아라!

관 газиро́ванная вода́ = вода́ с га́зом 탄산수

горе́ть
동 불 2식

타다, 불태우다

Там **гори́т** лес. На́до бы́стро позвони́ть в пожа́рную слу́жбу.

저기 숲이 타고 있어. 빨리 소방서에 전화해야 해.

참 пожа́рная слу́жба 소방서 완 2식 сгоре́ть

гра́дус
명 남

도(단위)

Сего́дня температу́ра во́здуха мину́с 15 **гра́дусов**, о́чень хо́лодно.

오늘 기온이 영하 15도로 매우 춥다.

дождь
명 남

비

Из-за **дождя́** мы не смо́жем пое́хать на экску́рсию.

비 때문에 우리는 견학을 갈 수 없을 거야.

есте́ственный
형

자연(계)의

Вода́, во́здух, земля́, расте́ния, живо́тные и други́е – э́то **есте́ственные** бога́тства.

물, 공기, 토지, 식물, 동물 등은 자연(천연) 자원이다.

관 есте́ственные нау́ки 자연 과학

жа́рко
부 덥게
술어 덥다

Почему́ все о́кна закры́ты? Тебе́ не **жа́рко**?

왜 모든 창문이 닫혀 있어? 너 안 더워?

참 жа́ркий 더운

железный

철(제)의, 단단한

Эта **желе́зная** посу́да о́чень тяжёлая.
이 철제 그릇은 정말 무겁다.

관 желе́зная доро́га 철도

загора́ть

햇빛에 타다, 태우다

Ле́том мы ка́ждый день купа́лись в мо́ре и **загора́ли**.
여름에 우리는 바다에서 매일 수영을 했고 햇빛에 탔다.

완 2식 загоре́ть

землетрясе́ние
명 중
지진

Вчера́ в Япо́нии произошло́ си́льное **землетрясе́ние**.
어제 일본에서 강한 지진이 발생했다.

зо́лото
명 중
금

У ба́бушки есть ста́рое кольцо́ из **зо́лота**, кото́рое ей дала́ её мать.
할머니에게는 할머니의 어머니께서 주신 낡은 금반지가 있다.

참 золото́й 금의, 황금의, 금색의

🔍 단수만 사용해요.

зонт

우산

По́сле обе́да бу́дет дождь, возьми́ с собо́й **зонт**.
점심시간 후에 비가 올 거니까 우산 가져가라.

동 зо́нтик

ка́мень
(명)(남)

돌

На доро́ге мы уви́дели большо́й **ка́мень** и убра́ли его́ в сто́рону.

길에서 우리는 큰 돌을 봤고 그것을 한쪽으로 치웠다.

참 **ка́менный** 돌의, 석조의

катастро́фа
(명)(여)

사고, 재난

В э́том году́ в на́шем го́роде ча́сто происхо́дят автомоби́льные **катастро́фы**.

올해 우리 도시에서는 자동차 사고가 자주 발생하고 있다.

참 **автомоби́льный** 자동의, 자동차의
автокатастро́ф 자동차 사고

кли́мат
(명)(남)

기후

В после́днее вре́мя учёные акти́вно обсужда́ют измене́ние **кли́мата** на Земле́.

최근에 학자들이 지구 기후 변화에 대해 열심히 논의하고 있다.

лёд
(명)(남)

얼음

Здесь **лёд**, осторо́жно, не упади́!

여기 얼음이야(얼었어). 넘어지지 말고 조심해!

мета́лл
(명)(남)

금속

Серебро́ – оди́н из дорогоце́нных **мета́ллов**.

은은 귀금속 중에 하나이다.

참 **дорогоце́нный** 귀한, 비싼

ми́нус

마이너스, 영하

В Москве́ ча́сто быва́ет **ми́нус** 10 гра́дусов.

모스크바에서는 기온이 자주 영하 10도가 된다.

관 Пять ми́нус два бу́дет (равно́) три.
5 빼기 2는 3이다.

мо́крый

형

젖은, 습한

Твоя́ оде́жда совсе́м **мо́края**. У тебя́ не́ было зо́нтика?

네 옷이 완전히 젖었네. 너 우산 없었어?

моро́з

추위, 영하

Сего́дня 25 гра́дусов **моро́за**.

오늘은 영하 25도이다.

관 двадцати́пяти́гра́дусный моро́з 25도의 강추위
Дед Моро́з 러시아 산타클로스

нефть

원유, 석유

Це́ны на **нефть** продолжа́ют расти́ и нам тру́дно жить.

석유 가격이 계속 올라서 우리는 살기가 어렵다.

о́блако

구름

По не́бу плыву́т лёгкие **облака́**, а над ни́ми лети́т самолёт.

하늘에 뭉게구름이 떠 다니고 그 위로 비행기가 날고 있다.

ого́нь
명 남

불

Когда́ лю́ди на́чали по́льзоваться огнём, жизнь челове́ка **о́чень** измени́лась.

사람들이 불을 사용하기 시작하면서 인간의 삶이 매우 변했다.

🔍 단수만 사용해요.

опа́сность
명 여

위험(성)

Зимо́й всегда́ существу́ет **опа́сность** заболе́ть гри́ппом.

겨울에는 항상 독감에 걸릴 위험이 존재한다.

опа́сный
형

위험한

Рабо́та в поли́ции **опа́сна**, но Анто́н хо́чет рабо́тать то́лько там.

경찰서에서의 일은 위험한데 안톤은 그곳에서만 일하고 싶어 한다.

참 опа́сно 위험하게; 위험하다

песо́к
명 남

모래

Здесь глубо́кий **песо́к**, о́чень тру́дно идти́ по нему́.

여기는 모래가 깊어서 그 위로 걸어가기가 매우 어렵다.

плюс
명 남

플러스, 영상

За́втра бу́дет жа́рко, **плюс** 30 гра́дусов.

내일은 더울 것이다. 영상 30도일 것이다.

관 Шесть плюс четы́ре равно́ де́сять.

6 더하기 4는 10이다.

погóда

날씨

Ты не знáешь, какáя **погóда** бýдет зáвтра?

너 내일 날씨가 어떨지 모르니?

прирóда

자연

Человéк дóлжен берéчь **прирóду**.

사람은 자연을 보호해야 한다.

🔍 단수만 사용해요.

проблéма

문제

Учёные всегó мúра старáются решúть экологúческие **проблéмы**.

전 세계의 학자들이 환경 문제들을 해결하려고 노력하고 있다.

происходúть

일어나다

С Антóном **произошёл** несчáстный слýчай.

안톤에게 불행한 일이 일어났다.

완 1식 произойтú

관 Что происхóдит? 무슨 일어나고 있나요?
　Что произошлó? 무슨 일이 있었나요?

прохлáдно
부 시원하게
술어 시원하다

Сегóдня довóльно **прохлáдно**, надéнь тёплую кýртку.

오늘은 꽤 쌀쌀하니까 따뜻한 점퍼를 입어라.

참 прохлáдный 시원한, 선선한

ре́дкий

형

보기 드문, 희박한

По э́той ма́ленькой ти́хой у́лице прохо́дят **ре́дкие** ма́ленькие авто́бусы.

이 조용한 거리에는 보기 드문 작은 버스들이 다닌다.

참 ре́дко 드물게, 진귀하게; 드물다, 희박하다

серебро́

명 **중**

은

Посу́да из **серебра́** сто́ит о́чень до́рого.

은 그릇은 가격이 매우 비싸다.

참 серебря́нный 은의, 은으로 된

🔍 단수만 사용해요.

случа́ться

동 **불** **1식**

우연히 일어나다, 생기다

Собы́тие, о кото́ром я хочу́ рассказа́ть, **случи́лось** не́сколько лет наза́д.

내가 말하려고 하는 사건은 몇 년 전에 발생했다.

완 **2식** случи́ться

снег

명 **남**

눈

Сейча́с идёт **снег**, и в **снегу́** игра́ют де́ти с соба́ками.

지금 눈이 내리고 있고, 눈 속에서 아이들이 강아지들과 놀고 있다.

сухо́й

건조한, 마른

Трава́ совсе́м **суха́я**, потому́ что весь
ию́ль не́ было дождя́.

7월 내내 비가 내리지 않았기 때문에 풀이 완전히 말랐다.

температу́ра

온도

Сего́дня в Москве́ **температу́ра**
во́здуха вы́ше на 5 гра́дусов, чем
вчера́.

오늘 모스크바 기온은 어제보다 5도 높다.

관 у кого́ нет температу́ры ～은/는 정상 체온이다

тёплый

따뜻한, 온화한

В э́том году́ ра́но начала́сь весна́,
и бы́ло о́чень **тепло́**.

금년에는 봄이 일찍 시작되었고 매우 따뜻했다.

참 тепло́ 따뜻하게; 따뜻하다

тума́н

안개

Из-за **тума́на** на доро́ге мы ничего́ не
могли́ уви́деть.

안개 때문에 길에서 우리는 아무것도 볼 수가 없었다.

ту́ча
(명) (여)

먹구름, 비구름

Посмотри́, всё не́бо в **ту́чах**, тепе́рь бу́дет дождь.

봐, 온 하늘이 먹구름이니까 이제 비가 올 거야.

у́голь
(명) (남)

석탄

Росси́я экспорти́рует **у́голь** во мно́гие стра́ны.

러시아는 많은 나라에 석탄를 수출하고 있다.

🔍 단수만 사용해요.

хо́лодно
(부) 춥게, 차갑게
(술어) 춥다, 차갑다

В аудито́рии о́чень **хо́лодно**, закро́йте, пожа́луйста, окно́.

강의실이 매우 추우니까 창문을 좀 닫아 주세요.

холо́дный
(형)

추운, 차가운

Я не бу́ду купа́ться, потому́ что вода́ в о́зере сли́шком **холо́дная**.

호수 물이 너무 차갑기 때문에 나는 수영하지 않을 것이다.

це́нный
(형)

값진, 귀중한

Ва́ша информа́ция оказа́лась о́чень **це́нной**.

당신의 정보는 매우 귀중한 것으로 판명됐습니다.

чи́стый

 형

깨끗한, 순수한

Э́та река́ была́ **чи́стой**, но сейча́с гря́зная из-за заво́да.

이 강은 깨끗했는데 지금은 공장 때문에 깨끗하지 않다.

반 гря́зный = нечи́стый 더럽다, 깨끗하지 않다

관 чи́стый бланк 빈 용지　чи́стое зо́лото 순금

эне́ргия

 명 어

에너지, 힘

Учёные э́того институ́та иссле́дуют **эне́ргию** со́лнца.

이 연구소 학자들은 태양 에너지를 연구한다.

🔍 단수만 사용해요.

я́дерный

 형

핵의, 원자력의

В настоя́щее вре́мя учёные изуча́ют плю́сы и мину́сы **я́дерной** эне́ргии.

현재 학자들이 핵에너지의 장단점을 연구하고 있다.

3 동물 · 식물
живо́тное, расте́ние

берёза
명 여

자작나무

Берёзы мо́жно ви́деть почти́ на всей террито́рии Росси́и.

자작나무는 러시아의 거의 모든 영토에서 볼 수 있다.

волк
명 남

늑대(이리)

В ру́сском языке́ мно́го посло́виц со сло́вом "**волк**".

러시아어에는 단어 '늑대'를 포함하고 있는 속담이 많다.

관 Во́лков боя́ться, в лес не ходи́ть.
늑대가 무서우면 숲에 가지 마라.

де́рево
명 중

나무

В Росси́и растёт мно́го **дере́вьев**, мо́жет быть, поэ́тому мно́го **деревя́нных** сувени́ров.

아마도 러시아에는 나무가 많이 자라기 때문에 목재 공예품이 많은 것 같다.

참 **деревя́нный** 나무의, 나무로 된

живо́тное
명 중

동물

Де́ти лю́бят смотре́ть переда́чи о **живо́тных**.

아이들이 동물에 대한 방송을 보는 것을 좋아한다.

관 дома́шние живо́тные 가축
   ди́кие живо́тные 야생 동물

🔍 형용사처럼 변화해요.

заяц

토끼

Шерсть **за́йца** зимо́й бе́лая, а ле́том она ста́нет се́рой.

토끼의 털은 겨울에는 하얗지만 여름에는 회색으로 변한다.

참 шерсть 털

зверь

짐승

Когда́ **зве́ри** боле́ют, они́ са́ми нахо́дят лека́рство в лесу́.

짐승들은 병이 나면 그들 스스로 숲속에서 약을 찾는다.

зоопа́рк

동물원

В моско́вском **зоопа́рке** мно́го ра́зных живо́тных.

모스크바 동물원에는 여러 종류의 동물들이 많이 있다.

коро́ва

젖소(암소)

Ба́бушка живёт в дере́вне, она́ де́ржит **коро́в**.

할머니는 시골에 살고 계시고 소를 키우신다.

반 бык 수소

кот

고양이(수코양이)

В Росси́и говоря́т, что, е́сли **кот** умыва́ется, в дом приду́т го́сти.

러시아에서는 고양이가 세수를 하면 집에 손님이 올 것이라고 말한다.

반 ко́шка 암고양이

3 동물·식물
живо́тное, расте́ние

ку́рица

닭(암탉)

Во дворе́ у ба́бушки гуля́ют **ку́рицы** и пету́хи.

할머니 댁 마당에서 암탉과 수탉들이 놀고 있다.

🔁 петух 수탉

лист

(나뭇)잎

В апре́ле на дере́вьях появля́ются **ли́стья**.

4월에는 나무에서 잎이 돋아난다.

🔍 ли́стья는 '나무의 잎들'을 의미하고 ли́сты는 '종이들'을 의미해요.

ло́шадь

암말

В зоопа́рке мы ви́дели краси́вых **лошаде́й**.

동물원에서 우리는 예쁜 말들을 봤다.

🔁 конь 숫말

медве́дь

곰

Бе́лые **медве́ди** живу́т то́лько на се́вере.

백곰은 북쪽 지방에만 산다.

овца́

양(암양)

Молоко́ **овцы́** сла́дкое, поэ́тому сыр из него́ о́чень вку́сный.

양유는 달아서 그것으로 만든 치즈는 매우 맛있다.

🔁 бара́н 숫양

появля́ться

나타나다, 출현하다

Вы мо́жете пове́рить, что в на́шем го́роде **появи́лся** бе́лый медве́дь?

우리 도시에 흰곰이 출현했다는 것을 믿을 수 있습니까?

완 2식 появи́ться

пти́ца

새

У́тром в лесу́ замеча́тельно пою́т **пти́цы**.

아침에 숲속에서 새들이 멋지게 노래한다.

ро́за

장미

Молодо́й челове́к подари́л певи́це миллио́н кра́сных **роз**.

젊은 남자가 여가수에게 백만 송이의 빨간 장미를 선물했다.

слон

코끼리

Не то́лько в А́фрике, но и в страна́х ю́жной А́зии мно́го **слоно́в**.

아프리카뿐만 아니라 남아시아의 나라들에도 코끼리가 많이 있다.

соба́ка

개 (암캐)

Ка́ждое у́тро мла́дшая сестра́ хо́дит гуля́ть с **соба́кой**.

매일 아침 여동생이 강아지와 산책하러 다닌다.

관 соба́ка/соба́чка 컴퓨터 기호   반 пёс 수캐

Упр. 09-3

трава́
명 여

풀, 잡초

Как называ́ется э́та **трава́**, кото́рая похо́жая на ёлочку?

전나무 가지를 닮은 이 풀은 뭐라고 불러요?

참 ёлочка 전나무 가지 (ёлка의 지소체)

цветы́
명 복

꽃

Восьмо́го ма́рта, в междунаро́дный же́нский день ру́сские мужчи́ны даря́т же́нщинам **цветы́**.

3월 8일 세계 여성의 날에 러시아 남자들은 여자들에게 꽃을 선물한다.

참 цвето́к 한 송이 꽃

4 물질의 특성
характери́стика предме́та

бе́лый
형

흰색의

Ната́ша наде́ла **бе́лую** ю́бку и лёгкую голубу́ю блу́зку.

나타샤는 흰 치마와 얇은 하늘색 블라우스를 입었다.

🔍 бе́лые но́чи 백야

бо́лее
부

더욱

У нас есть **бо́лее** ва́жные пробле́мы, чем э́та.

우리에게는 이 문제보다 더 중요한 문제들이 있다.

🔍 형용사나 부사 앞에 써서 증가 비교의 의미를 표현해요.

большинство́
명 **중**

대부분

В собра́нии уча́ствовало **большинство́** студе́нтов на́шего факульте́та.

집회에 우리 학부의 대부분의 학생들이 참석했다.

🔍 단수만 사용하고 복수 생격과 결합해요.

большо́й
형

큰

Мы живём в **большо́м** но́вом до́ме.
У нас **больша́я** семья́.

우리는 크고 새로운 집에 살고 있다. 우리는 대가족이다.

вдвоём
부

둘이서, 같이

О́ба бра́та всегда́ де́лают всё **вдвоём**.
У них хоро́шие отноше́ния.

두 형제는 항상 모든 것을 둘이 같이 한다. 그들은 사이가 좋다.

🔖 о́ба бра́та 두 형제 о́бе сестры́ 두 자매

весь

모든, 전체의

Вчера́ **все** де́ти на́шей шко́лы помога́ли де́душкам и ба́бушкам **весь** день.

우리 학교 아이들 모두가 하루 종일 할아버지와 할머니들을 도와드렸다.

참 весь ве́чер 저녁 내내 вся ночь 밤 내내
всё у́тро 아침 내내 все дни 며칠 동안 내내

голубо́й

하늘색의

Э́то **голубо́е** пла́тье о́чень идёт тебе́.

이 하늘색 원피스는 네게 매우 어울린다.

관 голуба́я мечта́ 푸른 꿈

грамм

그램

Да́йте, пожа́луйста, две́сти **гра́ммов** сы́ра и полкилогра́мма помидо́ра.

치즈 200그램하고 토마토 500그램 좀 주세요.

참 полкилогра́мма = полови́на одного́ килогра́мма 500그램

да́же

심지어
소 ~조차, ~(이)라도

Сейча́с мно́гие отдыха́ют по субб́отам и воскресе́ньям, но мой оте́ц **да́же** в воскресе́нье рабо́тает.

지금은 많은 사람들이 토요일과 일요일에 쉬지만 나의 아버지는 심지어 일요일에도 일하신다.

дво́е

2명(2개)의

В э́той семье́ родило́сь **дво́е** дете́й, а у сосе́дней – **тро́е**.

이 가정에는 두 아이가 태어났는데 옆집에는 세 아이가 태어났다.

🔍 집합 수사이며 활동체 남성 명사 복수나 복수 명사 성격과 결합해요. че́тверо(4)까지는 자주 사용해요. 수량 의미를 강조할 때는 중성 단수로, 행위의 의미를 강조할 때는 복수로 취급해요.

еди́нственный

유일한

Коре́я – **еди́нственная** в ми́ре страна́, кото́рая до сих пор разде́лена на две ча́сти.

한국은 세계에서 유일하게 둘로 나뉘어진 국가이다.

참 до сих пор 지금까지 разде́лен 나뉘어진

жёлтый

노란색의

Наступи́ла о́сень, дере́вья в лесу́ ста́ли **жёлтыми**.

가을이 왔고 숲속 나무들이 노랗게 변했다.

зелёный

녹색의

У неё **зелёные** глаза, поэ́тому она́ лю́бит ходи́ть в оде́жде **зелёного** цве́та.

그녀는 눈동자가 녹색이어서 녹색 옷을 입고 다니기를 좋아한다.

관 зелёные помидо́ры 덜 익은 토마토

ка́чество

질

Э́та компа́ния произво́дит това́ры са́мого высо́кого **ка́чества**.

이 회사는 가장 높은 질의 제품을 생산한다.

🔍 단수만 사용해요.

килогра́мм
명 남

킬로그램

На ры́нке мы купи́ли 2 **килогра́мма** апельси́нов и 5 **килогра́ммов** виногра́да.

시장에서 우리는 오렌지 2킬로그램과 포도 5킬로그램을 샀다.

🔍 апельси́н는 복수형이 있고 виногра́д는 복수형 없어요.

киломе́тр
명 남

킬로미터

В го́роде мы е́здим со ско́ростью 60 **киломе́тров** в час.

우리는 시내에서 시속 60킬로미터로 다닌다.

коли́чество
명 중

수(량)

В после́днее вре́мя увеличи́лось **коли́чество** маши́н на доро́гах.

최근에 도로에 차량이 늘었다.

кори́чневый
형

갈색의

Сын хо́чет купи́ть **кори́чневый** костю́м, кото́рый ему́ о́чень идёт.

아들은 자신에게 잘 어울리는 갈색 수트를 사고 싶어 한다.

кра́сный
형

빨간색의

Её щёки ста́ли **кра́сными** от моро́за.

그녀의 볼은 추위로 빨개졌다.

관 Кра́сная пло́щадь 붉은 광장

кру́глый

둥근

У нас на ку́хне стои́т **кру́глый** деревя́нный стол, кото́рый сде́лал оте́ц.

우리 부엌에는 아버지가 만든 둥근 나무 탁자가 놓여 있다.

лёгкий

가벼운, 쉬운

Я купи́ла удо́бные, **лёгкие** ту́фли. Бо́льше не боля́т но́ги.

나는 편하고 가벼운 구두를 샀다. 더 이상 발이 안 아프다.

참 **легко́** 가볍게, 쉽게; 쉽다

🔍 [лёхкий]로 발음해요.

ли́шний

여분의

Я забы́ла ру́чку до́ма, у тебя́ есть **ли́шняя** ру́чка?

나 볼펜을 집에 두고 왔는데 너 남는 볼펜 있어?

관 **ли́шний челове́к** 잉여 인간

любо́й

모든, 어떤

Приходи́ ко мне в **любо́е** вре́мя, когда́ тебе́ удо́бно.

네가 편할 때 언제든지 내게 와라.

ма́ленький

형

작은

По разме́ру э́тот го́род **ме́ньше**, чем мой родно́й, но здесь живёт бо́льше люде́й.

이 도시는 면적 면에서 내 고향보다 더 작은데 (여기에는) 더 많은 사람들이 살고 있다.

ма́ло

부 적게

술어 적다

Он пло́хо у́чится, потому́ что совсе́м **ма́ло** занима́ется.

그는 아주 조금밖에 공부하지 않기 때문에 공부를 못한다.

🔍 복수 생격과 결합해요.

ме́нее

부

덜

В э́том году́ **ме́нее** холо́дная зима́, чем в про́шлом. Поэ́тому сне́га то́же ме́ньше.

작년보다 올해는 덜 추운 겨울이다. 그래서 눈도 더 적다.

🔍 형용사와 부사 앞에 써서 감가 비교의 의미를 표현해요.

меньшинство́

명 중

소수(派)

Большинство́ студе́нтов хорошо́ подгото́вилось к экза́мену, а **меньшинство́** — совсе́м не гото́вилось.

학생들 대부분이 시험을 잘 준비했지만 몇몇은 전혀 준비하지 않았다.

🔍 단수만 사용하고 복수 생격과 결합해요.

ме́рить

동 불 2식

재다

У ребёнка горя́чий лоб, ему́ на́до **поме́рить** температу́ру.

아이 이마가 뜨거우니까 열을 재야 한다.

완 2식 поме́рить

관 Мо́жно поме́рить? 입어 봐도 돼요?

мно́гие

 형

많은(사람들)

На нау́чную конфере́нцию прие́хали учёные из **мно́гих** стран ми́ра.

학술 회의에 세계의 많은 나라에서 학자들이 왔다.

🔍 주격 мно́гие만으로 мно́гие лю́ди (많은 사람들)라고 표현해요.

мно́го

 부 많이, 매우

술어 많다

Ты сли́шком **мно́го** рабо́таешь. Я сове́тую тебе́ бо́льше отдыха́ть.

너는 일을 너무 많이 해. 나는 너에게 더 많이 쉬라고 조언할게.

참 бо́льше 더 많이 ➡ p.424(부록)

🔍 복수 생격과 결합해요.

мя́гкий

 형

부드러운

Э́ти бу́лочки о́чень **мя́гкие** и вку́сные. Попро́буйте!

이 파이는 매우 부드럽고 맛있어요. 드셔 보세요!

참 мя́гко 부드럽게, 부드럽다

🔍 [мя́хкий]로 발음해요.

намно́го

부

훨씬

В Москве́ **намно́го** холодне́е, чем в Сеу́ле.

모스크바는 서울보다 훨씬 더 춥다.

🔍 형용사나 부사와는 비교급과 같이 사용해요.

4 물질의 특성
характери́стика предме́та

не́который
형

어떤, 약간의

Не́которое вре́мя мы жи́ли у ба́бушки в дере́вне. **Не́которые** лю́ди не хотя́т жить в дере́вне, но мы лю́бим.

일정 기간 동안 우리는 시골 할머니 댁에서 살았다. 어떤 이들은 시골에서 살고 싶어 하지 않지만 우리는 좋아한다.

не́сколько
부

약간, 몇몇

Я **не́сколько** раз звони́л ему́, но он ни ра́зу не отве́тил.

내가 몇 번 그에게 전화했는데 그는 한 번도 받지 않았다.

🔍 복수 생격과 결합해요.

но́мер

번(호)

В Росси́и **но́мер** телефо́на ско́рой по́мощи – 03(ноль три).

러시아에서 응급 구조대 번호는 03번이다.

참 ско́рая по́мощь 응급 구조대

огро́мный
형

거대한, 방대한

Студе́нты на́шего университе́та вошли́ в **огро́мный** зал.

우리 대학의 학생들이 거대한 홀로 들어왔다.

остально́й
형

남은, 나머지의

То́лько три де́вушки получи́ли дво́йку, а **остальны́е** студе́нты успе́шно сда́ли экза́мен.

여학생 세 명만 2점을 받았고 나머지 학생들은 시험을 성공적으로 통과했다.

по́лный[1]

가득찬

Ребёнок вы́пил **по́лный** стака́н апельси́нового со́ка.

아이는 오렌지 주스가 가득 찬 한 컵을 다 마셨다.

참 по́лный[2] → p.19

полови́на

절반

В на́шей гру́ппе 20 студе́нтов, **полови́на** хорошо́ написа́ла тест.

우리 그룹에는 20명의 학생이 있는데 절반이 시험을 잘 봤다.

🔍 단수 생격과 결합해요. 축약형 пол과 단수 생격형을 붙여 полчаса́(30분), пол-лемо́на(레몬 절반) 등으로도 표현해요.

полтора́

일과 이분의 일(1½)

Студе́нты писа́ли тест **полтора́** часа́.

학생들이 한 시간 반 동안 시험 문제를 풀었다.

🔍 단수 생격과 결합하며 남성과 중성 명사와는 полтора́, 여성 명사와는 полторы́를 사용해요.

проце́нт

퍼센트

О́сенью це́ны на о́вощи упа́ли на 10 **проце́нтов**.

가을에 야채 가격이 10퍼센트 떨어졌다.

разме́р

치수, 크기

Да́йте, пожа́луйста, джи́нсы три́дцать второ́го **разме́ра**.

청바지 32 사이즈 좀 주세요.

ро́зовый
형
분홍색의

Сестра́ всегда́ вы́глядит здоро́во, потому́ что у неё **ро́зовые** щёки.
동생의 볼이 분홍빛이기 때문에 그녀는 항상 건강해 보인다.

참 동 (2식) **вы́глядеть** 보이다(как 어떻게)

сантиме́тр
명 남
센티미터

Она́ высо́кая, её рост 175 **сантиме́тров**.
그녀는 키가 크다. 175센티미터다.

참 рост 키, 높이

седо́й¹
형
백색의

Во́лосы отца́ ста́ли совсе́м **седы́ми**.
아버지의 머리가 완전히 하얘졌다.

참 седо́й² → p.20

🔍 во́лосы, борода́, усы́, челове́к, ба́бушка, де́душка 등의 단어와 사용해요.

се́рый
형
회색의

Вы ви́дите там высо́кое **се́рое** зда́ние? Э́то библиоте́ка.
저기 높은 회색 건물 보이세요? 그것이 도서관이에요.

си́ний
형
파란색의

И ле́том, и зимо́й мой оте́ц лю́бит ходи́ть в **си́ней** оде́жде.
여름에도 겨울에도 나의 아버지는 파란 옷 입는 것을 좋아하신다.

관 си́нее лицо́/си́ние ру́ки от хо́лода
추위로 파랗게 언 얼굴/손

сле́дующий

다음의

В **сле́дующем** году́ мла́дший брат око́нчит университе́т.

내년에 동생이 대학을 졸업한다.

관 на сле́дующей неде́ле 다음 주에

сли́шком

너무, 지나치게

Оте́ц **сли́шком** мно́го рабо́тает, и **сли́шком** ма́ло спит.

아버지는 너무 많이 일하시고 너무 적게 주무신다.

совсе́м

전혀, 아주

Мой дом нахо́дится **совсе́м** бли́зко от твоего́. Приходи́ ко мне.

우리 집이 너희 집이랑 아주 가까워. 나한테 놀러 와.

так

그렇게, 이렇게

Я позвони́ла Ма́ше не по де́лу, а про́сто **так**. Одна́ко Ма́ше не нра́вится, когда́ я **так** де́лаю.

나는 마샤에게 일 때문이 아니라 (단지) 그냥 전화했다. 그런데 마샤는 내가 그렇게 하는 것을 싫어한다.

🔍 접속사일 때는 그러면, 그래서를 의미해요.

тако́й

그러한, 이러한

У меня́ **таки́е** же кроссо́вки, как у тебя́.

너한테 있는 거랑 같은 바로 그런 운동화가 나한테도 있어.

твёрдый

단단한, 고체의

Э́то я́блоко зелёное, **твёрдое** и невку́сное.
이 사과는 파랗고 딱딱하고 맛이 없다.

참 **твёрдо** 단단하게, 굳게, 확고히; 단단하다

관 **твёрдый, как ка́мень** 돌처럼 딱딱하다
твёрдый знак 경음 기호

то́лько

막, 겨우

То́лько неда́вно я вста́ла. Я спала́ **то́лько** 2 часа́.
나는 아까 막 일어났다. 겨우 2시간 잤다.

то́чный

정확한, 정밀한

Мои́ часы́ стоя́т. Скажи́, пожа́луйста, **то́чное** вре́мя.
내 시계가 멈췄어. 정확한 시간 좀 말해 줘.

참 **то́чно** 정확히, 틀림없이; 옳다, 그렇다

тяжёлый

무거운, 어려운

Мой чемода́н о́чень **тяжёлый**, я с трудо́м несу́ его́.
내 트렁크가 아주 무거워서 나는 힘들게 그것을 옮기는 중이다.

참 **тяжело́** 무겁게, 어렵게; 무겁다, 어렵다

увели́чиваться
동 불 1식

늘어나다, 증가하다

В после́днее вре́мя постоя́нно **увели́чивается** э́кспорт това́ров из Коре́и в Росси́ю.

최근 한국에서 러시아로의 상품 수출이 지속적으로 증가하고 있다.

완 2식 увели́читься

уменьша́ться
동 불 1식

줄다, 감소하다

Коли́чество шко́льников, кото́рые хотя́т поступи́ть в университе́т, **уменьша́ется** ка́ждый год.

대학에 들어가고 싶어 하는 학생 수가 매년 줄어들고 있다.

완 2식 уме́ньшиться

фо́рма
명 여

모양, 형태

Фо́рма и разме́р э́того дива́на подхо́дят к мое́й ко́мнате.

이 소파의 모양과 크기는 내 방에 맞는다.

관 шко́льная фо́рма 교복

цвет
명 남

색(깔)

A Како́й **цвет** тебе́ нра́вится бо́льше всего́?

너는 어떤 색을 가장 좋아하니?

B Голубо́й.

하늘색.

참 цвета́ 색깔들

4 물질의 특성
характери́стика предме́та

цветно́й

색의, 색이 있는

Ма́ма, я хочу́ рисова́ть. Купи́,
пожа́луйста, **цветны́е** карадаши́.

엄마, 그림 그리고 싶어요. 색연필 좀 사 주세요.

참 цвето́чный 꽃의, 꽃 모양의

це́лый

전체의, 완전한

Ребёнок вы́пил **це́лый** стака́н молока́.

아이가 우유 한 잔 전부를 마셨다.

관 це́лый день 하루 종일

ци́фра

숫자, 수

Я не понима́ю, каку́ю **ци́фру** ты
написа́л: "оди́н" и́ли "семь".

1인지 7인지, 네가 어떤 숫자를 썼는지 모르겠어.

часть

부분, 일부

Э́тот докла́д состои́т из двух **часте́й**.
Ка́жется, в нём нет после́дней **ча́сти**,
заключе́ния.

이 리포트는 두 부분으로 구성되어 있어. 아마도 마지막 부분,
결말이 없는 것 같아.

참 введе́ние 서문 основна́я часть 본문
заключе́ние 맺음말

чёрный

까만색의, 검은

Оле́г пришёл на собра́ние в стро́гом
чёрном костю́ме.

알렉은 깔끔한 검은 수트를 입고 회의에 왔다.

관 чёрный ко́фе 블랙커피 чёрный хле́б 호밀빵

че́тверть
명 여

4분의 1

Мла́дший брат успе́шно зако́нчил пе́рвую **че́тверть** пе́рвого кла́сса.

남동생은 1학년의 4분의 1을 성공적으로 마쳤다.

관 **без че́тверти 5 часо́в** 다섯 시 15분 전

число́
명 중

수, 날짜

A Како́е сего́дня **число́**?

오늘이 며칠입니까?

B Сего́дня семна́дцатое апре́ля.

오늘은 4월 17일입니다.

관 **еди́нственное/мно́жественное чи́сло** 단/복수

чуть-чу́ть
부

약간, 아주 조금

Мы **чуть-чу́ть** отдохну́ли и продо́лжили рабо́тать.

우리는 아주 조금 쉬고 일을 계속했다.

я́ркий
형

선명한, 밝은

У́тром в моё окно́ свети́т **я́ркое** со́лнце.

아침에 내 창문으로 밝은 태양이 비추고 있다.

실전 대화 практический диалог

대화 1 диалог 1

A Ка́жется, что в после́дние го́ды о́чень си́льно измени́лся климат на Земле́.

B Ты прав. Ле́то стано́вится всё длинне́е, а зима́, наоборо́т, всё коро́че.

A Не то́лько измени́лись времена́ го́да, но и в сухи́х райо́нах ча́сто иду́т си́льные дожди́, а в вла́жных стано́вится всё су́ше, поэ́тому горя́т леса́.

B Э́то так. Поэ́тому мы должны́ подгото́виться к измене́нию климата и постара́ться храни́ть приро́ду.

A Что́бы сэконо́мить эне́ргию, я стара́юсь не испо́льзовать электри́чество и ходи́ть пешко́м.

A 최근 몇 년 동안 지구의 기후가 매우 심하게 변한 것 같아.

B 네 말이 맞아. 여름은 점점 더 길어지고 겨울은 반대로 점점 더 짧아지고 있어.

A 계절이 바뀌었을 뿐만 아니라 건조한 지역에는 폭우가 자주 내리고 습한 지역은 점점 더 건조해져서 숲들이 타고 있어.

B 그래. 그래서 우리는 기후 변화에 대비하고 자연을 보호하려고 노력해야 해.

A 에너지를 절약하기 위해서 나는 전기 사용을 자제하고 걸어서 다니려고 노력하고 있어.

вла́жный 습한

대화 2 диалог 2

A Здо́рово! Когда́ я приходи́л в зоопа́рк? Ка́жется, в де́тстве, когда́ я ходи́л в 3-ий и́ли 4-ый класс?

B Наве́рно, я то́же. Како́е живо́тное ты бо́льше всего́ хо́чешь уви́деть сего́дня?

A Бо́льше всего́ я хочу́ посмотре́ть на слоно́в. Мне интере́сно смотре́ть, когда́ они́ едя́т траву́ и́ли пьют во́ду дли́нным но́сом. А ты?

B Я хочу́ посмотре́ть на птиц ра́зных цвето́в. Бу́дет о́чень краси́во там, где собра́лись зелёные, кра́сные и жёлтые пти́цы.

A В э́том зоопа́рке есть ме́сто, где мо́жно сфотографи́роваться с пти́цами. Пойдём туда́!

A 우와(참 좋다)! 내가 언제 동물원에 왔었지? 어릴 때 3,4학년 때인 것 같아.

B 아마 나도. 넌 오늘 어떤 동물을 가장 보고 싶어?

A 무엇보다도 난 코끼리를 보고 싶어. 코끼리들이 긴 코로 풀을 먹거나 물을 마시는 걸 보면 재미있어. 너는?

B 나는 여러 색깔의 새들을 보고 싶어. 녹색과 빨간색과 노란색 새들이 모여있는 곳은 정말 예쁠 거야.

A 이 동물원에는 새들과 같이 사진을 찍을 수 있는 곳이 있어. 거기 가자!

X
여가 생활
досу́г

1

축일 · 휴가 · 여행
пра́здник, о́тдых, путеше́ствие

MP3 43

аэропо́рт
명 남
공항

В **аэропорту́** мы встре́тили ба́бушку, кото́рая прилете́ла из Москвы́.

공항에서 우리는 모스크바에서 오신 할머니를 마중했다.

бага́ж
명 남
짐, 수하물

Мой **бага́ж** улете́л не во Фра́нцию, а в другу́ю страну́.

내 짐이 프랑스가 아니라 다른 나라로 날아갔다.

боле́льщик
명 남
팬, 애호가

У моско́вской футбо́льной кома́нды "Спарта́к" о́чень мно́го **боле́льщиков**.

모스크바 축구팀 '스파르탁'은 팬들이 아주 많다.

вокза́л
명 남
(기차)역

Скажи́те, пожа́луйста, как дое́хать до **вокза́ла**?

기차역까지 어떻게 가면 되는지 좀 알려 주시겠어요?

관 железнодоро́жный вокза́л 기차역
автовокза́л 버스 터미널

гости́ница
명 여
호텔

Позвони́, пожа́луйста, в **гости́ницу** и закажи́ но́мер.

호텔에 전화 좀 해서 방을 예약해 줘.

дари́ть
동 불 2식

주다, 선물하다

Анто́н **подари́л** коре́йской подру́ге
ру́сскую матрёшку.

안톤이 한국 여자 친구에게 러시아 마트료시카를 선물했다.

완 2식 подари́ть

ёлка
명 어

트리, 전나무

В Росси́и покупа́ют и ста́вят **ёлку**
перед Но́вым го́дом.

러시아에서는 새해 전에 트리를 사서 세워 놓는다.

참 Но́вый год 새해, 신정

жела́ние
명 중

바람

Он хоте́л поступи́ть в э́тот университе́т,
и его́ **жела́ние** испо́лнилось.

그는 이 대학에 입학하고 싶었고 그의 바람은 이루어졌다.

жела́ть
동 불 1식

바라다

Све́та, поздравля́ю тебя́ с Рождество́м,
жела́ю тебе́ здоро́вья, сча́стья и
больши́х успе́хов.

스베타, 크리스마스를 축하하고 건강과 행복, 대성을 기원해.

완 1식 пожела́ть

награ́да
명 어

상

Э́тот офице́р получи́л **награ́ду** за
му́жество.

이 장교는 용맹함으로 인해 상을 받았다.

осма́тривать
동 불 1식

구경하다, 진찰하다

Я не смог **осмотре́ть** все изве́стные места́ Москвы́.

나는 모스크바의 모든 유명한 장소를 다 구경할 수는 없었다.

완 2식 осмотре́ть

остава́ться
동 불 1식

머물다, 남다

Мы реши́ли **оста́ться** в Москве́ ещё на неде́лю.

우리는 모스크바에 일주일 더 머물기로 했다.

완 1식 оста́ться

оставля́ть
동 불 1식

남기다

Роди́тели **оста́вили** дете́й в дере́вне у ба́бушки, а сами́ верну́лись домо́й.

부모가 아이들을 시골 할머니 댁에 남겨 놓고 자신들은 집으로 돌아왔다.

완 2식 оста́вить

остана́вливать
동 불 1식

멈추다, 세우다

Останови́те, пожа́луйста, маши́ну о́коло э́того магази́на!

이 가게 근처에 차를 좀 세워 주세요.

참 остана́вливаться 멈추다, 서다
완 2식 останови́ть(ся)

о́тдых
명 남

휴식

Оте́ц рабо́тал весь год без **о́тдыха**. Он хо́чет отдохну́ть.

아버지는 휴식 없이 일년 내내 일하셨다. 그는 쉬고 싶어 하신다.

🔍 단수만 사용해요.

отдыха́ть

동 불 1식

쉬다, 휴양하다

В про́шлом году́ ле́том на́ша семья́ **отдыха́ла** в Евро́пе.

작년 여름에 우리 가족은 유럽에서 휴가를 보냈다.

완 1식 отдохну́ть

о́тпуск

명 남

휴가

Дире́ктор сейча́с в **о́тпуске**, он вернётся че́рез неде́лю.

대표는 지금 휴가 중인데 일주일 후에 돌아올 것이다.

관 академи́ческий о́тпуск 휴학

отъе́зд

명 남

출발

До на́шего **отъе́зда** в Росси́ю оста́лась одна́ неде́ля.

우리가 러시아로 출발하기까지 일주일 남았다.

план

명 남

계획, 일정

Каки́е у тебя́ **пла́ны** на э́то воскресе́нье?

이번 일요일에 무슨 계획이 있어?

пода́рок

명 남

선물

Я пригото́вил тебе́ небольшо́й **пода́рок** на день рожде́ния.

너에게 생일 기념으로 작은 선물을 준비했어.

пое́здка
명 여

여행, 이동

Мы плани́руем **пое́здку** во Владивосто́к и на Сахали́н.

우리는 블라디보스톡과 사할린으로 여행 가려고 한다.

참 плани́ровать 계획하다

поздравля́ть
동 불 1식

축하하다

Дорога́я ма́ма, от всей души́ **поздравля́ю** тебя́ с днём рожде́ния!

소중한 엄마, 진심으로 생신 축하드려요.

완 2식 поздра́вить

получа́ть
동 불 1식

받다

Вчера́ я **получи́ла** письмо́ от подру́ги де́тства.

어제 나는 어린 시절 여자 친구로부터 편지를 받았다.

완 2식 получи́ть

пра́здник
명 남

축일, 명절

Мы ве́село провели́ нового́дний **пра́здник** вме́сте с ба́бушкой и де́душкой.

우리는 할머니와 할아버지와 함께 새해 명절을 즐겁게 보냈다.

прие́зд
명 남

도착

Мы гото́вимся к **прие́зду** иностра́нных госте́й.

우리는 외국 손님들이 도착하는 것에 맞춰 준비하고 있다.

관 С прие́здом! 잘 오셨어요!

проводи́ть

동 불 2식

시간을 보내다

Мы ка́ждый год **прово́дим** всё ле́то в Москве́.

우리는 매년 모스크바에서 여름 내내 시간을 보낸다.

완 1식 провести́

путеше́ствие

명 중

여행

На́ше **путеше́ствие** по Ю́жной Аме́рике продолжа́лось две неде́ли.

우리의 남아메리카 여행은 2주 동안 계속되었다.

путеше́ство-вать

동 불 1식

여행하다

В про́шлом году́ мы с друзья́ми **путеше́ствовали** на по́езде по Восто́чной Евро́пе.

작년에 나는 친구들과 기차로 동유럽을 여행했다.

참 путеше́ственник 여행자

Рождество́

명 중

크리스마스

В совреме́нной Росси́и **Рождество́** отмеча́ют седьмо́го января́.

현대 러시아에서는 1월 7일에 크리스마스를 기념한다.

참 불 1식 отмеча́ть 기념하다

관 С Рождество́м! 메리 크리스마스!

салю́т
명 남

불꽃놀이, 경례

На берегу́ реки́ собра́лись лю́ди, что́бы посмотре́ть **салю́т** на Но́вый год.

새해 불꽃놀이를 보기 위해 사람들이 강가에 모였다.

참 ста́рый Но́вый год 설날, 구정

관 С Но́вым го́дом! 새해를 축하합니다!

спи́чки
명 복

성냥

В жа́ркую пого́ду нельзя́ оставля́ть **спи́чки** в маши́не.

더운 날씨에는 자동차 안에 성냥을 놓아두면 안 된다.

🔍 보통 복수로 사용해요.

сувени́р
명 남

기념품

Студе́нты взя́ли с собо́й коре́йские **сувени́ры** в Москву́.

학생들이 한국 기념품을 모스크바로 가지고 갔다.

тури́ст
명 남

여행객

Ле́том в Со́чи приезжа́ет отдыха́ть мно́го **тури́стов**.

여름에 소치에 많은 여행객들이 휴식하러 온다.

фестива́ль

명 남

축제

Два ра́за в год в на́шем университе́те организу́ют **фестива́ль** ру́сской культу́ры.

우리 대학에서는 일년에 두 번 러시아 문화 축제를 개최한다.

чемода́н

명 남

여행 가방, 트렁크

Одна́жды, когда́ я е́здила за грани́цу, я потеря́ла **чемода́н**.

언젠가 내가 외국에 갔다 올 때 트렁크를 잃어버렸다.

экску́рсия

명 여

견학, 소풍

Во вре́мя зи́мних кани́кул шко́льники е́здили на **экску́рсию** в Су́здаль.

겨울 방학 때 학생들은 수즈달로 견학을 갔다 왔다.

альбо́м
명 남
앨범

Мои́ роди́тели ка́ждый год де́лали **альбо́мы** с фотогра́фиями свои́х дете́й.

우리 부모님은 매년 자신의 아이들 사진들로 앨범을 만드셨다.

баскетбо́л
명 남
농구

Ста́рший брат игра́ет в **баскетбо́л**, а я не интересу́юсь им.

형은 농구를 하는데 나는 농구에 관심이 없다.

🔍 단수만 사용해요.

бассе́йн
명 남
수영장

Мла́дший брат хо́дит в **бассе́йн** два ра́за в неде́лю.

남동생은 일주일에 두 번 수영장에 다닌다.

бейсбо́л
명 남
야구

С де́тства она́ занима́ется **бейсбо́лом**, поэ́тому она́ о́чень хорошо́ игра́ет в него́.

어릴 때부터 그녀는 야구를 했기 때문에 매우 잘 한다.

🔍 단수만 사용해요.

боле́ть³
동 불 1식
응원하다

A Ты за кого́ **боле́ешь**?

누구를 응원하니?

B За петербу́ргскую кома́нду "Зени́т".

페테르부르크 축구 팀 '제니트'를 응원해.

참 боле́ть¹, боле́ть² → p.37

боро́ться

동 불 1식

싸우다, 맞붙다

На чемпиона́те ми́ра кома́нда на́шей страны́ **боро́лась** с Япо́нией.

세계 선수권 대회에서 우리 나라 팀은 일본과 싸웠다.

борьба́

명 여

전투, 시합

На́ша кома́нда продолжа́ет **борьбу́** за пе́рвое ме́сто.

우리 팀은 1위를 하기 위해 시합을 계속하고 있다.

🔍 단수만 사용해요.

волейбо́л

명 남

배구

В шко́ле я игра́ла в **волейбо́л**, а в университе́те я занима́лась баскетбо́лом.

고등학교에서 나는 배구를 했는데 대학에서는 농구를 했다.

🔍 단수만 사용해요.

вы́игрывать

동 불 1식

이기다, 승리하다

На́ша кома́нда **вы́играла** футбо́льный матч у кома́нды "Луч".

우리 팀은 '루치' 팀에게 축구 경기를 이겼다.

반 прои́грывать 지다, 패하다 완 1식 вы́играть

гимна́стика

명 여

체조

Врач сове́тует ма́ме де́лать у́треннюю **гимна́стику**.

의사가 엄마에게 아침 체조를 하라고 충고하고 있다.

🔍 단수만 사용해요.

гуля́ть

동 불 1식

산책하다, 거닐다

Обы́чно ка́ждый ве́чер мы с роди́телями **гуля́ем** в лесу́ и́ли в па́рке.

보통 매일 저녁 나와 부모님은 숲이나 공원에서 산책한다.

완 1식 погуля́ть

закури́ть

동 완 2식

담배를 피우기 시작하다

Он взял сигаре́ту и **закури́л**.

그는 담배를 집어서 피우기 시작했다.

захоте́ть

동 완 1식, 2식

원하게 되다

Ма́ша одна́жды вдруг **захоте́ла** изуча́ть испа́нский язы́к.

마샤는 어느날 갑자기 스페인어를 공부하고 싶어졌다.

игра́

명 여

놀이(게임), 경기

В де́тском саду́ по́сле обе́да начина́ются весёлые **и́гры**.

유치원에서는 점심 식사 후에 즐거운 놀이가 시작된다.

игра́ть

동 불 1식

놀다, 연주하다

В саду́ де́вочки **игра́ют** с ку́клами, а ма́льчики **игра́ют** в футбо́л.

정원에서 여자아이들은 인형 놀이를 하고 있고 남자아이들은 축구를 하고 있다.

완 1식 сыгра́ть

관 игра́ть на гита́ре 기타를 치다

интере́с

 명 남

관심, 흥미

У не́которых студе́нтов появи́лся **интере́с** к ру́сской литерату́ре.

몇몇 학생들에게 러시아 문학에 대한 관심이 생겼다.

интере́сный

형

재미있는, 흥미로운

В кинотеа́трах в после́днее вре́мя ча́сто пока́зывают **интере́сные** азиа́тские фи́льмы.

최근 영화관에서는 재미있는 아시아 영화들을 자주 상연하고 있다.

참 **интере́сно** 재미있게, 흥미롭게; 재미있다

интересова́ть

동 불 1식

관심을 끌다, 흥미를 일으키다

Меня́ не **интересу́ет** поли́тика, а мне интере́сно петь пе́сни.

나는 정치에는 관심이 없는데 노래를 부르는 것은 재미있다.

интересова́ться

동 불 1식

관심을 가지다, 흥미를 느끼다

И́горь **интересу́ется** мирово́й исто́рией, а я - иностра́нными языка́ми.

이고리는 세계 역사에 관심을 가지고 있지만 나는 외국어에 흥미를 느낀다.

ката́ться

동 불 1식

(스키/스케이트를) 타다

Зимо́й де́ти лю́бят **ката́ться** на лы́жах и конька́х.

겨울에 아이들은 스키와 스케이트 타는 것을 좋아한다.

2 운동·취미
спорт, хобби

клуб

동아리(클럽)

Я занима́юсь та́нцами в на́шем студе́нческом **клу́бе**.

나는 우리 학생들 동아리에서 댄스를 하고 있다.

кома́нда

팀

Баскетбо́льная **кома́нда** на́шего университе́та ста́ла чемпио́ном го́рода.

우리 대학 농구 팀이 시 챔피언이 됐다.

коньки́

스케이트(화)

Брат с де́тства занима́ется **конька́ми**. Сейча́с он фигури́ст.

동생은 어릴 때부터 스케이트를 탄다. 지금은 피겨 스케이팅 선수다.

참 **фигури́ст** 피겨 스케이팅 선수

🔍 보통 복수로 사용해요.

купа́ться

수영하다(해수욕하다), 미역 감다

В де́тстве мы с друзья́ми ча́сто **купа́лись** в Москве́-реке́.

어릴 때 나는 친구들과 모스크바 강에서 자주 수영하고 놀았다.

кури́ть

(담배를) 피우다

Оте́ц **кури́л** мно́го лет, но неда́вно бро́сил **кури́ть**.

아버지는 오랫동안 담배를 피우셨지만 최근에 담배 피우는 것을 그만두셨다.

лы́жи

스키

Наш сын с де́тства люби́л **лы́жи** и стал спортсме́ном-лы́жником.

우리 아들은 어려서부터 스키를 좋아했고 스키 선수가 됐다.

참 лы́жник 스키 선수

🔍 보통 복수를 사용해요.

матч

경기, 시합

Футбо́льный **матч** ме́жду кома́ндами Коре́и и Япо́нии зако́нчился побе́дой коре́йской кома́нды

한국 팀과 일본 팀의 축구 경기가 한국 팀 승리로 끝났다.

мяч

공

Вну́ки лю́бят игра́ть с **мячо́м**, поэ́тому де́душка подари́л им футбо́льный **мяч**.

손자들이 공 가지고 노는 것을 좋아해서 할아버지가 그들에게 축구공을 선물했다.

нра́виться²

동 불 2식

좋아하다

Мне **нра́вится** ру́сская литерату́ра, а мои́м двум друзья́м **нра́вятся** ру́сские пе́сни.

나는 러시아 문학을 좋아하는데 내 두 친구는 러시아 음악을 좋아한다.

참 нравиться¹ → p.27 완 2식 понра́виться

побе́да

승리

Э́тот футболи́ст хорошо́ игра́л и принёс **побе́ду** свое́й кома́нде.

이 축구 선수는 경기를 잘했고 자기 팀에게 승리를 가져다 줬다.

관 День Побе́ды 2차 대전 승전 기념일(5월 9일)

побежда́ть

동 불 1식

승리하다, 우승하다

Э́та кома́нда ча́сто **побежда́ла** нас, но в э́тот раз мы **победи́ли**.

이 팀은 우리를 자주 이겼지만 이번에는 우리가 이겼다.

완 2식 победи́ть (완료상 1인칭 단수는 사용하지 않아요.)

пораже́ние

명 중

패배

Е́сли у на́шей кома́нды бу́дет ещё одно́ **пораже́ние**, она́ не смо́жет продолжа́ть соревнова́ния.

우리 팀이 한 번 더 패배하면 더 이상 경기를 계속할 수 없다.

прогу́лка

명 여

산책

По́сле небольшо́й **прогу́лки** мы пи́ли ко́фе и разгова́ривали.

짧은 산책 후에 우리는 카페에서 커피를 마시면서 이야기를 나눴다.

про́игрывать

동 불 1식

지다, 잃다

Ни́на хорошо́ игра́ет в бадминто́н, поэ́тому ей всегда́ **про́игрывает** И́ра.

니나가 배드민턴을 잘 치기 때문에 이라는 항상 그녀에게 진다.

반 выи́грывать 완 1식 проигра́ть

пры́гать

동 불 1식

뛰어오르다

На стадио́не спортсме́ны **пры́гают** в длину́ и в высоту́.

경기장에서 선수들이 멀리뛰기와 높이뛰기를 하고 있다.

참 высота́ 높이 완 пры́гнуть

сигаре́та

담배

Оте́ц ку́рит о́чень кре́пкие **сигаре́ты**.
아버지는 매우 독한 담배를 피우신다.

снима́ть³

찍다, 촬영하다

Когда́ мы путеше́ствовали по А́нглии, мы **сня́ли** не́сколько ви́део.
영국에서 여행할 때 우리는 동영상을 몇 개 찍었다.

참 снима́ть¹ → p.134 снима́ть² → p.187
완 1식 снять

соревнова́ние

경기, 대회

Университе́тские **соревнова́ния** по баскетбо́лу вы́играла кома́нда математи́ческого факульте́та.
수학과 팀이 대학 농구 경기를 이겼다.

спорт

스포츠

Оле́г сам занима́ется **спо́ртом**, и ему́ нра́вится смотре́ть по телеви́зору спорти́вные и́гры.
알렉은 직접 운동을 하고 텔레비전으로 스포츠 경기를 보는 것도 좋아한다.

참 спорти́вный 스포츠의
🔍 단수만 사용해요.

стадио́н

경기장

Недалеко́ от на́шего до́ма постро́или прекра́сный совреме́нный **стадио́н**.
우리집에서 멀지 않은 곳에 멋진 현대식 경기장이 건설됐다.

те́ннис

테니스

С де́тства А́нна ка́ждое у́тро занима́ется **те́ннисом**, поэ́тому она́ хорошо́ игра́ет в **те́ннис**.

어릴 때부터 안나는 매일 아침 테니스를 치기 때문에 그녀는 테니스를 잘 친다.

🔍 단수만 사용해요.

тренирова́ться

연습하다, 훈련하다

Я регуля́рно **трениру́юсь** в на́шем студе́нческом спорти́вном це́нтре.

나는 우리 학생 스포츠 센터에서 정기적으로 연습한다.

трениро́вка

연습, 훈련

Са́ша занима́ется пла́ванием, он хо́дит на **трениро́вки** в бассе́йн три ра́за в неде́лю.

사샤는 수영을 하고 있고 연습을 위해 일주일에 세 번 수영장에 다닌다.

увлека́ться

열중하다, 몰두하다

В шко́ле Макси́м серьёзно **увлёкся** ша́хматами.

고등학교 때 막심은 서양 장기에 매우 빠져 있었다.

🔁 увле́чься

увлече́ние

열중, 몰두

Ка́тя всем интересу́ется, у неё мно́го **увлече́ний**.

카짜는 모든 것에 관심이 있고 많은 취미를 가지고 있다.

фигу́рное ката́ние
명 **중**

피겨 스케이팅

На Чемпиона́те ми́ра по **фигу́рному ката́нию** среди́ же́нщин победи́ла коре́йская спортсме́нка.

여자 피겨 스케이팅 세계 선수권 대회에서 한국 선수가 우승했다.

фотоаппара́т
명 **남**

카메라

Ста́рший брат увлека́ется фотогра́фией, он всегда́ и везде́ хо́дит с **фотоаппара́том**.

형은 사진에 열중해 있고 항상 어디든지 카메라를 가지고 다닌다.

фотографи́ро-вать
동 **불** **1식**

사진을 찍다

Ты хорошо́ **фотографи́руешь**. Сде́лай фотогра́фию, пожа́луйста, э́того цветка́.

너 사진 잘 찍으니까 이 꽃 사진 좀 찍어 줘.

참 фотографи́роваться 찍히다, 촬영되다
완 **1식** сфотографи́ровать(ся)

фотогра́фия
명 **여**

사진

В мое́й ко́мнате над крова́тью виси́т **фотогра́фия** семьи́.

내 방 침대 위에 가족사진이 걸려 있다.

관 сде́лать/снять фотогра́фию 사진을 찍다

футбо́л

축구

Она́ ча́сто смо́трит соревнова́ния по **футбо́лу** на стадио́не.

그녀는 경기장에서 축구 경기를 자주 관람한다.

참 футбо́льный 축구의

🔍 단수만 사용해요.

хо́бби

취미

A Како́е у твое́го отца́ **хо́бби**?

너희 아버지는 취미가 뭐야?

B Его́ **хо́бби** - рыба́лка.

아버지의 취미는 낚시야.

🔍 불변 명사예요.

хокке́й

하키

Кана́да ста́ла чемпио́ном ми́ра по **хокке́ю** в 2021-ом году́.

2021년에 캐나다가 하키 세계 챔피언이 되었다.

🔍 단수만 사용해요.

хоте́ть

~하고 싶다, 원하다

Она́ **хо́чет** быть бога́той, а я **хочу́** быть счастли́вым челове́ком.

그녀는 부자가 되고 싶어하는데 나는 행복한 사람이 되고 싶다.

хоте́ться

동 불 1식

~하고 싶다, 바라다

Роди́телям **хо́чется**, что́бы сын стал врачо́м. А сы́ну не **хо́чется** учи́ться.

부모님은 아들이 의사가 되기를 바란다. 그런데 아들은 공부하고 싶어하지 않는다.

чемпио́н

명 남

우승자(챔피언)

Па́вел Серге́ев стал **чемпио́ном** го́рода по ша́хматам.

파벨 세르게예프는 서양 장기에서 시 챔피언이 되었다.

чемпиона́т

명 남

선수권 대회, 결승전

Кома́нда Коре́и заняла́ пе́рвое ме́сто на **чемпиона́те** ми́ра по волейбо́лу.

한국 팀이 배구 세계 선수권에서 1등을 차지했다.

ша́хматы

명 복

체스(서양 장기)

По суббо́там и воскресе́ньям мы с де́душкой игра́ем в **ша́хматы**.

토요일과 일요일마다 나와 할아버지는 체스를 둔다.

🔍 복수만 사용해요.

бу́дущее

미래

Молоды́е лю́ди ча́сто говоря́т
о **бу́дущем**.

젊은 사람들은 미래에 대해 자주 이야기한다.

🔍 단수만 사용하고 형용사처럼 변화해요.

бу́дущий

미래의, 다음의

Ста́рший брат – **бу́дущий** перево́дчик
англи́йского языка́.

형은 미래의 영어 통역사이다.

관 бу́дущее вре́мя 미래 시제

бы́вший

예전의

У́тром в метро́ я случа́йно встре́тил
своего́ **бы́вшего** дру́га.

아침에 지하철에서 나는 예전 남자 친구를 우연히 만났다.

век

세기

Профе́ссор чита́ет ле́кции по ру́сской
литерату́ре 19-ого **ве́ка**.

교수가 19세기 러시아 문학에 대한 강의를 하고 있다.

ве́чер

저녁

Сейча́с **ве́чер**. **Ве́чером** вся семья́ собира́ется до́ма.

지금은 저녁이다. 저녁에는 모든 가족이 집에 모인다.

참 **ве́черний** 저녁의, 저녁 때의 **ве́чером** 저녁에

во́время

제때에, 정시에

Он ча́сто опа́здывал, но сего́дня не опозда́л, пришёл **во́время**.

그는 자주 지각했는데 오늘은 안 늦고 정시에 왔다.

во-пе́рвых

첫째(로)

Во-пе́рвых, нам на́до купи́ть биле́ты, во-вторы́х, заказа́ть гости́ницу, в-тре́тьих, собра́ть ве́щи.

첫째, 우리는 티켓을 사야 하고, 둘째, 호텔을 예약해야 하고, 셋째, 짐을 싸야 한다.

참 **во-вторы́х** 둘째(로) **в-тре́тьих** 셋째(로)

впервы́е

처음으로

Я **впервы́е** побыва́л в Росси́и в 1991-ом году́.

나는 1991년에 처음으로 러시아에 가 봤다.

вре́мя
명 중
시간

Как вы обы́чно прово́дите свобо́дное **вре́мя**?

당신은 보통 한가한 시간을 어떻게 보냅니까?

관 **Ско́лько сейча́с вре́мени?** 지금 몇 시예요?

3 시간
вре́мя

всегда́

항상, 언제나

Э́тот студе́нт **всегда́** хорошо́ сдаёт экза́мены.

이 학생은 항상 시험을 잘 본다.

вчера́

어제

Вчера́ мы ходи́ли в теа́тр, а сего́дня мы пойдём в цирк.

어제 우리는 극장에 갔다 왔는데 오늘은 서커스 장에 갈 것이다.

참 **вчера́шний** 어제의

год

연(도)

В како́м **году́** ты поступи́л в университе́т?

몇 년도에 너는 대학에 입학했니?

참 1 год, 2~4 го́да, 5··· лет 한 살, 두~네 살, 다섯 살···

давно́

오랫동안, 오래 전에

Са́ша, ско́лько лет, ско́лько зим! Мы с тобо́й о́чень **давно́** не ви́делись.

사샤, 얼마만이야! 우리 매우 오랫동안 못 만났지.

да́та

날짜

В конце́ заявле́ния напиши́те **да́ту** и поста́вьте по́дпись.

신청서 마지막에 날짜를 쓰시고 사인하세요.

참 по́дпись 사인

день

 명 남

낮, 하루

Пе́йте э́то лека́рство 3 ра́за в **день**. **Днём** то́же обяза́тельно пе́йте.

이 약을 하루에 세 번 드세요. 낮에도 반드시 드세요.

참 **днём** 낮에 **дне́вный** 하루의, 낮의

관 **на днях** 요즘, 2–3일 전에

де́тство

 명 중

어린 시절

В **де́тстве** Ла́ра занима́лась пла́ванием, но сейча́с не пла́вает.

어렸을 때 라라는 수영을 했는데 지금은 수영하지 않는다.

🔍 단수만 사용해요.

до́лгий

 형

오랜

Наконе́ц, ко́нчилась **до́лгая** зима́ и наступи́ла весна́.

마침내 긴 겨울이 끝나고 봄이 왔다.

참 **до́лго** 오랫동안, 오래

дре́вний

 형

고대의

В Но́вгороде и Яросла́вле мно́го **дре́вних** церкве́й.

노브고로드와 야로슬라블에 옛날 교회가 많이 있다.

ежего́дный

 형

매년의

Студе́нты гото́вятся к **ежего́дному** фестива́лю ру́сской культу́ры.

학생들이 연례 러시아 문화 축제를 준비하고 있다.

참 **ежего́дно** 매년

3 시간
вре́мя

ежедне́вный

매일의

"Изве́стия" - **ежедне́вная** росси́йская газе́та, я покупа́ю её ка́ждый день.

'이즈베스티야'는 러시아 일간 신문인데 나는 그것을 매일 산다.

참 ежедне́вно 매일

за́втра

내일

Оте́ц прие́дет из Москвы́ **за́втра** у́тром.

아버지는 내일 아침에 모스크바에서 오신다.

관 До за́втра! 내일 봐!

зака́нчивать

끝내다

Подожди́ меня́ немно́го! Я сейча́с **зака́нчиваю** рабо́ту.

조금 기다려 줘! 지금 일 끝나가.

참 зака́нчиваться 끝나다, 완성되다
완 2식 зако́нчить(ся)

зате́м

그 다음에

Тури́сты немно́го отдохну́ли, **зате́м** пошли́ да́льше.

여행객들은 조금 쉬고 그 다음 더 멀리 걸어가기 시작했다.

календа́рь

달력

Сего́дня уже́ пе́рвое февраля́, но на стене́ виси́т **календа́рь** про́шлого го́да.

오늘이 벌써 2월 1일인데 벽에 작년 달력이 걸려 있다.

конец

끝, 말단

Вы должны́ написа́ть докла́д к **концу́** неде́ли.

당신은 주말까지 보고서를 작성해야 해요.

관 в конце́ ме́сяца 월말에

конча́ть

끝내다, 그만두다

Преподава́тель **ко́нчил** ле́кцию, и студе́нты на́чали задава́ть вопро́сы.

선생님이 강의를 마쳤고 학생들이 질문을 하기 시작했다.

참 конча́ться 끝나다, 그치다, 완료되다
완 2식 ко́нчить(ся)

ме́сяц

월

В како́м **ме́сяце** студе́нты верну́лись из Росси́и? В а́вгусте?

몇 월에 학생들이 러시아에서 돌아왔어요? 8월에요?

мину́та

분

Ле́кция ко́нчится че́рез пять **мину́т**. Бу́дет одно́ окно́.

강의는 5분 후에 끝날 것이다. 한 시간 공강이다.

관 Мину́точку! 잠깐만!

🔍 학교에서 사용되는 은어로 '공강'을 окно́(창문)이라고 해요.

моме́нт

순간

Я хоте́ла вы́йти из до́ма, но в тот **моме́нт** кто́-то позвони́л.

내가 집에서 나가려고 했을 때, 바로 그 순간 누군가 전화했다.

3 시간
время

навсегда́

영원히

Он **навсегда́** уе́хал из Росси́и и сюда́ никогда́ не возвраща́лся.

그는 영원히 러시아를 떠났고 한번도 여기에 돌아온 적이 없다.

надо́лго

오랜 기간

Ни́на **надо́лго** уе́хала из родно́го го́рода.

니나는 오랜 기간 동안 고향에서 떠나 있었다.

🔍 надо́лго는 완료상과, до́лго는 불완료상과 사용해요.

наконе́ц

마침내, 결국

Наконе́ц, зако́нчились экза́мены и наступи́ли кани́кулы.

마침내 시험이 끝나고 방학이 시작됐다.

관 **наконе́ц-то** (바라던 결과가) 겨우 실현되다

наступа́ть

도래하다

Наступи́ла зима́, ста́ло о́чень хо́лодно.

겨울이 시작되었고 매우 추워졌다.

완 2식 **наступи́ть**

нача́ло

시작, 처음

В **нача́ле** о́сени была́ прекра́сная, тёплая пого́да.

가을 초에는 멋지고 따뜻한 날씨였다.

начина́ть

동 불 1식

시작하다

Профе́ссор поздоро́вался со студе́нтами и **на́чал** ле́кцию.

교수가 학생들하고 인사하고 강의를 시작했다.

참 **начина́ться** 시작되다, 발단하다   완 1식 нача́ть(ся)

неда́вно

부

최근에

Он **неда́вно** прие́хал в Коре́ю, но уже́ зна́ет мно́го коре́йских слов.

그는 최근에 한국에 왔지만 벌써 많은 한국어 단어를 알고 있다.

неде́ля

명 여

일주일

Че́рез две **неде́ли** у нас бу́дут экза́мены. Я взял кни́ги в библиоте́ке на одну́ **неде́лю**.

우리는 2주 후에 시험이다. 나는 도서관에서 일주일간 책을 빌렸다.

не́когда

부

~할 시간이 없다

Рабо́тай, нам **не́когда** разгова́ривать.

일해, 우리는 이야기할 시간이 없어.

никогда́

부

한번도, 결코

Ма́ма **никогда́** не отдыха́ет, она́ всегда́ занята́.

엄마는 한 번도 쉬지 않고 항상 바쁘시다.

3 시간
время

новогóдний

신년의

Дéти óчень ждут дня, когда́ Дед Моро́з принесёт **новогóдние** пода́рки.

아이들은 산타클로스가 새해 선물을 가져올 날을 매우 기다리고 있다.

ночь

밤

Пе́ред экза́меном мла́дшая сестра́ не спала́ всю **ночь**.

시험 전에 여동생은 밤새 자지 않았다.

참 **нóчью** 밤에 **ночнóй** 밤의, 야간의
관 **бéлые нóчи** 백야

обы́чный

보통의, 통상적인

Сего́дня весь день я занима́лся **обы́чными** дела́ми.

오늘 하루 종일 일상적인 일들을 했다.

참 **обы́чно** 보통, 평상시에, 습관적으로
관 **как обы́чно** 평상시처럼

одна́жды

어느 날

Одна́жды ма́ма принесла́ домо́й ма́ленького котёнка.

어느 날 엄마가 작은 고양이를 집으로 데려왔다.

참 **котёнок** 어린 고양이(кот의 지소체)

переры́в

휴식(시간)

В на́шей компа́нии **переры́в** на обе́д с ча́са до двух.

우리 회사 점심 휴식 시간은 1시부터 2시까지다.

позавчера́

그저께

Вчера́ и **позавчера́** шёл дождь, сего́дня то́же продолжа́ется дождь.

어제와 그저께 비가 왔고 오늘도 비가 계속되고 있다.

по́здно

늦게

Сего́дня Оле́г встал **по́здно**, поэ́тому чуть не опозда́л на рабо́ту.

오늘 알렉은 늦게 일어나서 직장에 거의 늦을 뻔했다.

пора́

~할 때이다

Мне **пора́** идти́, до свида́ния.

난 가야 할 시간이야, 안녕!

после́дний

마지막의, 후자의

Сестра́ у́чится на **после́днем** ку́рсе, а я ещё на пе́рвом ку́рсе.

누나는 마지막 학년에 다니지만 나는 아직 1학년에 다닌다.

관 в после́дний раз 마지막으로
в после́дние дни(в после́днее время) 최근에

послеза́втра

모레

За́втра, к сожале́нию, у меня́ не бу́дет вре́мени. Дава́й встре́тимся **послеза́втра** ве́чером.

안타깝게도 나는 내일 시간이 없어. 모레 저녁에 만나자.

продолжа́ть
동 불
계속하다

Мы пообе́дали и **продо́лжили** рабо́тать.

우리는 점심 식사를 하고 일을 계속했다.

참 продолжа́ться 계속되다, 지속되다
완 2식 продо́лжить(ся)

про́шлый
형
과거의, 지난

На **про́шлой** неде́ле мы е́здили на о́стров Че́джу.

지난주에 우리는 제주도에 갔다 왔다.

관 в про́шлом году́ 작년에

ра́но
부
일찍, 이르게

Ле́то **ра́но** ко́нчилось, и о́сень пришла́ ра́ньше, чем обы́чно.

여름이 일찍 끝나고 가을이 보통 때보다 더 일찍 왔다.

ра́ньше
부
이전에

Сейча́с я е́зжу на рабо́ту на маши́не, а **ра́ньше** - на метро́.

지금 나는 자동차를 타고 직장에 다니지만 예전에는 지하철을 타고 다녔다.

сего́дня
부
오늘

Мы пойдём в бассе́йн не **сего́дня**, а за́втра.

우리는 오늘이 아니라 내일 수영장에 갈 것이다.

сейчас

지금

Ра́ньше И́ра ча́сто игра́ла в те́ннис, но **сейча́с** ре́дко игра́ет.
예전에 이라는 테니스를 자주 쳤는데 지금은 가끔 친다.

секу́нда

초

Не́сколько **секу́нд** она́ молча́ла, пото́м начала́ говори́ть.
몇 초 동안 그녀는 침묵한 다음 말하기 시작했다.

관 Секу́ндочку! 잠깐만!

ско́ро

곧

Не скучай, **ско́ро** встре́тимся.
쓸쓸해 하지마. 곧 만날 거야.

참 ско́рость 속도, 속력

слу́чай

경우, 사건

Я до́лго иска́л удо́бного **слу́чая** поговори́ть с дире́ктором.
나는 대표와 이야기할 편한 기회를 오랫동안 찾고 있었다.

снача́ла

처음에는

Снача́ла мне бы́ло тру́дно жить в Росси́и, но пото́м я привы́к.
처음에 나는 러시아에서 사는 것이 어려웠는데 나중에는 익숙해졌다.

сно́ва

다시, 한 번 더

Всю э́ту неде́лю продолжа́лся дождь, а сего́дня у́тром переста́л. Но ве́чером **сно́ва** начался́ дождь.

금주 내내 비가 계속됐는데 오늘 아침에 멈췄다. 그러나 저녁에 다시 비가 오기 시작했다.

совреме́нный

현대의, 동시대의

Сы́ну **совреме́нная** му́зыка нра́вится бо́льше, чем класси́ческая.

아들은 클래식보다 현대 음악을 더 좋아한다.

сра́зу

바로

Мы до́лго не ви́делись, но я **сра́зу** узна́ла Ма́шу, потому́ что она́ почти́ не измени́лась.

우리는 오랫동안 만나지 않았지만 마샤가 전혀 변하지 않았기 때문에 나는 마샤를 바로 알아봤다.

су́тки

주야(하루)

Э́та апте́ка рабо́тает кру́глые **су́тки**.

이 약국은 하루 종일(24시간) 영업한다.

동 круглосу́точно 주야로

🔍 복수만 사용해요.

тепе́рь

이제

Ра́ньше здесь был лес, а **тепе́рь** совреме́нный городско́й райо́н.

전에는 여기가 숲이었는데 이제는 현대적인 도시 구역이다.

тогда́

그때

Брат роди́лся 5 лет наза́д, **тогда́** на́ша семья́ жила́ на Ура́ле.
남동생은 5년 전에 태어났는데 그때 우리 가족은 우랄에 살았다.

> 🔍 Ты зако́нчил всё? Тогда́ пойдём гуля́ть.
> 너 다 끝냈어? 그럼 놀러 가자.

то́лько что

지금 막

Мне **то́лько что** позвони́л Серге́й и пригласи́л в теа́тр.
방금 막 나에게 세르게이가 전화해서 극장에 초대했다.

уже́

이미, 벌써

A Ты **уже́** сде́лал дома́шнее зада́ние?
너 벌써 숙제 다 했어?

B Нет, я ещё де́лаю.
아니, 아직 하고 있어.

успева́ть¹

시간에 맞추다

На доро́ге была́ больша́я про́бка, но, к сча́стью, мы **успе́ли** на по́езд.
길이 매우 막혔지만 다행히 우리는 기차 시간에 늦지 않았다.

🔸 успева́ть² → p.233 🔸 ① успе́ть

у́тро

아침

По **у́трам** Ви́ктор де́лает гимна́стику, но сего́дня у́тром не де́лал.
아침마다 빅토르는 운동을 하지만 오늘 아침에는 안 했다.

🔸 у́тром 아침에 у́тренний 아침의, 오전의

Упр. 10-3

час

명 남

시

По́езд из Петербу́рга придёт через 2 **часа́**.

페테르부르크에서 오는 기차는 2시간 후에 도착한다.

참 1 час, 2~4 часа́, 5··· часо́в

한 시, 두~네 시, 다섯 시···

ча́сто

부

종종, 자주

Мы с друзья́ми **ча́сто** игра́ем в баскетбо́л.

나는 친구들과 자주 농구를 한다.

эпо́ха

명 여

시대, 세기, 연대

В 1917-ом году́ наступи́ла сове́тская **эпо́ха**.

1917년에 소비에트 시대가 도래했다.

MP3 46

대화 1 диалог 1

A С приездом в Корею. На сколько дней ты приехал в этот раз?

B У меня отпуск на две недели, но в Корее я буду проводить только одну неделю у родителей в деревне.

A Понятно. Если бы у тебя было время, я хотел бы поехать на Чежу вместе с тобой. Потом какие планы у тебя?

B Извини меня. Я пообещал японскому другу, что посещу его в Японии после поездки в Корею.

A Ну, понятно, мы больше не увидимся. Желаю тебе хорошо провести время в Корее и счастливого пути в Японию.

A 한국에 온 걸 환영해. 이번에 며칠 동안 온 거야?

B 내 휴가는 2주 동안인데 한국에서는 일주일만 시골 부모님 댁에서 보낼 거야.

A 그렇구나. 네가 시간이 있다면 너랑 같이 제주에 가고 싶었는데. 그 다음은 계획이 뭐야?

B 미안해. 한국 방문 후에 일본에 있는 일본 친구를 보러 가기로 약속했어.

A 아, 알겠어. 우리 더 이상 못 보겠네. 한국에서 잘 지내길 바라고 일본 여행길이 행복하길 바라.

대화 2 диалог 2

A Ты свободен в эти выходные дни?

B Да, у меня нет никаких планов. Раньше каждую субботу я ходил в бассейн на тренировки, но в прошлую субботу мои занятия закончились.

A Значит, ты хорошо умеешь плавать сейчас. Как раз я хотела пригласить тебя на соревнования по плаванию.

B Что ты?! Я ещё нехорошо плаваю. Плавание для меня только хобби.

A Не беспокойся! Это неофициальные соревнования. Только мы с друзьями собираемся, тренируемся и участвуем в соревнованиях.

A 너 이번 주말에 한가해?

B 응, 아무 계획도 없어. 전에는 토요일마다 연습하러 수영장에 다녔는데 지난 토요일에 내 수업이 다 끝났거든.

A 그럼, 너 지금 수영 잘하겠네. 마침 내가 너를 수영 대회에 초대하려고 했어.

B 무슨 소리야?! 난 아직 수영을 잘 못해. 내게 수영은 취미일 뿐이야.

A 걱정 마! 그건 비공식적인 대회야. 나와 친구들만 모여서 연습하고 경기도 하는 거야.

выходные дни 휴일

XI

대중 매체와 의사소통

СМИ и обще́ние

1 우편·통신
по́чта, связь

автома́т
명 (남)

자동화 기계(자판기)

Ра́ньше в го́роде бы́ло мно́го телефо́нов-**автома́тов**, но сейча́с почти́ нет.

예전에는 시내에 공중전화가 많이 있었지만 지금은 거의 없다.

참 телефо́н-автома́т = таксофо́н 공중전화

бандеро́ль
명 (여)

소포(봉투)

Мне на́до отпра́вить кни́ги дру́гу **бандеро́лью**.

나는 친구에게 소포로 책을 보내야 한다.

참 (2식) отпра́вить 발송하다, 보내다

🔍 1kg 이하의 소포는 бандеро́ль이라고 하고 그 이상 8kg까지의 소포를 посы́лка라고 해요.

звоно́к
명 (남)

종, 벨소리

Ната́ша была́ ра́да **звонку́** Све́ты. Потому́ что све́та до́лго не звони́ла.

나타샤는 스베타의 전화벨을 듣고 기뻤다. 스베타가 오랫동안 전화하지 않았기 때문이다.

관 звоно́к в дверь 초인종

интерне́т
명 (남)

인터넷

В **Интерне́те** мно́го поле́зной информа́ции, но не вся ве́рная.

인터넷에는 많은 유용한 정보가 있지만 모두 믿을 만한 것은 아니다.

🔍 단수만 사용해요.

информа́ция

정보

Нельзя́ про́сто ве́рить всей **информа́ции** в Интерне́те.

인터넷의 모든 정보를 간단히 믿으면 안 된다.

관 СМИ 대중 매체 → p.411(부록)

🔍 단수만 사용해요.

компью́тер

컴퓨터

Мла́дший брат прово́дит за **компью́тером** сли́шком мно́го вре́мени.

남동생은 너무 많은 시간을 컴퓨터에서 보낸다.

관 компью́терные и́гры 컴퓨터 게임

конве́рт

(편지)봉투

О́ля положи́ла в **конве́рт** фотогра́фии и написа́ла а́дрес.

올라는 봉투에 사진을 넣고 주소를 썼다.

ма́рка

우표

В де́тстве ста́рший брат собира́л **ма́рки**, а сейча́с собира́ет моне́ты.

어렸을 때 오빠는 우표를 수집했는데 지금은 동전을 수집한다.

моби́льный
형
모바일의, 휴대의

Моби́льный телефо́н впервы́е в ми́ре сде́лали в США.

세계 최초로 미국에서 휴대 전화를 만들었다.

참 США 미합중국 → p.411(부록)
관 моби́льный телефо́н 휴대 전화

откры́тка
명 여
(우편)엽서

В конце́ декабря́ я посыла́ю
нового́дние **откры́тки** всем знако́мым.

12월 말에 나는 새해 카드를 모든 지인에게 보낸다.

письмо́
명 중
편지, 글

Все мои́ друзья́ живу́т далеко́, поэ́тому
я ча́сто пишу́ им **пи́сьма**.

내 친구들 모두 멀리 살기 때문에 나는 자주 그들에게
편지를 쓴다.

посыла́ть
동 불 1식
보내다

Перед Но́вым го́дом мы **посла́ли**
откры́тки всем ро́дственникам и
друзья́м.

새해 전에 우리는 모든 친척들과 친구들에게 카드를 보냈다.

완 1식 посла́ть

по́чта
명 여
우체국, 우편

Я посла́л докуме́нты в МГУ по
электро́нной **по́чте**.

나는 이메일로 모스크바 국립 대학에 서류를 보냈다.

관 электро́нная по́чта 전자 우편

присыла́ть
동 불 1식
보내 오다

Ста́ршая сестра́ **присла́ла** мне
фотогра́фии, кото́рые она́ сде́лала в
Пари́же.

누나가 파리에서 찍은 사진을 나에게 보내 왔다.

완 1식 присла́ть

програ́мма

프로그램

Сейча́с по телеви́зору пока́зывают мно́го иностра́нных **програ́мм**.

지금 텔레비전에서 많은 외국 프로그램을 보여 주고 있다.

телефо́н

전화(기)

Ма́ма уже́ полчаса́ разгова́ривает по **телефо́ну** со свое́й подру́гой.

엄마는 벌써 30분 동안 친구와 전화로 이야기하고 있다.

факс

팩스

A Мо́жно посла́ть докуме́нты по **фа́ксу**?

서류를 팩스로 보내도 될까요?

B Да, пошли́те, пожа́луйста, по **фа́ксу**.

네, 팩스로 좀 보내 주세요.

фле́шка

USB(이동식 저장 장치)

Ва́жные фа́йлы лу́чше храни́ть не в компью́тере, а на **фле́шке**.

중요한 파일들은 컴퓨터가 아니라 USB에 저장하는 것이 좋다.

электро́нная по́чта

이메일

Ра́ньше лю́ди посыла́ли **телегра́ммы** со сро́чной информа́цией, а сейча́с пи́шут по **электро́нной по́чте**(по име́йлу).

예전에 사람들은 급한 소식을 전보로 보냈는데 지금은 모두 이메일(전자 우편)으로 쓴다.

참 сро́чный 급한 телегра́мма 전보

2 TV·라디오·출판물
телеви́зор, ра́дио, печа́тная проду́кция

MP3 48

бума́га
명 여
종이

У нас ко́нчилась **бума́га** А4, не забу́дь купи́ть.

우리 A4 용지를 다 썼으니까 사는 것 잊지 마.

газе́та
명 여
신문(지)

Газе́та "Эконо́мика" выхо́дит три ра́за в неде́лю.

신문 '경제'는 일주일에 세 번 나온다.

관 интерне́т-газе́та 인터넷 신문

журна́л
명 남
잡지

В на́шей библиоте́ке мо́жно чита́ть **журна́лы** на ра́зных языка́х.

우리 도서관에는 다양한 언어의 잡지들을 읽을 수 있다.

ка́рта
명 여
지도

В аудито́рии виси́т **ка́рта** ми́ра, кото́рую мы нарисова́ли.

강의실에 우리가 그린 세계 지도가 걸려 있다.

관 креди́тная ка́рта 신용카드

книга

책

Ната́ша взяла́ **кни́ги** по иску́сству в библиоте́ке, но уче́бник англи́йского языка́ купи́ла в **кни́жном** магази́не.

나타샤는 예술 관련 책은 도서관에서 빌렸지만 영어 교과서는 서점에서 구매했다.

참 кни́жный 책의, 서적상의, 문어적인
관 кни́жный магази́н 서점

ксе́рокс

복사기(복사)

Мне на́до сде́лать ко́пию докуме́нтов, а наш **ксе́рокс** слома́лся.

서류를 복사해야 하는데 우리 복사기가 고장 났다.

동 ко́пия 복사, 복사본

но́вость

뉴스(새로운 소식)

В после́днее вре́мя оте́ц чита́ет в газе́те то́лько **но́вости** спо́рта.

최근에 아버지는 신문에서 스포츠 뉴스만 읽으신다.

передава́ть

전하다, 방송하다

В э́той радиопрогра́мме **передаю́т** му́зыку из фи́льмов и популя́рные пе́сни.

이 라디오 프로그램에서는 영화 음악과 유행 가요를 방송해 준다.

완 переда́ть

переда́ча

방송, 전달

Бо́льше всего́ мне нра́вятся **переда́чи** об истори́ческих собы́тиях.

무엇보다 나는 역사적인 사건에 대한 방송을 좋아한다.

참 радиопереда́ча 라디오 방송
　телепереда́ча 텔레비전 방송

печа́тать

인쇄하다, 출판하다

В журна́ле "Но́вый мир" **напеча́тали** стихи́ молодо́го поэ́та.

잡지 '신세계'에서 신진 시인의 시들을 게재했다.

완 1식 **напеча́ть**

популя́рный

형

대중적인, 인기 있는

Э́та молода́я певи́ца бы́стро ста́ла **популя́рной** не то́лько в Росси́и, но и в други́х стра́нах.

이 젊은 여가수는 러시아뿐만 아니라 다른 나라들에서도 빠르게 인기를 얻게 되었다.

пра́вда

진실

Лу́чше го́рькая **пра́вда**, чем сла́дкая ложь.

달콤한 거짓보다 씁쓸한 진실이 낫다.

반 **ложь** 거짓, 거짓말

ра́дио

라디오

Ба́бушке нра́вится слу́шать по **ра́дио** класси́ческую му́зыку.

할머니는 라디오로 클래식 음악을 듣는 것을 좋아하신다.

🔍 불변 명사예요.

ситуа́ция

정세, 상황

В на́шей стране́ сло́жная полити́ческая **ситуа́ция**.

우리 나라는 정치적으로 어려운 상황에 있다.

собы́тие

사건

Сего́дня произошло́ о́чень стра́нное **собы́тие**.

오늘 매우 이상한 사건이 발생했다.

сообща́ть

알리다, 보도하다

Газе́ты **сообщи́ли** о сме́рти изве́стного писа́теля.

신문들이 유명한 작가의 죽음에 대해 전했다.

(완) (2식) сообщи́ть

сообще́ние

알림, 보도

В интерне́те напеча́тали **сообще́ние** о стра́шном собы́тии.

인터넷에 무서운 사건에 대한 보도가 게재되었다.

телеви́зор

텔레비전

Сейча́с по пе́рвому кана́лу **телеви́зора** пока́зывают спорти́вные но́вости.

지금 텔레비전 채널 1에서 스포츠 뉴스를 보여 주고 있다.

факт

사실

В э́той статье́ а́втор приво́дит удиви́тельные истори́ческие **фа́кты**.

이 논문에서 저자는 놀라운 역사적 사실을 제시하고 있다.

энциклопе́дия

백과사전

На э́той по́лке в библиоте́ке стоя́т **энциклопе́дии**.

도서관의 이 책장에는 백과사전들이 진열되어 있다.

3

토론 · 대화
обсужде́ние, разгово́р

MP3 49

анке́та
명 여

설문(지)

Отве́тьте, пожа́луйста, на вопро́сы **анке́ты** для иностра́нных студе́нтов.

유학생들을 위한 설문에 답을 좀 해주세요.

бесе́да
명 여

대담(대화)

Бесе́да президе́нтов Ю́жной Коре́и и Росси́и продолжа́лась три часа́.

한국과 러시아 대통령의 대담이 3시간 동안 계속되었다.

бесе́довать
동 불 1식

서로 이야기하다, 담화하다

На уро́ке мы **бесе́довали** о пробле́ме систе́мы образова́ния.

수업 시간에 우리는 교육 시스템의 문제에 대해 토론했다.

완 1식 побесе́довать

диску́ссия
명 여

토론

Изве́стные экономи́сты веду́т **диску́ссию** о бу́дущем Росси́и.

유명한 경제학자들이 러시아의 미래에 대한 토론을 하고 있다.

догова́риваться
동 불 1식

약속하다, 합의하다

Мы с друзья́ми **договори́лись** пое́хать на мо́ре в суббо́ту.

나는 친구들과 토요일에 바다에 가기로 약속했다.

완 2식 договори́ться

замолча́ть
동 완 2식

(소리가) 그치다, (말을) 멈추다

Он о́чень энерги́чно расска́зывал о своём мне́нии, но вдруг **замолча́л**.

그는 매우 열정적으로 자신의 생각을 말하다가 갑자기 말을 멈췄다.

консульта́ция
명 여

상담

Нам ну́жна **консульта́ция** о́пытного юри́ста.

우리는 경험 많은 법률가의 상담이 필요하다.

критикова́ть
동 불 1식

비판하다

Все **критику́ют** э́того писа́теля и его́ но́вый рома́н.

모두가 이 작가와 그의 새로운 소설을 비판했다.

ми́тинг
명 남

집회

Мно́гие лю́ди всего́ ми́ра вы́шли на **ми́тинг** про́тив войны́.

전 세계의 많은 사람들이 전쟁에 반대하는 집회에 나왔다.

молча́ть
동 불 1식

침묵하다

Почему́ ты **молчи́шь**? Отвеча́й скоре́е на мой вопро́с.

너는 왜 조용히 있어? 내 질문에 어서 답해 줘.

обсужда́ть
동 불 1식

논의하다, 연구하다

На собра́нии мы **обсужда́ли** на́ши бу́дущие пла́ны.

회의에서 우리는 미래 계획을 논의했다.

완 2식 обсуди́ть

осо́бенность

 특(수)성

На ле́кции профе́ссор рассказа́л об **осо́бенностях** рома́на Толсто́го "Война́ и мир".

강의에서 교수님은 톨스토이의 소설 '전쟁과 평화'의 특성에 대해서 이야기해 주셨다.

관 в осо́бенности 특히

о́стрый

 날카로운, 매운

Журнали́ст **о́стро** показа́л социа́льные пробле́мы в статье́.

기자는 기사에서 사회의 문제점들을 예리하게 지적했다.

관 о́стрый язы́к 날카로운 혀(신랄하게 비판하는 사람)
о́строе блю́до 매운 요리

по-тво́ему

 네 생각으로(반말)

Сде́лай всё **по-тво́ему**, я согла́сна с тобо́й на всё.

모두 네 생각대로 해. 나는 네가 하는 모든 것에 동의해.

관 Я не права́, по-тво́ему?
내가 틀렸다고 생각하니(= 네 생각에는 내가 틀렸어)?

предложе́ние

명 중 제안, 문장

Мы обсуди́ли **предложе́ние** дире́ктора увеличи́ть э́кспорт това́ров.

우리는 제품 수출을 증대 시키자는 대표의 제안에 대해 논의했다.

참 просто́е/сло́жное предложе́ние 단/복문

разгова́ривать

동 불 1식

이야기하다

Мы с друзья́ми ча́сто **разгова́риваем** о свои́х пробле́мах.

나는 친구들과 내 자신의 문제들에 대해 자주 이야기한다.

참 разгово́р 대화, 이야기

собра́ние

명 중

회의

В сре́ду в гла́вном за́ле бу́дет **собра́ние** сотру́дников компа́нии.

수요일에 중앙 홀에서 회사 직원들의 회의가 있을 것이다.

сове́т

명 남

조언, 충고

По **сове́ту** отца́ я поступи́л на экономи́ческий факульте́т.

아버지의 조언에 따라 나는 경제학부에 들어갔다.

🔍 Сове́т Сою́за 연방 회의

согла́сен

형 단

동의하다(찬성하다)

Ты говори́шь, что э́то невозмо́жно? На са́мом де́ле я **согла́сен** с тобо́й.

너는 이게 불가능하다고 말하는 거지? 실은 나도 너에게 동의해.

соглаша́ться

동 불 1식

동의하다(찬성하다, 허락하다)

Друг сра́зу **согласи́лся** пойти́ со мной на стадио́н.

친구는 나와 같이 경기장에 가는 것에 바로 동의했다.

완 2식 согласи́ться

Упр. 11-3

убежда́ть

설득하다

Роди́тели до́лго **убежда́ли** сы́на в том, что ему́ на́до поступи́ть на юриди́ческий факульте́т.

부모님은 아들이 법학부에 들어가야 한다고 오랫동안 설득했다.

완 2식 убеди́ть

уча́ствовать

동 불 1식

참여하다

В нау́чной конфере́нции **уча́ствуют** все преподава́тели.

학술 회의에 모든 선생님들이 참석한다.

шуме́ть

동 불 2식

시끄럽게 하다

В коридо́ре кто́-то си́льно **шуми́т**. Из-за́ шу́ма преподава́тель не услы́шал мой вопро́с.

복도에서 누군가 심하게 떠들고 있다. 소음 때문에 선생님이 내 질문을 못 들으셨다.

참 шум 소음, 소란, 소동

MP3 50

대화 1 диалог 1

A Алло́, мо́жно А́нну Петро́вну?

B Ой, Говори́те гро́мче! Я пло́хо слы́шу вас.

A Это говори́т Ви́ктор, колле́га Анны Петро́вной по рабо́те. А вы не Макси́м?

B Ой, э́то вы, Ви́ктор Алексе́евич? Да, я Макси́м. Подожди́те мину́точку, посмотрю́, до́ма ли она́! … Алло́, Ви́ктор! Её нет до́ма. Что-нибудь ей переда́ть?

A Нет, ничего́. Я перезвоню́ по́зже. Всего́ до́брого.

A 여보세요, 안나 페트로브나 씨를 부탁해도 될까요?

B 아, 더 크게 말해 주세요! 잘 안 들려요.

A 저는 안나 페트로브나 씨의 직장 동료 빅토르예요. 그런데 막심 씨 아니세요?

B 오, 빅토르 알렉세예비치 씨세요? 네, 저 막심이에요. 잠깐 기다리세요. 안나가 집에 있는지 볼게요. … 여보세요, 빅토르 씨! 안나가 집에 없어요. 뭔가 전할 말이 있나요?

A 아니요, 괜찮아요. 제가 나중에 다시 전화할게요. 안녕히 계세요.

대화 2 диалог 2

A Ты смотре́ла но́вости в 9 часо́в вчера́? Там сообщи́ли, что президе́нты Коре́и и По́льши проводи́ли перегово́ры два часа́.

B Да, но невнима́тельно. По-мо́ему, они́ обсужда́ли экономи́ческую по́мощь друг дру́гу и догова́ривались о дру́жеских отноше́ниях.

A Я то́же не мог внима́тельно посмотре́ть, потому́ что я разгова́ривал с Са́шей о на́шем собра́нии по телефо́ну.

B Говоря́т, что сего́дня ве́чером в 7 часо́в бу́дет диску́ссия учёных, кото́рые хорошо́ зна́ют об отноше́ниях ме́жду Коре́ей и По́льшей и э́ту диску́ссию бу́дут передава́ть по телеви́зору.

A Спаси́бо за информа́цию. Я обяза́тельно посмотрю́ э́ту програ́мму.

A 어제 9시에 뉴스 봤어? 한국과 폴란드 대통령이 2시간 동안 회담했다고 하더라.

B 응, 근데 대충 봤어. 아마 상호 경제 원조에 대해 논의하고 우호 관계에 대해 협상했을 거야.

A 사사하고 우리 모임에 대해서 전화로 이야기하느라 나도 주의 깊게 보지 못했어.

B 오늘 저녁 7시에 한국과 폴란드의 관계에 대해 잘 아는 학자들의 토론이 있을 거고 이 토론을 텔레비전으로 방영할 거래.

A 정보 고마워. 그 프로그램 꼭 볼게.

부록 I
приложе́ние I

■ **추가 어휘**
дополни́тельная ле́ксика

■ **기본 문법**
основна́я грамма́тика

1. 기본 의사소통 표현
основны́е выраже́ния в обще́нии

(1) 만날 때 인사

Здра́вствуйте!	안녕하세요!
Приве́т! / Здра́вствуй!	안녕!
До́брое у́тро!	아침 인사
До́брый день!	낮 인사
До́брый ве́чер!	저녁 인사

(2) 헤어질 때 인사

До свида́ния!	안녕히 계세요!/가세요!
Пока́!	안녕!
Всего́ хоро́шего!	잘 있어요(모든 게 잘 되길)!
Всего́ до́брого!	잘 있어요(모든 게 안녕하길)!
Споко́йной но́чи!	안녕히 주무세요! / 잘 자!
Счастли́вого пути́!	행복한 여행 되세요!

(2) 감사와 대답

Спаси́бо!	감사합니다!
Не́ за что!	무슨 말씀을!
Пожа́луйста.	천만에요.

(4) 축하

С днём рожде́ния!	생일 축하합니다!
С Но́вым го́дом!	새해를 축하합니다!
С пра́здником!	기념일을 축하합니다!
С Рождество́м!	메리 크리스마스!

(5) 사과와 대답

Извини́те!	죄송합니다 / 실례합니다!
Извини́!	미안!
Ничего́	괜찮아요.
Пожа́луйста.	네. ('실례합니다'에 대한 대답)

(6) 전화할 때

Алло́?	여보세요?
Слу́шаю вас!	말씀하세요!

(7) 시간 관련 질문 표현

Ско́лько сейча́с вре́мени(Кото́рый час)?	지금은 몇 시입니까?
Како́е сего́дня число́?	오늘은 며칠입니까?
Когда́(в како́й день/како́го числа́/в како́м ме́сяце/в како́м году́) вы роди́лись?	당신은 언제(무슨 요일에/며칠에/무슨 달에/몇 년에) 태어났습니까?

 * '~월 ~일에'를 표현할 때는 'какого числа какого месяца'로 표현해요.
 예 Пя́того ма́я отмеча́ют день дете́й в Коре́е. 5월 5일은 한국의 어린이날이다.

2. 국가·국적
страна́·гражда́нство

флаг 국기	страна́ 나라	мужчи́на 남성	же́нщина 여성	како́й 어느
	Аме́рика (США) 미국	америка́нец	америка́нка	америка́нский
	А́нглия 영국	англича́нин	англича́нка	англи́йский
	Арме́ния 아르메니아	армя́нин	армя́нка	армя́нский
	Герма́ния 독일	не́мец	не́мка	неме́цкий
	Гре́ция 그리스	грек	греча́нка	гре́ческий
	Гру́зия 조지아	грузи́н	грузи́нка	грузи́нский
	И́ндия 인도	инди́ец	инди́анка	инди́йский
	Испа́ния 스페인	испа́нец	испа́нка	испа́нский
	Ита́лия 이탈리아	италья́нец	италья́нка	италья́нский
	Кана́да 캐나다	кана́дец	кана́дка	кана́дский
	Казахста́н 카자흐스탄	казахста́нец	казахста́нка	казахста́нский
	Кита́й 중국	кита́ец	китая́нка	кита́йский

(Ю́жная) Коре́я 한국	коре́ец	корея́нка	коре́йский
По́льша 폴란드	поля́к	по́лька	по́льский
Росси́я 러시아	ру́сский	ру́сская	ру́сский
Ту́рция 터키	ту́рок	турча́нка	туре́цкий
Узбекиста́н 우즈베키스탄	узбе́к	узбе́чка	узбе́кский
Украи́на 우크라이나	украи́нец	украи́нка	украи́нский
Финля́ндия 핀란드	финн	фи́нка	фи́нский
Фра́нция 프랑스	францу́з	францу́женка	францу́зский
Че́хия 체코	чех	че́шка	че́шский
Шве́ция 스웨덴	швед	шве́дка	шве́дский
Швейца́рия 스위스	швейца́рец	швейца́рка	швейца́рский
Япо́ния 일본	япо́нец	япо́нка	япо́нский

3. 시간 관련 표현
временные выраже́ния

(1) 하루 день

무엇 что		언제 когда́		어느 какой	
у́тро	아침	у́тром	아침에	у́тренний	아침의
день	점심, 낮	днём	점심에	дне́вный	낮의
ве́чер	저녁	ве́чером	저녁에	вече́рний	저녁의
ночь	밤	но́чью	밤에	ночно́й	밤의

(2) 요일 дни неде́ли

무엇 что		언제 когда́		무엇 что		언제 когда́	
понеде́льник	월요일	в понеде́льник	월요일에	пя́тница	금요일	в пя́тницу	금요일에
вто́рник	화요일	во вто́рник	화요일에	суббо́та	토요일	в суббо́ту	토요일에
среда́	수요일	в сре́ду	수요일에	воскре-се́нье	일요일	в воскре-се́нье	일요일에
четве́рг	목요일	в четве́рг	목요일에				

(3) 월 ме́сяцы

무엇 что		언제 когда́		무엇 что		언제 когда́	
янва́рь	1월	в январе́	1월에	ию́ль	7월	в ию́ле	7월에
февра́ль	2월	в феврале́	2월에	а́вгуст	8월	в а́вгусте	8월에
март	3월	в ма́рте	3월에	сентя́брь	9월	в сентябре́	9월에
апре́ль	4월	в апре́ле	4월에	октя́брь	10월	в октябре́	10월에
май	5월	в ма́е	5월에	ноя́брь	11월	в ноябре́	11월에
ию́нь	6월	в ию́не	6월에	дека́брь	12월	в декабре́	12월에

(4) 계절 времена́ го́да

무엇 **что**		언제 **когда́**		어느 **како́й**	
весна́	봄	весно́й	봄에	весе́нний	봄의
ле́то	여름	ле́том	여름에	ле́тний	여름의
о́сень	가을	о́сенью	가을에	осе́нний	가을의
зима́	겨울	зимо́й	겨울에	зи́мний	겨울의

(5) 시간 표현의 격 변화

시 **час**		일 **день**		달 **ме́сяц**		년 **год**	
1시간	(1) час	1일 (하루)	(1) день	1달	(1) ме́сяц	1년	(1) год
2~4시간	2~4 часа́	2~4일	2~4 дня	2~4달	2~4 ме́сяца	2~4년	2~4 го́да
5시간…	5… часо́в	5일…	5… дней	5달…	5… ме́сяцев	5년…	5… лет

* '~시간/일/달/년 전'은 '~ 시간/일/달/년 + наза́д'로, '~시간/일/달/년 후'는 'че́рез + ~시간/일/달/년'으로 표현해요.

4. 수사
числи́тельные слова́

	기수사(수량 수사)	서수사(순서 수사)
0	ноль/нуль	нолево́й/нулево́й
1	оди́н, одна́, одно́	пе́рвый
2	два, две	второ́й
3	три	тре́тий
4	четы́ре	четвёртый
5	пять	пя́тый
6	шесть	шесто́й
7	семь	седьмо́й
8	во́семь	восьмо́й
9	де́вять	девя́тый
10	де́сять	деся́тый
11	оди́ннадцать	оди́ннадцатый
12	двена́дцать	двена́дцатый
13	трина́дцать	трина́дцатый
14	четы́рнадцать	четы́рнадцатый
15	пятна́дцать	пятна́дцатый
16	шестна́дцать	шестна́дцатый
17	семна́дцать	семна́дцатый
18	восемна́дцать	восемна́дцатый
19	девятна́дцать	девятна́дцатый
20	два́дцать	двадца́тый
21	два́дцать оди́н	два́дцать пе́рвый
30	три́дцать	тридца́тый

31	три́дцать оди́н	три́дцать пе́рвый
40	со́рок	сороково́й
50	пятьдеся́т	пятидеся́тый
60	шестьдеся́т	шестидеся́тый
70	се́мьдесят	семидеся́тый
80	во́семьдесят	восьмидеся́тый
90	девяно́сто	девяно́стый
100	сто	со́тый
200	двести́	двухсо́тый
300	три́ста	трёхсотый
400	четы́реста	четырёхсотый
500	пятьсо́т	пятисо́тый
600	шестьсо́т	шестисо́тый
700	семьсо́т	семисо́тый
800	восемьсо́т	восьмисо́тый
900	девятьсо́т	девятисо́тый
1000	ты́сяча	ты́сячный
1999	ты́сяча девятьсо́т девяно́сто де́вять	ты́сяча девятьсо́т девяно́сто девя́тый
2000	две ты́сячи	двухты́сячный
2020	две ты́сячи два́дцать	две ты́сячи два́дцатый
10000	де́сять ты́сяч	де́сять ты́сячный
100만	миллио́н	миллио́нный

5. 러시아인 이름과 애칭

русские имена́ и их ласка́тельные фо́рмы

남자아이	애칭	의미	여자아이	애칭	의미
Алекса́ндр	Са́ша	지키는 자	Софи́я	Со́ня	현명한
Артём	Тёма	건전한, 안전한	Мари́я	Ма́ша	성스러운
Макси́м	Макс	거대한	Анастаси́я	На́стя	부활
Ива́н	Ва́ня	하나님의 자비	Да́рья	Да́ша	통치자
Дми́трий	Ди́ма	비옥한	А́нна	А́ня	은혜
Дании́л	Да́ня	선량한	Елизаве́та	Ли́за	충성, 맹세
Михаи́л	Ми́ша	하나님과 같은	Поли́на	По́ля	어린, 작은
Кири́лл	Кирю́ша	주인, 통치자	Викто́рия	Ви́ка	승리
Ники́та	Ники́тка	승리자	Екатери́на	Ка́тя	순결한
Андре́й	Андр-ю́ша	용감한	Татья́на	Та́ня	조직자
Алексе́й	Алёша	보호자	Веро́ника	Верон-и́чка	승리를 이끄는 자
Серге́й	Серёжа	가장 존경하는	Ки́ра	Ки́рочка	주인, 통치자
Евге́ний	Же́ня	고결한	Али́са	Ли́са	귀한
Па́вел	Па́ша	작은, 어린	Ната́лья	Ната́ша	친애하는
Матве́й	Мо́тя	하나님의 선물	Еле́на	Ле́на	선택된
Арсе́ний	Се́ня	용감한	Наде́жда	На́дя	소망
Влади́мир	Воло́дя	통치자	Ве́ра	Ве́рочка	믿음
Бори́с	Бо́ря	용사	Любо́вь	Лю́ба	사랑

6. 축약어
сокраще́ния

вуз	вы́сшее уче́бное заведе́ние 고등 교육 기관
ГУМ	Госуда́рственный универса́льный магази́н 국영 백화점
ЕГЭ	Еди́ный госуда́рственный экза́мен 공통 대입 시험
КНДР	Коре́йская Наро́дно-Демократи́ческая Респу́блика 조선 민주주의 인민 공화국(북한)
КНР	Кита́йская Наро́дная Респу́блика 중국
МВД	Министе́рство вну́тренних дел 내무부
МГИМО	Моско́вский госуда́рственный институ́т междунаро́дных отноше́ний 모스크바 국제 관계 대학
МГУ	Моско́вский госуда́рственный университе́т 모스크바 국립 대학
МИД	Министе́рство иностра́нных дел 외무부
МХАТ	Моско́вский худо́жественный академи́ческий теа́тр 모스크바 예술 아카데미 극장
ООН	Организа́ция объединённых на́ций 유엔
РАН	Росси́йская акаде́мия нау́к 러시아 과학 아카데미
РФ	Росси́йская Федера́ция 러시아 연방
СМИ	Сре́дства ма́ссовой информа́ции 대중 매체
СПб	Сант – Петербу́рг 상트페테르부르크
СССР	Сою́з сове́тских социалисти́ческих респу́блик 소비에트 사회주의 공화국 연방(소련)
США	Соединённые Шта́ты Аме́рики 미합중국(미국)
ЦУМ	Центра́льный универса́льные магази́н 중앙 백화점

1. 명사의 격 변화
склоне́ние имён существи́тельных

(1) 남성

수	격	공원	남자 대학생	박물관	요양원	작가
단수	주격	парк	студе́нт	музе́й	санато́рий	писа́тель
	생격	па́рка	студе́нта	музе́я	санто́рия	писа́теля
	여격	па́рку	студе́нту	музе́ю	санато́рию	писа́телю
	대격	парк	студе́нта	музе́й	санато́рий	писа́теля
	조격	па́рком	студе́нтом	музе́ем	санато́рием	писа́телем
	전치격	па́рке	студе́нте	музе́е	санато́рии	писа́теле
복수	주격	па́рки	студе́нты	музе́и	санато́рии	писа́тели
	생격	па́рко0в	студе́нтов	музе́ев	санато́риев	писа́телей
	여격	па́рким	студе́нтам	музе́ям	санато́риям	писа́телям
	대격	па́рки	студе́нтов	музе́и	санато́рии	писа́телей
	조격	па́рками	студе́нтами	музе́ями	санато́риями	писа́телями
	전치격	па́рках	студе́нтах	музе́ях	санато́риях	писа́телях

수	격	책상	코끼리	도시	나뭇잎	치아	말	사람
단수	주격	стол	слон	го́род	лист	зуб	конь	челове́к
	생격	стола́	слона́	го́рода	листа́	зу́ба	коня́	челове́ка
	여격	столу́	слону́	го́роду	листу́	зу́бу	коню́	челове́ку
	대격	стол	слона́	го́род	лист	зуб	коня́	челове́ка
	조격	столо́м	слоно́м	го́родом	листо́м	зу́бом	конём	челове́ком
	전치격	столе́	слоне́	го́роде	листе́	зу́бе	коне́	челове́ке
복수	주격	столы́	слоны́	города́	ли́стья	зу́бы	ко́ни	лю́ди
	생격	столо́в	слоно́в	городо́в	ли́стьев	зубо́в	коне́й	люде́й
	여격	стола́м	слона́м	города́м	ли́стьям	зуба́м	коня́м	лю́дям
	대격	столы́	слоно́в	города́	ли́стья	зу́бы	коне́й	люде́й
	조격	стола́ми	слона́ми	города́ми	ли́стьями	зуба́ми	коня́ми	людьми́
	전치격	стола́х	слона́х	города́х	ли́стьях	зуба́х	коня́х	лю́дях

* 격 변화를 하면서 강세도 바뀌는 경우가 자주 있어요. 단어의 철자가 같은데 의미가 다른 경우에는 강세가 의미 구별을 위해 중요한 역할을 해요.

예 сло́во 단어(단·주) – сло́ва 단어의 (단·생) – слова́ 단어들(복·주)

* 활동체(동물) 남성 명사 단수와 활동체 명사 복수의 대격은 생격과 같은 형태를 사용해요.

(2) 여성

수	격	책	엄마	노래	강의실	생각
단수	주격	кни́га	ма́ма	пе́сня	аудито́рия	мысль
	생격	кни́ги	ма́мы	пе́сни	аудито́рии	мы́сли
	여격	кни́ге	ма́ме	пе́сне	аудито́рии	мы́сли
	대격	кни́гу	ма́му	пе́сню	аудито́рию	мысль
	조격	кни́гой	ма́мой	пе́сней	аудито́рией	мы́слью
	전치격	кни́ге	ма́ме	пе́сне	аудито́рии	мы́сли
복수	주격	кни́ги	ма́мы	пе́сни	аудито́рии	мы́сли
	생격	книг	мам	пе́сен	аудито́рий	мы́слей
	여격	кни́гам	ма́мам	пе́сням	аудито́риям	мы́слям
	대격	кни́ги	мам	пе́сни	аудито́рии	мы́сли
	조격	кни́гами	ма́мами	пе́снями	аудито́риями	мы́слями
	전치격	кни́гах	ма́мах	пе́снях	аудито́риях	мы́слях

수	격	꿈	기사	아내	문	어머니	물	손
단수	주격	мечта́	статья́	жена́	дверь	мать	вода́	рука́
	생격	мечты́	статьи́	жены́	две́ри	ма́тери	воды́	руки́
	여격	мечте́	статье́	жене́	две́ри	ма́тери	воде́	руке́
	대격	мечту́	статью́	жену́	дверь	мать	во́ду	ру́ку
	조격	мечто́й	статьёй	жено́й	две́рью	ма́терью	водо́й	руко́й
	전치격	мечте́	статье́	жене́	две́ри	ма́тери	воде́	руке́
복수	주격	-	статьи́	жёны	две́ри	ма́тери	во́ды	руки́
	생격	-	стате́й	жён	двере́й	матере́й	вод	рук
	여격	-	статья́м	жёнам	дверя́м	матеря́м	во́дам	рука́м
	대격	-	статьи́	жён	две́ри	матере́й	во́ды	руки́
	조격	-	статья́ми	жёнами	дверя́ми	матеря́ми	во́дами	рука́ми
	전치격	-	статья́х	жёнах	дверя́х	матеря́х	во́дах	рука́х

(3) 중성

수	격	규칙	사과	전문학교	기숙사	원피스	안경
단수	주격	пра́вило	я́блоко	учи́лище	общежи́тие	пла́тье	-
	생격	пра́вила	я́блока	учи́лища	общежи́тия	пла́тья	-
	여격	пра́вилу	я́блоку	учи́лищу	общежи́тию	пла́тью	-
	대격	пра́вило	я́блоко	учи́лище	общежи́тие	пла́тье	-
	조격	пра́вилом	я́блоком	учи́лищем	общежи́тием	пла́тьем	-
	전치격	пра́виле	я́блоке	учи́лище	общежи́тии	пла́тье	-
복수	주격	пра́вила	я́блоки	учи́лища	общежи́тия	пла́тья	очки́
	생격	пра́вил	я́блок	учи́лищ	общежи́тий	пла́тьев	очко́в
	여격	пра́вилям	я́блокам	учи́лищам	общежи́тиям	пла́тьям	очка́м
	대격	пра́вила	я́блоки	учи́лища	общежи́тия	пла́тья	очки́
	조격	пра́вилами	я́блоками	учи́лищами	общежи́тиями	пла́тьями	очка́ми
	전치격	пра́вилах	я́блоках	учи́лищах	общежи́тиях	пла́тьях	очка́х

수	격	단어	바다	이름	기적	얼굴	귀	어깨
단수	주격	сло́во	мо́ре	и́мя	чу́до	лицо́	у́хо	плечо́
	생격	сло́ва	мо́ря	и́мени	чу́да	лица́	у́ха	плеча́
	여격	сло́ву	мо́рю	и́мени	чу́ду	лицу́	у́ху	плечу́
	대격	сло́во	мо́ре	и́мя	чу́до	лицо́	у́хо	плечо́
	조격	сло́вом	мо́рем	и́менем	чу́дом	лицо́м	у́хом	плечо́м
	전치격	сло́ве	мо́ре	и́мени	чу́де	лице́	у́хе	плече́
복수	주격	слова́	моря́	имена́	чудеса́	ли́ца	у́ши	пле́чи
	생격	слов	море́й	имён	чуде́с	лиц	уше́й	плеч
	여격	слова́м	моря́м	имена́м	чудеса́м	ли́цам	уша́м	плеча́м
	대격	слова́	моря́	имена́	чудеса́	ли́ца	у́ши	пле́чи
	조격	слова́ми	моря́ми	имена́ми	чудеса́ми	ли́цами	уша́ми	плеча́ми
	전치격	слова́х	моря́х	имена́х	чудеса́х	ли́цах	уша́х	плеча́х

2. 불규칙 복수 명사
существи́тельные нерегуля́рного мно́жественного числа́

복수 어미 **-а, -я, -е**	복수 어미 **-ья**	복수 어미 **-и, -ы**
глаз – глаза́ 눈	брат – бра́тья 남자 형제	сосе́д – сосе́ди 이웃
го́род – города́ 도시	сын – сыновья́ 아들	день – дни 하루, 날
дом – дома́ 집	друг – друзья́ (남자) 친구	мать – ма́тери 어머니
лес – леса́ 숲	стул – сту́лья 의자	дочь – до́чери 딸
но́мер – номера́ 번호, 방	де́рево – дере́вья 나무	челове́к – лю́ди 사람
по́езд – поезда́ 기차	лист – ли́стья 나뭇잎	ребёнок – де́ти 아기, 아이
профе́ссор – профессра́ 교수	лист – листы́ 종이 한 장	я́блоко – я́блоки 사과
учи́тель – учителя́ 선생님		оте́ц – отцы́ 아버지
и́мя – имена́ 이름		сестра́ – сёстры 여자 형제
граждани́н - гражда́не 국민, 시민		

3. 대명사
местоиме́ния

(1) 인칭 대명사

		주격	생격	여격	대격	조격	전치격
단수	я 나		меня́	мне	меня́	мной	мне
	ты 너		тебя́	тебе́	тебя́	тобо́й	тебе́
	он,оно́ 그, 그것		его́	ему́	его́	им	нём
	она́ 그녀		её	ей	её	ей	ней
복수	мы 우리		нас	нам	нас	на́ми	нас
	вы 너희		вас	вам	вас	ва́ми	вас
	они́ 그들		их	им	их	и́ми	них

* 3인칭 대명사가 전치사와 같이 사용될 경우에는 격 변화된 대명사 앞에 н이 붙어요.
  예 у него́, к ней, с ним, о них.
* 전치격은 전치사와 항상 같이 사용돼요.

(2) 재귀 대명사

주격	생격	여격	대격	조격	전치격	전치격
-ся	себя́	себе́	себя́	собо́й	себе́	них

* 주격으로는 사용하지 않아요.

(3) 의문 대명사

주격	생격	여격	대격	조격	전치격
кто 누구	кого́	кому́	кого́	кем	ком
что 무엇	чего́	чему́	что	чем	чём

* кто는 남성 단수로, что는 중성 단수로 취급해요.

(4) 지시 대명사

	남성	여성	중성	복수
주격	э́тот 이	э́та	э́то	э́ти
생격	э́того	э́той	э́того	э́тих
여격	э́тому	э́той	э́тому	э́тим
대격	э́тот э́того	э́ту	э́то	э́ти э́тих
조격	э́тим	э́той	э́тим	э́тими
전치격	э́том	э́той	э́том	э́тих

＊э́то가 단독으로 사용되면 '이것/이것들, 이 사람/이 사람들'을 의미해요.

	남성	여성	중성	복수
주격	тот 그, 저	та	то	те
생격	того	той	того	тех
여격	тому	той	тому	тем
대격	тот того	ту	то	те тех
조격	тим	той	тим	те́ми
전치격	том	той	том	тех

＊활동체(동물) 남성 명사 단수와 활동체 명사 복수의 대격은 생격과 같은 형태를 사용해요.

(5) 소유(물주) 대명사

		주격	생격	여격	대격	조격	전치격
남성		чей 누구의	чьего́	чьему́	чьей чьего́	чьим	чьём
		мой 나의	моего́	моему́	мой моего́	мои́м	моём
		твой 너의	твоего́	твоему́	твой твоего́	твои́м	твоём
		наш 우리의	на́шего	на́шему	наш на́шего	на́шим	на́шем
		ваш 당신의	ва́шего	ва́шему	ваш ва́шего	ва́шим	ва́шем
		свой 자신의	своего́	своему́	свой своего́	свои́м	своём
여성		чья	чьей	чьей	чью	чьей	чьей
		моя́	мое́й	мое́й	мою́	мое́й	мое́й
		твоя́	твое́й	твое́й	твою́	твое́й	твое́й
		на́ша	на́шей	на́шей	на́шу	на́шей	на́шей
		ва́ша	ва́шей	ва́шей	ва́шу	ва́шей	ва́шей
		своя́	свое́й	свое́й	свою́	свое́й	свое́й
중성		чьё	чьего́	чьему́	чьё	чьим	чьём
		моё	моего́	моему́	моё	мои́м	моём
		твоё	твоего́	твоему́	твоё	твои́м	твоём
		на́ше	на́шего	на́шему	на́ше	на́шим	на́шем
		ва́ше	ва́шего	ва́шему	ва́ше	ва́шим	ва́шем
		своё	своего́	своему́	свой	свои́м	своём

чьи	чьих	чьим	чьи чьих	чьи́ми	чьих
мои́	мои́х	мои́м	мои́ мои́х	мои́ми	мои́х
твои́	твои́х	твои́м	твои́ твои́х	твои́ми	твои́х
на́ши	на́ших	на́шим	на́ши на́ших	на́шими	на́ших
ва́ши	ва́ших	ва́шим	ва́ши ва́ших	ва́шими	ва́ших
свои́	свои́х	свои́м	свои́ свои́х	свои́ми	свои́х

* 활동체 남성 명사 단수와 활동체 명사 복수의 대격은 생격과 같은 형태를 사용해요.

* 3인칭 소유 대명사, 'его́ 그의, её 그녀의, их 그들의'는 성과 격에 관계없이 사용해요.

(6) 부사적 의문 대명사

где 어디에? ⇨ в/на 전치격
почему 왜(이유)? ⇨ потому что 왜냐하면
как 어떻게? когда 언제? сколько 얼마, 몇?

зачем 왜(목적)? ⇨ для 생격
куда 어디로? ⇨ в/на 대격

(7) 형용사적 의문 대명사

како́й 어떤(장어미 형용사)?

како́в 어떤(단어미 형용사)?

(8) 관계 대명사

	남성	여성	중성	복수
주격	кото́рый	кото́рая	кото́рое	кото́рые
생격	кото́рого	кото́рой	кото́рого	кото́рых
여격	кото́рому	кото́рой	кото́рому	кото́рым
대격	кото́рый кото́рого	кото́рую	кото́рое	кото́рые кото́рых
조격	кото́рым	кото́рой	кото́рым	кото́рыми
전치격	кото́ром	кото́рой	кото́ром	кото́рых

* 성과 수는 선행사와 일치하고 격은 문장에서의 역할(문장 성분)에 따라 달라져요.

(9) 부정(不定) 대명사

대명사에 -то, -нибудь, -либо가 붙어 만들어진 부정 대명사는 불특정 명사를 지칭해요.

кто́-то 누군가 * 심증은 있으나 정확히 모를 때	**кто́-нибудь 누군가** * 심증도 없으며 정확히 모를 때	**кто́-либо 누군가** * -нибудь의 문어적 표현
что́-то 무언가 где́-то 어딘가 когда́-то 언젠가 ка́к-то 어떻게든 како́й-то 어떤 무언가 кого́-то 누군가를 чего́-то 무엇인가를	что́-нибудь 무언가	что́-либо 무언가

예 Дверь откры́та. Кто́-то пришёл? 문이 열려 있네. 누가 왔나?

Меня́ до́лго не́ было до́ма. Кто́-нибудь приходи́л?
나는 오랫동안 집에 없었다. 누군가 왔었을까?

4. 형용사의 격 변화표
склоне́ние прилага́тельных

	남성	여성	중성	복수
주격	краси́вый голубо́й высо́кий хоро́ший си́ний	краси́вая голуба́я высо́кая хоро́шая си́няя	краси́вое голубо́е высо́кое хоро́шее си́нее	краси́вые голубы́е высо́кие хоро́шие си́ние
생격	краси́вого голубо́го высо́кого хоро́шего си́него	краси́вой голубо́й высо́кой хоро́шей си́ней	краси́вого голубо́го высо́кого хоро́шего си́него	краси́вых голубы́х высо́ких хоро́ших си́них
여격	краси́вому голубо́му высо́кому хоро́шему си́нему	краси́вой голубо́й высо́кой хоро́шей си́ней	краси́вому голубо́му высо́кому хоро́шему си́нему	краси́вым голубы́м высо́ким хоро́шим си́ним
대격	краси́вый голубо́й высо́кий хоро́ший си́ний 활동체=생격	краси́вую голубу́ю высо́кую хоро́шую си́нюю	краси́вый голубо́й высо́кий хоро́ший си́ний	краси́вые голубы́е высо́кие хоро́шие си́ние 활동체=생격
조격	краси́вым голубы́м высо́ким хоро́шим си́ним	краси́вой голубо́й высо́кой хоро́шей си́ней	краси́вым голубы́м высо́ким хоро́шим си́ним	краси́выми голубы́ми высо́кими хоро́шими си́ними
전치격	краси́вом голубо́м высо́ком хоро́шем си́нем	краси́вой голубо́й высо́кой хоро́шей си́ней	краси́вом голубо́м высо́ком хоро́шем си́нем	краси́вых голубы́х высо́ких хоро́ших си́них

5. 형용사 단어미형

кра́ткие прилага́тельные

		준비된	뜨거운	강한	가까운
장어미		гото́вый	горя́чий	си́льный	бли́зкий
단어미	남성	гото́в 준비되다	горя́ч 뜨겁다	силён 강하다	бли́зок 가깝다
	여성	гото́ва	горяча́	сильна́	близка́
	중성	гото́во	горячо́	си́льно	бли́зко
	복수	гото́вы	горячи́	си́льны	близки́

		가벼운	아픈	나쁜	단순한
장어미		лёгкий	больно́й	плохо́й	просто́й
단어미	남성	лёгок 가볍다	бо́лен 아프다	плох 나쁘다	прост 단순하다
	여성	легка́	больна́	плоха́	проста́
	중성	легко́	больно́	пло́хо	про́сто
	복수	лёгки	больны́	пло́хи	просты́

＊강세 위치가 일정하게 고정되어 있지 않고 이동하는 것을 알 수 있어요.

6. 형용사와 부사의 비교급

сравни́тельная сте́пень прилага́тельных и наречий

형용사와 부사의 복합 비교급은 〈бо́лее 더 / ме́нее 덜 + 형용사와 부사〉 형태로 표현하고 단순 비교급은 형용사의 어미 -ый/-ой/-ий 대신에 -ее를 붙여서 표현하는 것이 일반적이에요. 강세의 위치는 여성형 단어미 형용사와 같은 곳에 위치해요. 예 краси́ва – краси́вее / сильна́ – сильне́е

다음은 불규칙적인 비교급 형태예요.

형용사	부사	비교급	형용사	부사	비교급
большо́й	бо́льше	бо́льше	лёгкий	легко́	ле́гче
ма́ленький	ма́ло	ме́ньше, ме́нее	молодо́й	мо́лодо	моло́же
бли́зкий	бли́зко	бли́же	ста́рый	ста́ро	ста́рше, старе́е
далёкий	далеко́	да́льше	хоро́ший	хорошо́	лу́чше
высо́кий	высоко́	вы́ше	плохо́й	пло́хо	ху́же
ни́зкий	ни́зко	ни́же	широ́кий	широко́	ши́ре
го́рький	го́рько	го́рче	у́зкий	у́зко	у́же
сла́дкий	сла́дко	сла́ще	гро́мкий	гро́мко	гро́мче
дорого́й	до́рого	доро́же	ти́хий	ти́хо	ти́ше
дешёвый	дёшево	деше́вле	по́здний	по́здно	по́зже, поздне́е
твёрдый	твёрдо	твёрже	ра́нний	ра́но	ра́ньше

7. 동사의 활용
спряже́ние глаго́лов

현재 시제와 미래 시제는 동사의 인칭에 따른 어미 변화로 표현돼요. 어미 변화 형태는 크게 1형식 변화와 2형식 변화로 분류해요.

수	인칭	1형식 어미		2형식 어미	
단수	я	-ю, -у	-у: 경자음과 [ж, ш, ч, щ]음 다음	-ю, -у	-у: 경자음과 [ж, ш, ч, щ]음 다음
	ты	-ешь, -ёшь	-ё-: 어미강세	-ишь	
	он, она́, оно́	-ет, -ёт		-ит	
복수	мы	-ем, -ём		-им	
	вы	-ете, -ёте		-ите	
	они	-ют, -ут	-ут: 경자음과 [ж, ш, ч, щ]음 다음	-ят, -ат	-ат: 경자음과 [ж, ш, ч, щ]음 다음

(1) 어간 변화를 포함한 구체적인 동사 활용의 예

	1형식						
	읽다	산책하다	~할 수 있다	공부하다	그리다	돌려주다	쓰다
기본	чита́ть	гуля́ть	уме́ть	занима́ться	рисова́ть	верну́ть	писа́ть
я	чита́ю	гуля́ю	уме́ю	занима́юсь	рису́ю	верну́	пишу́
ты	чита́ешь	гуля́ешь	уме́ешь	занима́ешься	рису́ешь	вернёшь	пи́шешь
они	чита́ют	гуля́ют	уме́ю	занима́ются	рису́ют	верну́т	пи́шут

	1형식							
	시작하다	춤추다	일어나다	죽다	싸우다	노래하다	닦다	~할 수 있다
기본	нача́ть	танцева́ть	встава́ть	умере́ть	боро́ться	петь	мыть	мочь
я	начну́	танцу́ю	встаю́	умру́	борю́сь	пою́	мо́ю	могу́
ты	начнёшь	танцу́ешь	встаёшь	умрёшь	бо́решься	поёшь	мо́ешь	мо́жешь
они	начну́т	танцу́ют	встаю́т	умру́т	бо́рются	пою́т	мо́ют	мо́гут

＊умере́ть 과거: у́мер, умерла́, у́мерли; мочь 과거: мог, могла́, могли́

	1형식		2형식					
	마시다	살다	말하다	보다	보다	건설하다	사랑하다	배우다
기본	пить	жить	говори́ть	смотре́ть	ви́деть	стро́ить	люби́ть	учи́ться
я	пью	живу́	говорю́	смотрю́	ви́жу	стро́ю	люблю́	учу́сь
ты	пьёшь	живёшь	говори́шь	смо́тришь	ви́дишь	стро́ишь	лю́бишь	у́чишься
они	пьют	живу́	говоря́т	смо́трят	ви́дят	стро́ят	лю́бят	у́чатся

(2) 불규칙 동사의 활용

		~이다	먹다	주다	눕다	앉다	잡다	실수하다	~고 싶다
기본		быть	есть	дать	лечь	сесть	взять	ошиби́ться	хоте́ть
я		бу́ду	ем	дам	ля́гу	ся́ду	возьму́	ошибу́сь	хочу́
ты		бу́д-ешь	ешь	дашь	ля́ж-ешь	ся́д-ешь	возь-мёшь	ошибё-шься	хо́чешь
он, она́		бу́дет	ест	даст	ля́жет	ся́дет	возьмёт	ошибётся	хо́чет
мы		бу́дем	еди́м	дад-и́м	ля́жем	ся́дем	возьмём	ошибёмся	хоти́м
вы		бу́дете	ед-и́те	дад-и́те	ля́ж-ете	ся́д-ете	возь-мёте	ошибётесь	хоти́те
они́		бу́дут	едя́т	даду́т	ля́гут	ся́дут	возьму́т	ошибу́тся	хотя́т
과거	он	был	ел	дал	лёг	сел	взял	оши́бся	хоте́л
	она́	была́	е́ла	дала́	легла́	се́ла	взяла́	оши́блась	хоте́ла
	они́	бы́ли	е́ли	да́ли	легли́	се́ли	взя́ли	оши́блись	хоте́ли

8. 운동 동사
глаго́лы движе́ния

운동 동사 중에 정태 동사는 한 방향으로 움직이는 것을 표현하고 부정태 동사는 왕복하거나 여러 방향으로
움직이는 것을 표현해요.

📌 Идти́ в шко́лу 학교에 가다, ходи́ть в шко́лу 학교에 다니다

	걸어가다		타고 가다		날아가다		달려가다	
	정태	부정태	정태	부정태	정태	부정태	정태	부정태
기본	идти́	ходи́ть	е́хать	е́здить	лете́ть	лета́ть	бежа́ть	бе́гать
я	иду́	хожу́	е́ду	е́зжу	лечу́	лета́ю	бегу́	бе́гаю
ты	идёшь	хо́дишь	е́дешь	е́здишь	лети́шь	лета́ешь	бежи́шь	бе́гаешь
они́	иду́т	хо́дят	е́дут	е́здят	летя́т	лета́ют	бегу́т	бе́гают
과거 он	шёл	ходи́л	е́хал	е́здил	лете́л	лета́л	бежал	бе́гал
과거 она́	шла	ходи́ла	е́хала	е́здила	лете́ла	лета́ла	бежала	бе́гала
과거 они́	шли	ходи́ли	е́хали	е́здили	лете́ли	лета́ли	бежали	бе́гали

	(손으로) 가져가다		데려가다		태워 가다		헤엄쳐 가다	
	정태	부정태	정태	부정태	정태	부정태	정태	부정태
기본	нести́	носи́ть	вести́	води́ть	везти́	вози́ть	плыть	пла́вать
я	несу́	ношу́	веду́	вожу́	везу́	вожу́	плыву́	пла́ваю
ты	нес-ёшь	но́с-ишь	вед-ёшь	во́д-ишь	везёшь	во́зишь	плыв-ёшь	пла́в-аешь
они́	несу́т	но́сят	веду́т	во́дят	везу́т	во́зят	плыву́т	пла́вают
과거 он	нёс	носи́л	вёл	води́л	вёз	вози́л	плыл	пла́вал
과거 она́	несла́	носи́ла	вела́	води́ла	везла́	вози́ла	плы́ла	пла́вала
과거 они́	несли́	носи́ли	вели́	води́ли	везли́	вози́ли	плы́ли	пла́вали

9. 전치사
предло́ги

(1) 격에 따른 전치사의 분류

생격		여격
без ~없이 во вре́мя ~의/~할 때에 вокру́г ~주위에 впереди́ ~앞에 для ~을/를 위해 до ~까지 из ~(으)로부터 из-за́ ~때문에 кро́ме ~외에	ми́мо ~옆으로 о́коло ~근처에, 약~ от ~(으)로부터 по́сле ~후에 про́тив ~반대편에 с ~(으)로부터 среди́ ~중에 у ~가까이에, ~이/가 있는 곳에	благодаря́ ~덕분에 к ~을/를 향해, ~에게 навстре́чу ~쪽으로 по ~(넓은 면)에, ~을/를
대격	**조격**	**전치격**
в/на (운동방향, 시간) ~(으)로/에 за ~을/를 위해(목적) наза́д ~전에 несмотря́ на ~에도 불구하고 по ~(시간)까지 че́рез ~(시간)지나서, ~을/를 통해서	за ~때문에, ~을/를 위해(이유) ме́жду ~사이에 над ~위에 пе́ред ~앞에 под ~아래에 ря́дом с ~와/과 옆에 с ~와/과 같이	в/на ~에(존재 위치, 시간) о ~에 대해 при ~옆에서, ~에 부속하여

*주격은 전치사와 사용하지 않아요.

(2) 존재 위치와 정방향과 역방향의 전치사 표현

위치와 방향을 묻는 의문사(**где** 어디에/어디에서, **куда** 어디로, **откуда** 어디로부터)에 대한 대답으로 사용할 수 있는 전치사들이에요.

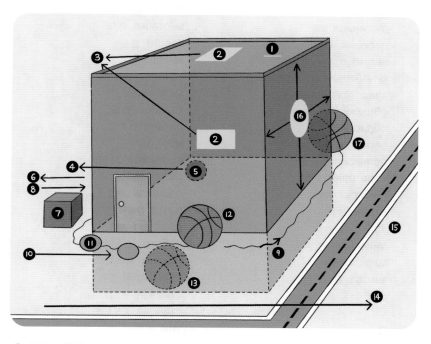

❶ **над** ~위에

❷ **на** ~(표면)에, ~(표면)으로

❸ **с** ~(표면)(으)로부터

❹ **из** ~(안)(으)로부터

❺ **в** ~(안)에, ~(안)으로

❻ **от** ~(근방)(으)로부터, ~(사람)(으)로부터

❼ **рядом с** ~와/과 옆에

❽ **к** ~을/를 향해서, ~(사람)에게

❾ **около** 근처에, 주위에

❿ **до** ~까지

⓫ **у** ~(물건)가까이에, ~(사람)이/가 있는 곳 어딘가에

⓬ **перед** ~앞에

⓭ **под** ~아래에

⓮ **мимо** ~옆을 지나서

⓯ **напротив** ~반대편에

⓰ **по** ~(넓은 면)에, 을/를

⓱ **за** ~뒤에, ~뒤로

10. 전치사 в, на와 같이 사용되는 명사

в	на
аудито́рия 강의실	ве́чер 파티
библиоте́ка 도서관	вокза́л 기차역, 버스 터미널
го́род 도시	восто́к 동, 동쪽
гости́ница 호텔	вы́ставка 전시회
дере́вня 시골	доро́га 길
институ́т 전문 대학, 연구소	заво́д 공장
кино́(кинотеа́тр) 영화, 영화관	заня́тие 수업, 일
класс 학급, 반, 학년	курс 과정, 학년
общежи́тие 기숙사	конце́рт 콘서트
о́бласть 분야, 구	ле́кция 강의
переу́лок 골목	мост 다리
поликли́ника 클리닉	остано́вка 정류장
санато́рий 요양원	о́стров 섬
Сиби́рь 시베리아	пло́щадь 광장
страна́ 나라	по́чта 우체국
теа́тр 극장	проспе́кт 대로
университе́т 대학	рабо́та 일, 직장
цирк 서커스	ро́дина 모국
шко́ла 초·중·고등학교	спекта́кль 연극
	стадио́н 경기장
	ста́нция 지하철역
	у́лица 거리
	уро́к 수업, 레슨
	фа́брика 공장
	факульте́т 학부
	экза́мен 시험
	экску́рсия 견학
	эта́ж 층

* в 전치격은 보통 폐쇄된 곳 안에 있는 것을 표현하고 대부분의 명사들과 사용돼요. 반면, на 전치격은 표면에 놓여 있는 것을 표현할 때 사용하고 과정의 의미를 포함하고 있는 단어와도 사용해요.
  예 в столе́ 책상 안에, на столе́ 책상 위에, на уро́ке 수업 시간에

* в 다음에 в나 ф로 시작하고 바로 자음이 계속되는 단어가 올 때는 во를 대신 사용해요.
  예 во Владивосто́ке 블라디보스톡에, во Фра́нции 프랑스에

11. 전치사 в/н а와 불규칙 어미 -у 가 사용되는 명사

о чём? → о/об		где? → в/на	
об аэропо́рте	о мосте́	в аэропорту́	на мосту́
о бе́реге	о по́ле	на берегу́	на полу́
о го́де	о са́де	в году́	в саду́
о кра́е	о сне́ге	на краю́	в/на снегу́
о ле́се	об угле́	в лесу́	в углу́
о но́се	о шка́фе	на носу́	в шкафу́

＊불규칙 전치격 어미 -у́에 항상 강세가 있어요. 제2전치격 어미라고도 해요.

＊а, о, у, э, и로 시작하는 단어와는 о 대신 об를 사용해요.

＊обо мне 나에 대해, обо всём 모든 것에 대해

12. 접속사
сою́зы

(1) 병렬 접속사 сочини́тельные сою́зы

연결	반의/대조	분리
и, да ～와/과, 그리고 то́же ～도 та́кже 그리고 и…и… ～도 ～도 ни…ни… ～뿐아니라 не то́лько, но и ～도	а 그런데, 그리고 но 그러나 одна́ко 그러나	и́ли 또는, 혹은 и́ли… и́ли… ～나 ～나 то…, то… ～든 ～든 то ли…, то ли.. 어느 쪽이든

(2) 종속 접속사 подчини́тельные сою́зы

설명	시간	원인/결과
что ~하는 것 **что́бы** ~하라고	**когда́** ~할 때 **как то́лько** 막 ~할 때 **пока́** 아직 ~할 때 **прежде́ чем** ~하기 전에	**ита́к** 그러므로 **потому́ что** 왜냐하면 **поэ́тому** 그래서 **сле́довательно** 그러므로 **так как** ~하기 때문에 **таки́м о́бразом** 그러므로 **то есть** 다시 말해

목적	조건	양보	비교
что́бы, чтоб ~하도록	**е́сли** 만일 ~라면 **е́сли бы** ~했더라면	**хотя́, пусть,** **несмотря́ на то** **что** ~일지라도	**как, как бу́дто** ~인 것처럼 **чем** ~보다도 **насто́лько** ~만큼

13. 소사
части́цы

문장의 앞이나 주요 문장 성분의 앞뒤에 사용되어 뉘앙스를 추가하는 역할을 하는 단어들을 소사라고 해요.

예 Ты же сказа́л. 네가(바로 네가) 말했다.

(1) 의미 표현 소사 смысловы́е части́цы

❶ **긍정**: да, так 그렇다
❷ **부정**: не, нет, ни 아니, 아니다
❸ **의문**: неужели, разве, ли 정말 ~인가?
❹ **지시**: вот, вон, это 이것
❺ **한정**: только, почти ~뿐, 거의
❻ **감탄**: как, ведь 어찌
❼ **강조**: ведь, да, даже, же, ни, ну, так 정말, 심지어, 바로, 뭐, 그저
❽ **비교**: как будто 마치

(2) 문형 구성 소사 формообразу́ющие части́цы

❶ **명령(청유)**: давай(те), дай, пусть 자, ~합시다/하라
❷ **가정**: бы ~을텐데

부록 II
приложе́ние II

д

О

ㄱ